JN418459

가치기반
전략경영

VALUE-BASED STRATEGIC MANAGEMENT

박경민

박영사

머리말

전략경영 교과서를 쓰려고 할 때 주위 사람들의 첫 마디는 "요즘 책을 누가 읽는다고?"라는 반응이 대부분이었다. 내가 전략경영 교과서를 쓰기 시작한 동기는 일단 내가 불편해서였다. 전략경영을 가르치는 교수들의 대부분은 교과서를 사용하지 않고 논문과 사례를 섞어서 자신만의 교안을 만들어 사용하는 것으로 알고 있다. 나도 교과서를 사용하지 않으니 학부생, 대학원생들 입장에서 표준의 교과내용에 대해 지식이 없는 상태에서 수업을 듣고 시험을 치고, 기말 프로젝트를 수행하는 상황이었다. 이러한 학생들의 불편함을 알게 되었고, 내가 학교에서 가르쳐왔던 내용이 학생들뿐만 아니라 보다 광범위한 독자들에게 전달되었으면 좋겠다는 생각이 들었다.

본 전략경영 도서는 가치 즉, 경제적 가치(economic value)에 기반하여 경쟁우위나, 전략의 효과, 그리고 혁신의 가치까지도 판단하고 올바른 전략을 제시하는 관점을 취하고 있다. 그러므로 가능한한 전략을 수치화해서 표현하고 시각적으로 표현하려고 각 장에서 노력했다. 무형의 추상적 전략은 가능한한 숫자로 표현되고 시각화될수록 조작가능하고 사용하기 편한 도구가 될 것이라고 생각해왔다. 본 도서의 또 다른 특성은 각 장별로 중요한 전략 분야의 학술 논문을 선정하여, 연구결과와 전략적 의미를 소개하는 "학술 연구 개요" 파트를 넣은 것이다. 이를 통해 독자들이 현재의 전략이론과 실무적 툴의 학술적 배경과 그 논리를 이해하는 데 도움이 될 것으로 기대한다.

1, 2장은 경영전략의 개론으로 전략의 개념과 전략경영의 일반적 과정을 설명하였다. 1장은 임진전쟁이라는 역사적 사건과 여러 문헌들을 정리하여 전략의 수준과 전략이론의 진화에 대해 설명했다. 2장은 시장과 산업의 구분, 규모의 경제, 전략집단 같은 기본적인 개념들을 설명하려고 노력했다.

3, 4, 5장은 경쟁우위의 정의와 측정 및 응용이 그 주제로 사업전략에서

지상과제로 생각하는 경쟁우위의 개념을 정리하고 경쟁우위를 측정하는 방법과 실제 사례들을 다양한 방법으로 설명하였다. 본 장들을 숙독한다면, 실무에 적용가능한 수준까지 경쟁우위의 측정과 경쟁우위 제고를 위한 전략 수립 방법을 학습할 수 있다고 자신한다.

6, 7장은 환경 및 산업분석에 대해 포터의 5가지 세력 프레임워크를 중심으로 이론을 기술함은 물론 정적 경쟁과 동적 경쟁을 대비함으로써 경쟁의 두 얼굴을 이해하고 비판적으로 사고할 수 있게 하였다. 7장은 경쟁이 기업에게 좋은 것인가? 5가지 세력 프레임워크는 기존 대기업을 위한 툴인가? 등의 주제로 기술되어 있다. 실제 수업진행 시 7장의 글을 읽고 이러한 주제로 토론을 해보는 것도 좋을 것이다.

8장은 SWOT, BCG 매트릭스 등 기초 전략 툴에 대한 내용이다. 빈번하게 사용되는 툴이라 분석 툴의 내용과 장단점에 대한 철저한 학습과 응용에 초점을 두었다.

9장은 경쟁우위의 지속성을 결정하는 자원 및 역량의 중요성에 대해 학습하는데 VRIO 프레임워크에 초점을 두면서 모방가능성의 원천에 대해 다양하게 접근하였다.

10, 11, 12장은 21세기 불확실한 경영환경에서 꼭 필요한 전략 혁신이론에 강조점을 두고 혁신전략이론의 양대 산맥과도 같은 크리스텐센의 와해성 혁신이론과 김위찬과 르네 머본의 블루오션 전략이론에 대해 학습한다. 그 내용의 방대함을 고려할 때 3개 장으로 학습이 될지 의문을 가질 수도 있으나 핵심적인 내용을 전달하려고 노력했다. 10장은 와해성 혁신이론, 11장은 블루오션전략의 기본 개념과 툴, 12장은 블루오션전략 도출의 방법론에 해당된다.

13장은 기업전략의 핵심인 다각화전략에 대해 학습하는 것으로 주로 개념적인 구성으로 되어 있다. 하지만 다각화 이론에서 핵심적인 이슈들, 관련성-성과 관계, 다각화 할인, 기업집단의 효율성, 다각화 기업에서의 자원 배분 등을 다루었고 향후 추가적 응용 과목(M&A, 전략적 제휴, 글로벌 전략 등)의 수업을 위한 기초로는 충분하다고 생각된다.

본 도서는 학부 3, 4학년이나 MBA 학생들이 사용하기에 적합한 교과서로, 15주에 맞추어 1~7주간 수업을 하고 중간고사를 치르고 9~14주 수업을 하고 15주에 기말고사를 실시하면 되므로 한 학기 수업에 적합한 일정이다. 개인적으로는 중간고사는 시험형태가 좋고 기말고사 대신 기말프로젝트가 이론과 실무의 균형적 학습을 위해 좋은 것 같다. 나는 학생들이 기말고사와 기말프로젝트 중에 선택할 수 있는 하이브리드 형태로 강의하고 있다.

본 도서는 경영학 비전공자인 일반인도 읽어 나갈 수 있는 책이다. 이해하기 어려운 수학이나 난해한 개념은 없으므로 스스로 읽어 나가는 것도 어렵지 않으리라고 생각된다. 경영이나 경제에 문외한인 경우는 1, 2, 3, 6, 8, 9장을 먼저 읽고 어느 정도 이해가 되면 4, 5, 7, 10~14장을 순차적으로 읽는 것도 좋은 접근이라고 생각된다.

독자와의 소통을 위해, 가치기반 전략경영 도서를 위한 세부 학습자료의 제공과 Q&A를 위해 www.strategy-park.com이라는 도메인을 만들어 두었다. 이를 통해 저자와 독자의 커뮤니케이션을 활성화하려고 한다.

도서의 출간에는 많은 이들의 도움이 있었다. 박영사 편집팀의 실무적 도움 외에도, 나의 지적 성장 배경이었던 서울대와, KAIST 경영대학의 많은 선생님들, 그리고 INSEAD 경영대학원의 교수님들 그중에서도 특히 고인이 된 나의 스승 필 앤더슨(Phil Anderson) 교수님, 토론을 즐겨했던 블루오션 전략의 저자 김위찬 교수님, 연세대학교의 여러 배려 깊은 동료교수들, 연세대학교의 학부생들, 석박사학생들, 경영대학원 학생들, 그리고 그 외의 많은 이웃들의 지적, 정서적 도움이 매우 컸다.

끝으로 항상 나를 지지하며, 바른 사람이 되길 기도해 오신 부모님, 장인 장모님께 감사드리며, 나의 삶 그 자체이자 희망인 아내 현진과, 두 아들 희근, 신근과 함께 출간의 기쁨을 함께 나누고 싶다.

저자는 소년시절 서점에 가서 책을 구경하고 책읽기를 좋아했었다. 본 "가치기반 전략경영" 도서를 통해 현재와 미래의 세대와 소통하는 저자가 될 것을 희망하며 오늘도 백양로를 걷는다.

2026년 2월 신촌에서

목차

CHAPTER 01

경영전략 개론: 전략의 이해와 전략경영과정

1-1 왜 전략이 중요한가?: 생존을 가른 역사적 통찰

1-2 전략의 해부: 학문적 정의와 핵심 구성요소

1-3 전략의 수준과 의사결정

1-4 전략경영 과정의 이해

1-5 전략 이론의 진화: 거인들의 어깨 위에서

Chapter 1 경영전략 개론: 전략의 이해와 전략경영과정

전략은 과연 거대한 계획일까, 아니면 예기치 않은 기회를 포착하는 예술일까? 손자병법에서 현대의 테슬라의 전략에 이르기까지, 생존과 성공을 가른 전략의 본질은 무엇일까? 이번 장에서는 역사의 흐름을 바꾼 위대한 전략적 통찰부터 현대 경영의 핵심을 이루는 전략경영 과정까지, 전략의 모든 것을 해부해 본다.

1-1 왜 전략이 중요한가?: 생존을 가른 역사적 통찰

[오프닝케이스] 임진전쟁: 존망의 기로에 선 국가

COVID-19 시대에 전염병과 싸우기 위해 여러 나라들은 봉쇄 전략, 사회적 거리두기 전략 등을 사용했는데, 전염병 퇴치에 있어서도 어느 국가가 어떤 전략을 언제 사용하느냐에 따라 그 성과는 판이했다(Hale et al., 2021). 우리들은 전략이 실생활에 얼마나 중요한지 역사적 사건을 통해 깨닫곤 한다. 우리나라 역사에서 가장 참혹하고 위태로운 전쟁이라고 하면 임진전쟁(1592~1598)이 떠오르는데, 이를 통하여 전략이 어떻게 한 민족과 국가의 운명을 결정짓게 되는지 알아보고자 한다.[1] 구체적으로 임진전쟁의 역사적 사례를 통해 다음의 질문들에 대해 생각해 본다. ① 전쟁의 승패를 가른 핵심 기술은 무엇이었나? ② 조선과 일본의 리더들은 세상을 어떻게 다르게 보고 있었는가? ③ 전쟁의 자금은 어디서 나왔는가?

새로운 시대의 도래: 변화하는 세계 질서

임진전쟁, 즉 명나라 · 일본 · 조선 3국 간 국제전쟁의 배경은 15세기 대항해 시대에서 비롯된 거대한 세계사적 흐름 속에 있다. 명나라의 정화(鄭和) 함대는 아프리카까지 항해하며 해상 교역망을 확장했으나, 명나라는 이후 해금(海禁)과 봉쇄 정책으로 전환하면서 동아시아의 해상 질서는 새로운 국면을 맞이했다(김인영, 2016). 한편, 유럽 각국은 오스만투르크에 의해 차단된 육상 실크로드를 우회하기 위해 새로운 해상로 개척에 나섰다. 이 과정에서 교역 결제를 위한 은(銀)이 국제적인 전략 자원으로 부상했고, 스페인은 신대륙 포토시(Potosi) 은광 등에서 막대한 양의 은을 채굴하여 글로벌 무역의 판도를 바꾸었다(Flynn & Giraldez, 1995). 당시 중국이 은본위제를 채택하고 있었기에, 유럽과 중국 간의 금·은 교환비율 차이는 막대한 차익 거래의 기회를 만들어냈다(Atwell, 1982).[2] 스페인과 포르투갈은 이 기회를 놓치지 않고, 남미의 은을 아시아의 비단, 도자기, 향신료와 교환하는 글로벌 삼각무역 체제를 구축하며 부를 축적했다.

기회를 포착한 일본의 부상

이러한 세계사적 변화의 흐름을 가장 기민하게 포착한 것은 일본이었다. 일본은 1530년경 조선으로부터 선진 은 제련술인 회취법(灰吹法)을 도입하여 은 생산량을 폭발적으로 증대시켰고[3], 순식간에 세계적인 은 생산국으로 부상했다(Flynn & Giraldez, 1995). 조선에서 개발된 회취법은 당대 유럽의 은 제련법보다 획기적이었다. 일본은 조선의 기술을 도입함으로써 인명 피해도 줄이고, 세계적인 은 생산국으로 부상했다. 16세기 중반에서 임진전쟁 직전 16세기 말 이와미광산 등에서의 일본의 은생산은 전 세계 생산량의 3분의 1을 차지하였다. 이 막대한 은을 바탕으로 일본은 유럽과의 교역을 확대했고, 1543년에는 포르투갈 상인으로부터 당시 최신 무기였던 조총(鳥銃, 또는 鐵砲로 불리기도 했다)을 획득하여 복제하는 데 성공했다(주강현, 2005). 조총의

도입은 일본의 군사 패러다임을 완전히 바꾸어 놓았다. 오다 노부나가와 도요토미 히데요시는 이 신무기를 앞세워 100년 넘게 이어진 전국시대를 통일하고 강력한 중앙집권 체제를 구축했다. 경제력(은)이 군사력(조총)으로, 군사력이 정치적 통일로 이어진 것이다.

통일 이후, 히데요시는 내부로 향하던 다이묘(영주)들의 군사적 에너지를 외부로 돌리고 자신의 통치 기반을 공고히 할 목적으로 '정명가도(征明假道)'라는 명확한 대륙 침략 전략을 수립했다.[4] 그는 전국의 다이묘들에게 병력 동원을 명령하여, 내전으로 단련된 약 30만 명의 대군을 규합하고 큐슈의 히젠 나고야에 거대한 전진 기지를 건설했다. 특히 포르투갈과의 교역을 통해 확보하고 자체 생산한 수만 자루의 조총과 막대한 양의 화약을 준비했다. 1591년, 히데요시는 조선에 이 침략 계획의 길을 열 것을 요구했다(한명기, 2004).

과거에 갇힌 조선의 전략 부재

같은 시기, 조선은 이러한 급격한 외부 환경의 변화를 감지하지 못했다. 1402년에 제작된 「혼일강리역대국도지도(混一疆理歷代國都之圖)」는 당시 조선 지배층의 세계관을 명확히 보여준다([그림 1-1]을 참조하시오). 이 지도는 현존하는 동아시아 최고(最古)의 세계지도로 평가받지만, 그 내용은 지리적 정확성보다는 정치적 세계관을 반영하고 있다. 지도의 중앙에는 실제 크기보다 훨씬 거대하게 그려진 명나라가 자리 잡고 있고, 조선 역시 실제 비율보다 크게 묘사되어 있다. 반면 일본은 동쪽 바다의 작은 섬으로, 유럽과 아프리카는 서쪽 끝에 불분명하게 그려져 있다. 이는 성리학적 중화질서, 즉 명나라를 문명의 중심으로 보고 조선을 그 다음가는 소중화(小中華)로 인식하던 사대부들의 세계관이 투영된 결과이다. 이러한 관점은 북방의 오랑캐를 막는 것을 주된 국방 전략으로 삼게 했고, 바다 건너 일본의 군사적 부상이나 서유럽의 변화를 과소평가하는 전략적 맹점을 낳았다.

이러한 조선과 일본의 지도층의 인식 차이는 양국의 군사 전략에서도 극명한 대조를 이루었다. 100년이 넘는 전국시대를 거치며 일본의 육군은 대규모 야전과 백병전에 세계 최고 수준으로 단련되어 있었다. 반면, 북방 이민족의 침입에 대비해 온 조선의 육군은 성(城)을 중심으로 방어하는 농성전(籠城戰)에 전통적인 강점을 가지고 있었다. 전쟁 초기, 백병전에 능한 일본 육군이 조총이라는 신무기까지 앞세워 평지에서 파죽지세로 진격해 올 때, 조선의 군사 시스템은 제대로 대응하지 못하고 무너졌다.

그림 1-1 혼일강리역대국도지도(混一疆理歷代國都之圖)

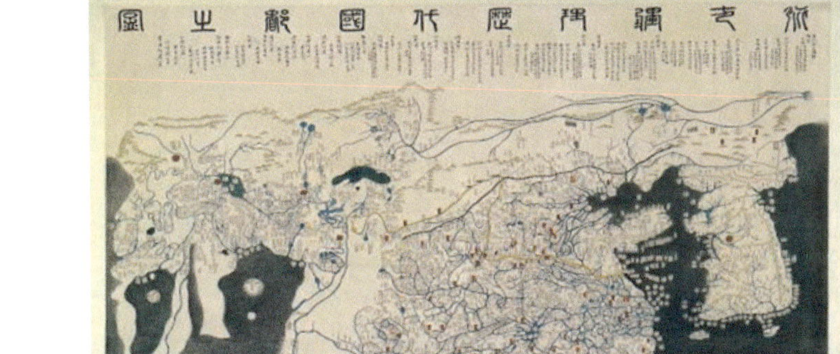

육전의 패배와 해전의 승리: 기술과 전략의 비대칭

그러나 해전의 양상은 전혀 달랐다. 조선 수군의 주력 무기는 천자총통(天字銃筒)과 같은 화포와, 작은 화살인 '애기살'을 대나무 통에 넣어 발사하는 편전(片箭)이었다. 일본 수군의 전술이 배에 올라타 싸우는 등선육박(登船肉薄) 전술에 기반한 반면, 조선 수군은 견고한 판옥선 위에서 압도적인 사거리와 파괴력을 지닌 화포로 적선을 격침시키는 함포 사격 전술에 특화되어 있었다. 바로 이 지점에서 이순신의 전략적 통찰이 빛을 발했다. 그는 단순히 무기의 우수성에만 의존하지 않았다. 그는 아군의 강점(판옥선의 견고함, 화포의 사거리)과 적군의 약점(전선의 취약성, 근접전에 의존)을 명확히 파악하고, 좁은 해협과 빠른 물살 같은 지형적 이점을 최대한 활용하여 아군에게 절대적으로 유리한 전투 환경을 만들어냈다. 그의 핵심 전략은 일본군의 해상 보급로를 차단하여, 육지로 진격한 일본군 주력을 고립시키는 것이었다. 이로 인해 전쟁은 일본에게 장기적인 소모전의 늪으로 변해갔다.

전쟁 이후, 영의정 류성룡은 『징비록』을 통해 참혹했던 전란을 기록하고 교훈을 남기려 했다. 그러나 그 내용의 초점은 "어떻게 하면 전투에서 이길 수 있었을까?"라는 전술적·운영적 지식(know-how)에 머물러 있었다. "일본은 어떻게 그토록 막대한 군대를 동원할 재원을 마련하고, 신무기를 도입하여 강국으로 부상할 수 있었는가?"와 같은 전쟁의 근본 원인과 구조적 요인(know-why)에 대한 깊이 있는 성찰은 부족했다. 이는 국가적 실패 경험이 정치지도자의 세계관 변화와 같은 진정한 의미의 전략적 학습(strategic learning)으로 이어지지 못했음을 보여준다(Kim, 1993).

그림 1-2 류성룡이 저술한 징비록

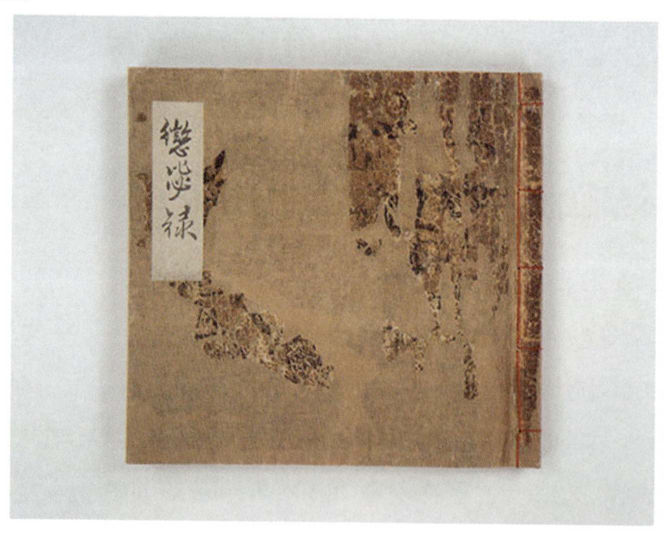

전략이란 무엇인가?: 고대 병법에서 거대한 협력까지

"전략(戰略, strategy)"이란 사전적으로는 "전쟁을 전반적으로 이끌어가는 방법이나 책략"을 의미한다.[5] 그 어원 역시 고대 그리스어 '스트라테고스(strategos)', 즉 전쟁 지휘관의 기술을 의미하는 단어에서 파생되었듯, 전략은 본래 전쟁과 떼려야 뗄 수 없는 관계였다. 동양에서는 손자병법과 같은 병법서가 그 초기 개념을 형성했다.

그렇다면 왜 전략이 이토록 중요한 개념이 되었을까? 인류학자 유발 하라리(Harari, 2015)는 그의 저서 『사피엔스』에서 그 단초를 제공한다. 그는 인류의 언어가 다른 동물들과 구별되는 결정적인 특징은, 눈에 보이지 않는 것에 대해 말하고 이를 집단적으로 믿는 능력에 있다고 보았다. "강가에 사자가 있다"는 구체적 정보나, "아무개는 믿을 만하다"는 사회적 정보(뒷담화)는 다른 영장류도 어느 정도 공유할 수 있다. 하지만 이러한 정보공유와 사회적 관계에 기반한 협력은 최대 150명 정도의 집단이 한계라고 한다.

수백만, 수억의 낯선 사람들이 협력하여 국가를 세우고, 전쟁을 치르고, 거대한 기업을 일구기 위해서는 그 이상의 것이 필요했다. 바로 "사자는 우리 부족의 수호신이다"와 같이, 실재하지 않는 무형의 개념, 즉 '공유된 신화(shared myth)'를 만들어 믿는 능력이다. 하라리의 관점에서 국가, 종교, 법인, 그리고 화폐는 모두 이러한 공유된 신화의 산물이다.

이러한 관점은 놀랍게도 경영학의 고전과 맞닿아 있다. 체스터 버나드(Barnard, 1938)는 『경영자의 역할』에서, 경영자의 가장 핵심적인 역할은 조직에 '공통의 목적(common purpose)'을 부여하고, 구성원들이 그 목적에 기여하려는 의욕을 갖도록 소통(communication)하는 것이라고 주장했다. 여기서 버나드가 말한 '공통의 목적'은 하라리가 말한 '공유된 신화'와 본질적으로 같다. 즉, 조직 구성원들이 한 방향을 보게 만들고, 이를 통해 수많은 개인의 노력을 하나의 거대한 힘으로 결집시키는 무형의 구심점이 바로 전략인 것이다.

오늘날 토요타의 생산시스템이나 애플의 iOS 생태계는 이러한 전략의 힘을 명확히 보여준다. 이들의 전략은 단순히 내부 직원뿐만 아니라, 전 세계의 수많은 공급업체, 협력사, 앱 개발자, 그리고 충성도 높은 고객들까지 하나의 거대한 협력 체계로 묶어내는 강력한 '공유된 신화'로 작동한다. 이처럼 전략이 없다면, 조직은 그저 흩어진 개인들의 집합에 불과하며, 그 운명은 우연에 맡겨지거나 타자의 전략에 종속될 수밖에 없다.

좋은 전략이란 무엇인가?: 승리의 다양한 얼굴들

좋은 전략은 다양한 모습으로 나타나며, 때로는 우리가 가진 승리의 통념에 도전한다.

첫째, 싸우지 않고 이기는 전략이다. 이는 손자병법에서 최상의 전략으로 꼽는 '부전승(不戰勝)'의 개념과 맞닿아 있다. 1962년 쿠바 미사일 위기 당시, 미국 케네디 대통령은 소련의 미사일 기지 공습이라는 군사적 선택 대신 해상 봉쇄라는 압박 카드를 통해 상대에게 스스로 물러설 퇴로를 열어주었다. 이는 정면충돌을 피하면서도 원하는 목표를 달성한 고도의 심리전이자 외교 전략이었다(Allison & Zelikow, 1999). 이순신 장군의 해상 전략 역시 이러한 지혜를 보여준다. 그는 좁은 해협과 빠른 물살이라는 지형적 이점을 활용하여 일본군의 해상 보급로를 선제적으로 차단했다. 이는 방어적 행동을 통해 적의 아킬레스건을 공격하는, 즉 방어 자체가 가장 효과적인 공격이 된 전략적 선택이었다(김시덕, 2016).

둘째, 처음에는 패배처럼 보이지만 결국 승리하는 전략도 존재한다. 이는 단기적 손실을 감수하고 더 큰 장기적 승리를 도모하는 전략이다. 기독교 신학에서 십자가의 죽음이라는 패배가 부활이라는 궁극적 승리를 위한 과정으로 해석되는 것이 대표적인 예이다. 다윗과 골리앗의 전투나 트로이 목마 역시, 상대의 강점(힘, 규모)을 정면으로 상대하는 대신 자신의 강점(속도, 기만)을 활용하여 약세를 승리로 전환시킨 비대칭 전략의 정수라 할 수 있다.

이와 유사하게, 압도적인 적을 상대할 때 의도적으로 영토를 내어주며 적의 보급선을 길게 늘어뜨리는 청야작전(清野作戰, scorched-earth policy) 또한 이러한 전략의 일종이다. 나폴레옹과 히틀러의 침공을 받은 러시아가 혹독한 겨울과 함께 이 전략으로 적을 고사시켰으며, 수나라와 당나라의 대군을 상대한 고구려 역시 견고한 성을 중심으로 들판을 비워 적을 지치게 만드는 방식으로 승리했다. 반면, 단기적 군사 승리가 장기적으로는 문화적 패배로 귀결된 몽골과 만주족의 사례는 '승리'의 다면성을 보여준다. 그들은 무력으로 중국을 정복했지만, 장기적으로는 피지배층인 한족의 문화에 동화되어 정체성을 잃었다. 이는 전략적 목표를 설정할 때 시간의 흐름과 다양한 차원을 고려하는 것이 얼마나 중요한지를 시사한다(Elliott, 2001; Rhoads, 2000).

셋째, 기존의 규칙을 깨는 창의적 전략 또한 주목할 만하다. 프랑스 세브(SEB)사의 '엑티프리이(Actifry)'는 '감자튀김은 기름에 튀겨야 한다'는 기존의 통념을 깨고, 뜨거운 공기로 조리하는 방식을 통해 '건강한 튀김'이라는 새로운 시장을 창출했다([그림 1-3]을 참조하시오). 이는 경쟁이 치열한 기존 시장에서 싸우는 대신, 발상의 전환을 통해 새로운 가치를 제공함으로써 경쟁의 규칙 자체를 바꾼 블루오션인 것이다(Kim & Mauborgne, 2017). 1453년 콘스탄티노플 공성전에서 오스만 투르크의 메흐메드 2세는, 적이 골든 혼 해협 입구를 거대한 쇠사슬로 봉쇄하여 함대의 직접 진입을 막자, 전함 70척을 산으로 끌어올려 통과시킨 후 만(灣) 내부로 진입시켜 적의 허를 찔렀다([그림 1-4]을 참조하시오). 이는 마치 '배가 산으로 간다'는 우리 속담이 현실이 된 사례로, 불가능해 보이는 물리적 제약마저도 창의적인 전략을 통해 극복할 수 있음을 보여주는 극적인 예이다(Nicolle, 2000).

그림 1-3 오프라 윈프리의 액티프라이에 대한 찬사

Oprah Winfrey @Oprah · 2013년 2월 16일

This machine ..T-Fal actifry has changed my life. And they're not paying me to say it. instagr.am/p/VxF-mZySyD/

193 322 226

그림 1-4 1453년 콘스탄티노플 공성전에서 배를 산으로 보낸 오스만 투르크

궁극적으로 좋은 전략은 어느 한쪽의 승리로 끝나지 않고, 관련된 모든 이해관계자가 이익을 공유하고 상호 성장을 가능하게 하는 전략이다. 아웃도어 의류 기업 파타고니아(Patagonia)는 매출의 1%를 환경 보호에 기부하

고, 제품을 수선하여 오래 입도록 장려하며, 공급망의 노동 환경을 투명하게 공개한다. 이는 환경과 사회(이해관계자)를 보호하는 것이 곧 충성도 높은 고객(이해관계자)을 확보하고 장기적인 브랜드 가치를 높이는 길이라는 믿음에 기반한다. 창고형 할인매장 코스트코(Costco)는 직원들에게 업계 최고 수준의 임금을 지급하여 낮은 이직률과 높은 만족도를 유지하고(종업원), 극히 낮은 마진율로 소비자에게 저렴한 가격의 제품을 제공하며(고객), 장기적이고 공정한 관계로 공급업체와 동반 성장한다(공급자).[6] 이처럼 모든 이해관계자와의 공생을 추구하는 전략이야말로 장기적으로 지속 가능한 성공을 담보하는, 진정한 의미의 좋은 전략이라 할 수 있다.

1-2 전략의 해부: 학문적 정의와 핵심 구성요소

전략이란 무엇인가?: 다양한 학자들의 정의

전략의 정의를 논할 때 종종 "장님 코끼리 만지기"라는 비유가 사용된다. 전략이라는 거대한 실체 앞에서 학자나 전문가들은 각자 자신이 만져본 부분만을 가지고 코끼리의 전체 모습을 묘사하기 때문이다. "100명의 전략가가 있으면 100개의 전략 정의가 존재한다"는 말이 있을 정도이다. 그렇다면 이렇게 부분적이고 다양한 정의들은 무용한 것인가? 반드시 그렇지는 않다. 각각의 정의들은 전략이라는 복잡한 실체를 구성하는 중요한 단면을 보여주며, 이들을 조합하고 통합할 때 비로소 우리는 전체 그림에 더 가까이 다가갈 수 있다. 이처럼 전략의 다면성을 이해하기 위해, 여러 학자들이 제시한 대표적인 정의들을 살펴보는 것은 유용하다.

역사학자 알프레드 챈들러(Alfred Chandler, 1962)는 전략을 "기업의 장기적인 목표를 결정하고, 그 목표를 달성하기 위한 행동 방침을 채택하며, 필요한 경영자원을 배분하는 것"으로 정의했다. 이는 장기 목표 설정과 자원 배분을 전략의 핵심으로 본 것이다. 반면, 마이클 포터(Michael Porter, 1980)는 "기업이 어떻게 경쟁할 것인가에 대한 광범위한 공식이자, 목표 달성에 필요한 정책"으로 정의하며 경쟁 방법을 강조했다. 다른 학자들 역시 저마다의 관점을 제시한다. 힐과 존스(Hill & Jones, 1989)는 성과 향상을 위해 취하는 상호 관련된 행동들의 집합으로, 바니(Barney, 1991)는 경쟁우위 획득에 관한 기업의 이론으로 전략을 보았다. 컨설팅 분야의 구루들은 경쟁우위의 원천에 더 집중한다. BCG의 창립자 브루스 헨더슨(Bruce Henderson)은 차별화를 통한 독특한 우위의 유지가 장기 사업 전략의 핵심이라고 보았고(Stern & Dimler, 2006), 오마에 겐이치(Ohmae, 1983) 역시 전략의 유일한 목적은 지속 가능한 경쟁우위를 확보하는 것이라고 역설했다. 훗날 포터(1996)는 "전략이란 기업 활동들 간의 적합성(fit)을 창출하는 것"이라며, 개별 활동의 탁월함을 넘어 활동들 간의 시너지와 조화가 중요함을 강조하기도 했다.

전략 정의의 세 가지 유형

수많은 전략 정의들을 살펴보면, 크게 세 가지 관점으로 정리할 수 있다.

위계적(Hierarchical) 정의

가장 전통적인 관점으로, "전략이란 기업의 사명(mission)과 목표(objectives)를 수행하기 위한 방법"으로 정의된다. 이 관점에서 전략은 다음과 같은 위계적 체계의 한 구성요소이다:

- 사명(mission): 조직의 존재 이유와 추구해야 할 가치(what to do)
- 비전(vision): 사명을 달성했을 때의 미래 이상적 상태(what to be)
- 목표(objectives): 사명과 비전에 따른 구체적이고 측정 가능한 성과 지표
- 전략(strategies): 사명과 목표를 달성하기 위한 방법
- 전술 및 정책(tactics/policies): 전략 실행을 위한 구체적 행동 지침

이러한 체계를 바탕으로 전략경영은 기업이 설정한 사명(mission)으로부터 구체적인 목표(objectives)를 수립하고, 이에 부합하는 전략(strategy)을 도출한 후 실행(execution)하는 일련의 과정으로 전개된다.

예를 들어, 넷플릭스(Netflix)는 "전 세계를 즐겁게 한다(to entertain the world)"는 사명을 바탕으로, "세계 최고의 글로벌 엔터테인먼트 유통 서비스가 된다"는 비전을 설정하였다. 이를 실현하기 위한 구체적 목표로는 구독자 수 확대와 시청 시간 증가가 있으며, 이를 달성하기 위한 전략으로는 글로벌 스트리밍 인프라의 확장, 오리지널 콘텐츠 제작, 알고리즘 기반 추천 시스템 구축 등이 있다. 이러한 전략은 각국의 콘텐츠를 현지화하고 다양한 디바이스 환경에 맞춘 사용자 인터페이스 개발이라는 실행 단계로 이어지며, 고객 맞춤형 시청 경험을 실현하고 있다.

쿠팡(Coupang) 역시 위계적 전략 체계를 잘 보여주는 사례이다. 쿠팡은 "고객과 직원, 파트너의 일상을 혁신하고, 사람들이 '쿠팡 없이 어떻게 살았을까?'라는 생각이 드는 세상을 만든다"는 사명을 바탕으로, 고객의 생활 전반을 가장 빠르고 쉽게 해결해주는 하나의 플랫폼이 된다는 비전을 제시하고 있다. 이를 실현하기 위한 전략으로는 물류 인프라의 내재화, 음식 배달 서비스(쿠팡이츠) 및 디지털 콘텐츠 플랫폼(쿠팡플레이)으로의 사업 확장, 그리고 데이터 기반 서비스 고도화를 추진해왔다. 이러한 전략은 전국 단위의 자체 배송망 구축, 고객 맞춤형 사용자 경험 설계, 기술 중심 운영 체계 구축 등 실행 단계에서 구체화되었으며, 이는 고객 충성도 확보와 플랫폼 내 체류 시간 증가로 이어지는 성과를 창출하고 있다.

선택적(Matching) 정의

"전략이란 기업 외부 환경의 기회와 위협에 대응하여, 기업 내부의 강점은 살리고 약점은 보완하는 일련의 선택적 행위"로 보는 관점이다. 이는 '적을 알고 나를 알면 백전불태(知彼知己 百戰不殆)'라는 손자병법의 지혜와도 맞닿아 있으며, 가장 널리 알려진 분석 도구인 SWOT 분석의 이론적 기반이 된다.

이 관점의 핵심은 적합성(fit)에 있다. 기업이 처한 상황에 가장 적합한 선택을 하는 것이 바로 전략이라는 것이다. 예를 들어, 현대자동차는 1970년대 한국의 상황을 정확히 파악했다. 당시 한국은 자동차 기술이 부족하다는 약점이 있었지만, 저렴한 노동력과 정부의 적극적 지원이라는 강점을 가지고 있었다. 또한 글로벌 자동차 시장에서는 일본 기업들이 소형차 시장을 장악해가는 기회와 함께, 선진국 기업들의 기술 격차라는 위협이 공존했다.

현대차는 이러한 환경 분석을 바탕으로 "선진 기술 도입 - 저비용 생산 - 신흥시장 진출"이라는 전략적 선택을 했다. 미쓰비시로부터 기술을 도입해 약점을 보완하고, 국내의 저비용 구조라는 강점을 활용하며, 중동과 남미 등 기존 선진 업체들이 주목하지 않던 신흥시장의 기회를 포착한 것이다. 이는 완벽한 SWOT 매칭의 사례라 할 수 있다.

넷플릭스의 경우도 이러한 선택적 정의의 좋은 사례이다. 2000년대 초 넷플릭스는 자신들의 강점(온라인 플랫폼 기술, 데이터 분석 역량)과 약점(콘텐츠 제작 경험 부족)을 명확히 파악하고 있었다. 동시에 외부 환경에서는 브로드밴드 보급 확산과 모바일 기기 발달이라는 기회와 함께, 기존 미디어 대기업들의 견제라는 위협이 공존했다.

넷플릭스는 이에 대응해 "기술 강점 - 데이터 활용 - 오리지널 콘텐츠 투자"라는 전략적 선택을 했다. 추천 알고리즘이라는 내부 역량을 극대화하면서, 동시에 콘텐츠 제작이라는 약점을 대규모 투자로 보완한 것이다.

쿠팡 역시 한국 시장의 독특한 환경을 정확히 읽었다. 좁은 국토와 높은 인구밀도, 빠른 배송에 대한 소비자 니즈(기회)를 파악하고, 아마존 같은 글로벌 거대 기업의 진출 가능성(위험)에 대비해 "물류 인프라 선점 및 초고속 배송"이라는 차별화 전략을 선택했다. 이는 한국이라는 특수한 환경에 최적화된 전략적 적합성의 사례라 할 수 있다.

하지만 이 관점은 외부 환경과 내부 역량 중 어느 쪽에 더 무게를 두느냐에 따라 구체적인 전략 이론의 특색이 달라진다. 마이클 포터의 산업구조 분석은 외부 환경을 중시하는 반면, 자원기반관점(Resource-Based View, RBV)

은 기업 내부의 독특한 자원과 역량에 더 주목한다.

절충적(Eclectic) 정의

헨리 민츠버그는 앞의 두 관점이 모두 전략의 일면만을 보여준다고 비판하며, 전략을 하나의 개념으로 한정하는 것에 반대했다. 그는 전략이 여러 관점을 포괄하는 복합적인 실체라고 보고, 이를 5P 모델로 설명했다. 우리에게 친숙한 스타벅스의 사례를 통해 이를 살펴보자.

- 계획(Plan): 스타벅스의 초기 계획은 명확했다. 하워드 슐츠는 이탈리아 여행에서 경험한 에스프레소 바 문화에서 영감을 받아, 단순히 커피를 파는 것이 아니라 집과 직장에 이어 '제3의 공간(The Third Place)'이라는 새로운 경험을 제공하겠다는 의도된 전략을 세웠다.[7] 이는 명문화된 계획서로 작성되어 투자자들을 설득하는 데 사용되었다.
- 패턴(Pattern): 계획과 달리 패턴은 시간이 흐르면서 나타나는 일관된 행동 양식이다. 스타벅스는 전 세계 어디서나 동일한 품질의 커피와 서비스를 제공하고, 유동인구가 많은 프리미엄 입지에 공격적으로 출점하며, 관련 사업(티바나, 베이커리 등)을 지속적으로 인수하는 패턴을 보여왔다.[8] 흥미롭게도 이러한 패턴 중 일부는 애초 계획에 없던 것들이었다.
- 위치(Position): 포지셔닝 관점에서 스타벅스는 저렴한 편의점 커피와 고급 레스토랑 커피 사이의 '프리미엄 대중 커피'라는 독특한 위치를 점유했다. 이는 단순한 가격 포지셔닝이 아니라, '스타벅스 경험'이라는 무형의 가치를 통해 경쟁자들과 차별화되는 지점을 확보한 것이다.
- 관점(Perspective): 가장 근본적 차원에서 스타벅스는 자신들의 사업을 '커피 판매업'이 아닌 '인간의 정신에 영감을 불어넣고 더욱 풍요롭게 하는 사업'으로 바라보는 독특한 세계관을 가지고 있다. 직원들을 '파트너'라고 부르고, 공정무역 원두 사용, 지역사회 공헌 등의 활동은 모두 이러한 관점에서 비롯된다.

- 책략(Ploy): 마지막으로 스타벅스는 경쟁자를 견제하기 위한 구체적인 책략도 구사한다. 유동인구가 많은 교차로의 황금 입지를 선점하거나, 특정 지역에 여러 매장을 집중 출점하여 잠재적 경쟁자의 진입을 원천 봉쇄하는 '시장 포위 전략(market encirclement strategy)'이 그 예이다.

쿠팡의 사례를 통해서도 5P의 다면성을 확인할 수 있다. 쿠팡은 "30분 내 배송"이라는 명확한 로켓배송 계획을 세웠고, 지속적인 물류센터 확장과 기술 투자라는 패턴을 보여준다. 시장에서는 아마존과 다른 "초고속 로컬 커머스"로 위치를 잡았으며, 단순한 이커머스가 아닌 "일상의 모든 문제 해결"이라는 사업관을 가지고 있다. 또한 적자를 감수하며 물류 인프라를 선점하여 후발주자의 진입을 차단하는 책략을 사용했다.

넷플릭스 역시 5P 모델로 분석할 수 있다. 그들은 "전 세계 엔터테인먼트 독점"이라는 계획 아래, 데이터에 기반한 콘텐츠 제작과 글로벌 확장이라는 일관된 패턴을 보인다. 전통적인 방송사와는 다른 "개인화된 스트리밍"이라는 위치를 점유했으며, 자신들을 미디어 유통업체가 아닌 "데이터 기반 엔터테인먼트 기업"이라는 관점으로 바라본다. 그리고 오리지널 콘텐츠를 독점하여 경쟁사를 견제하는 책략을 구사한다.

이러한 5P는 서로 독립적이지 않다. 성공한 기업들의 전략은 이 다섯 가지 측면이 서로 강화하며 일관된 전략적 정체성을 만들어낸다. 스타벅스의 제3의 공간이라는 관점이 프리미엄 입지 선점이라는 책략을 정당화하고, 쿠팡의 "고객문제 해결"을 우선하는 관점이 적자 감수 투자라는 패턴을 합리화하는 식이다.

이러한 다양한 정의를 바탕으로, 실제 좋은 전략은 어떤 요소들을 포함해야 할까?

전략의 5대 구성요소: 햄브릭과 프레드릭슨의 다이아몬드 모델

그렇다면 좋은 전략은 구체적으로 어떤 요소들을 포함해야 하는가? 많은 기업들이 "우리의 전략은 글로벌화", "지속적인 M&A 추진", 혹은 "각 사업에서 1, 2등 달성", "지속적 성장", "연구개발투자를 배로 늘리는 것"과 같이 이야기하지만, 이는 엄밀한 의미에서 전략이라기보다는 활동과 목표에 가깝다. 심지어 "사회적 책임있는 행동으로 고객과 지역사회에 봉사하는 것"은 미션에 해당한다. 햄브릭과 프레드릭슨(Hambrick & Fredrickson, 2005)의 주장에 따르면, 활동과, 목표, 미션 어느 것도 전략이라고 할 수 없다.

그림 1-5 전략의 개념적 위치

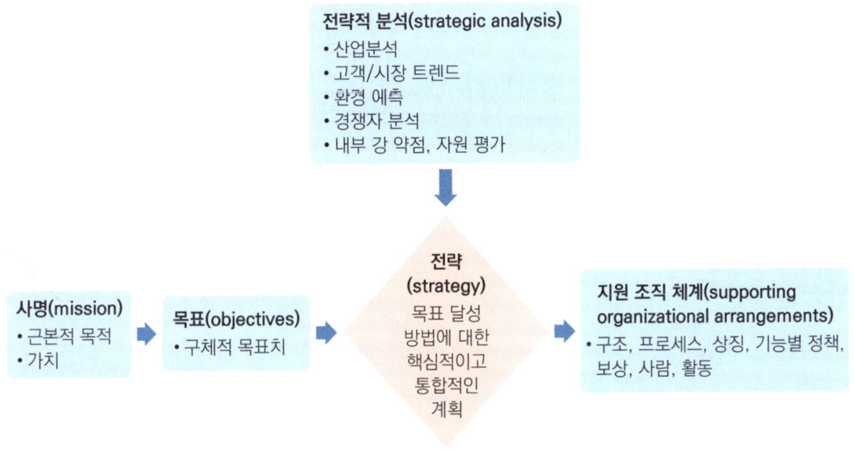

출처: Hambrick & Fredrickson, 2005

햄브릭과 프레드릭슨(Hambrick & Fredrickson, 2005)은 전략이 미션이나 목표와는 구분되는, '목표 달성 방법에 대한 통합된 계획'이라고 보았다([그림 1-5]를 참조하시오). 그들은 좋은 전략이 반드시 답해야 할 다섯 가지 핵심 질문을 '전략 다이아몬드(Strategy Diamond)' 모델로 제시했다.

- 아레나(arenas): 우리는 어디서 활동할 것인가? (어떤 제품 시장, 지역, 기술 영역에 집중할 것인가?)

- 수단(vehicles): 그곳에 어떻게 도달할 것인가? (자체 개발, 인수합병, 조인트 벤처, 라이선싱 중 어떤 방식을 택할 것인가?)
- 차별화 요소(differentiators): 시장에서 어떻게 승리할 것인가? (가격, 품질, 이미지, 고객 맞춤화 등 무엇으로 경쟁사와 차별화할 것인가?)
- 전개 순서(staging): 어떤 속도와 순서로 움직일 것인가? (확장 속도는 어느 정도로 하고, 어떤 순서로 행동을 전개할 것인가?)
- 경제적 논리(economic logic): 어떻게 수익을 창출할 것인가? (규모의 경제를 통한 저비용 구조, 혹은 독특한 가치 제공을 통한 프리미엄 가격 등 어떤 방식으로 이익을 낼 것인가?)

이 다섯 가지 요소가 서로 긴밀하게 연결되어 일관성을 이룰 때, 비로소 하나의 완성된 전략이라고 할 수 있다. 예를 들어, 스웨덴 가구 기업 이케아(IKEA)는 '저렴한 가격의 스타일리시한 가구를 직접 조립하는 젊은 고객층(아레나)'을 공략하기 위해, '글로벌 소싱을 통한 자체 디자인 및 생산(수단)'을 선택했다. 그리고 '독특한 스칸디나비아 디자인과 쇼룸 경험(차별화 요소)'을 제공하며, '대도시 외곽의 대형 매장부터 점진적으로 확장(전개 순서)'하는 방식을 택했다. 이 모든 활동은 '고객이 직접 조립하고 운반하게 함으로써 발생하는 비용 절감(경제적 논리)'이라는 핵심 원칙 아래 통합되어 있다.

이러한 이케아의 통합된 전략은 한국 시장에서도 유사점과 함께 흥미로운 차별점을 보인다. 핵심적인 경제적 논리(DIY를 통한 비용 절감)와 차별화 요소(독특한 쇼룸 경험)는 유지되었으나, 한국의 특수한 시장 환경에 맞춘 조정이 이루어졌다. 아레나 측면에서, 아파트 중심의 주거 환경을 고려하여 더 작은 공간에 맞는 솔루션을 강화했다. 수단 측면에서는, 교외의 대형 매장 전략을 고수하면서도, 차량 없이 대중교통을 이용하는 도시 고객을 위해 도심형 '플래닝 스튜디오'를 여는 새로운 접근을 시도했다. 특히 DIY 문화에 익숙하지 않은 한국 소비자를 위해 배송 및 조립 서비스를 강화한 것은 글로벌 모델과의 뚜렷한 차별점이다. 이는 이케아의 핵심 전략 요소들이 각 시장의 문화적, 지리적 특성에 따라 어떻게 유연하게 조정될 수 있는지를 보여주는 좋은 사례이다.

Hambrick와 Fredrickson이 제시한 전략의 구성요소(arena, vehicles, differentiators, staging, economic logic)는 이론적 틀로서만이 아니라, 실제 기업 사례를 통해 생생하게 이해될 수 있다. 예를 들어 넷플릭스는 콘텐츠 스트리밍 시장을 중심으로 활동 영역(arena)을 설정하고, DVD 대여에서 온라인 스트리밍으로 전환한 후 오리지널 콘텐츠 제작이라는 새로운 방식(vehicle)을 도입함으로써 시장 지배력을 확보하였다. 추천 알고리즘과 광고 없는 사용자 경험, 차별화된 콘텐츠는 강력한 경쟁 우위를 제공하는 차별화 요소(differentiators)가 되었으며, 각 국가별 진출 시기를 조율하고 콘텐츠를 현지화하는 등 점진적 확장 전략(staging)을 구사하였다. 넷플릭스의 경제적 논리(economic logic)는 반복적인 구독 수익과 높은 고객 유지율에 기반하고 있다.

한편, 쿠팡은 온라인 쇼핑 시장에서 출발하여, 음식 배달 플랫폼인 쿠팡이츠, 그리고 OTT 서비스인 쿠팡플레이로 활동 영역을 넓혀가며 명확한 다각화를 보여주고 있다. 자체 개발한 물류 시스템과 전국적인 풀필먼트 센터를 기반으로 한 로켓배송은 강력한 수행 수단이자 경쟁 우위의 원천이다. 쿠팡은 초기에 계획된 적자를 감수하면서도 인프라에 집중적으로 투자하는 전략적 인내를 보여주었고, 이러한 '버티는 기간'은 기업의 장기적 경쟁우위 확보에 핵심적이었다. 또한 통합된 플랫폼 안에서의 사용자 경험과 데이터 기반 운영 최적화는 경제적 논리를 뒷받침하며, 규모의 경제를 활용한 비용 절감과 교차판매 효과를 가능하게 했다. 하지만 이렇게 체계적으로 계획된 전략이 모든 기업에서 항상 의도한 대로 실현되는 것은 아니었다.

계획된 전략 vs. 창발적 전략: 민츠버그와 혼다 이야기

전략은 과연 최고경영자의 책상에서 계획된 대로만 실행되는 것일까? 헨리 민츠버그(Mintzberg, 1978)는 이 질문에 '아니오'라고 답하며 전략 연구에 중요한 화두를 던졌다. 그는 초기에 세심하게 계획된 의도된 전략(intended strategy)이 모두 실행되는 것은 아니며, 실행되지 못한 부분은 미실현 전략(unrealized strategy)으로 남는다고 보았다. 중요한 것은, 전략 실행 과정에서 의도치 않게 새롭게 나타나는 기회와 아이디어들이 있다는 점이다. 일선 직원의 제안, 고객의 요구, 혹은 우연한 발견 등을 통해 수용되는 이러한 전략들을 그는 창발적 전략(emergent strategy)이라 불렀다. 결국 우리가 관찰하는 기업의 실현된 전략(realized strategy)이란, 의도된 전략의 일부인 계획된 전략(deliberate strategy)과 창발적 전략(emergent strategy)이 합쳐진 결과물이라는 것이다([그림 1-6]을 참조하시오).

그림 1-6 전략의 유형

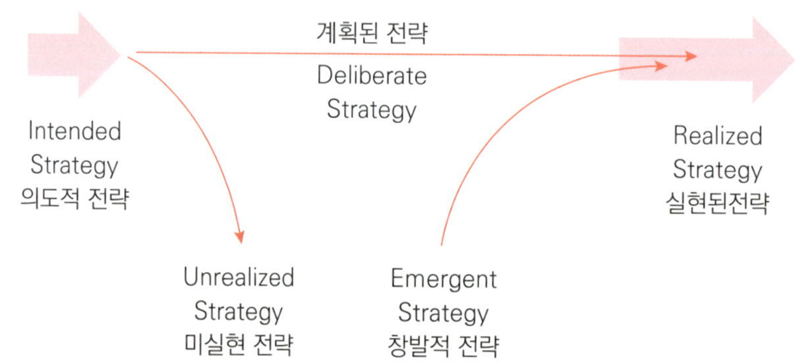

출처: Mintzberg (1978, p. 945)

창발적 전략의 대표적인 사례는 여러 곳에서 찾아볼 수 있다. 1980년대 인텔(intel)이 메모리 반도체 사업에서 철수하고 마이크로프로세서 사업으로 성공적으로 전환한 것은, 앤디 그로브 회장의 치밀한 계획이 아니었다. 실제로 당시 경영진은 늦게까지도 공식적으로 인텔이 '메모리 기업'임을 선언하며 기존의 정체성을 지키려 했다. 그러나 버글만(Burgelman, 1994)의 연구에 따르면, 이 거대한 전략 전환은 수익성이 낮은 메모리 사업에 자원 배정을 꺼렸던 중간관리자들의 일상적인 의사결정이 모여 만들어진 결과였다([학술 연구 개요 1-1]을 참조하시오). 3M의 포스트잇(Post-it) 역시 창발적 전략의 대표적인 사례이다. 본래 연구원 스펜서 실버(Spencer Silver)는 강력한 접착제를 개발하려다 실패하여, 붙였다 떼어도 자국이 남지 않는 약한 접착제를 우연히 발명했다. 이 기술은 수년간 용도를 찾지 못하고 잊힐 뻔했다. 그러나 또 다른 연구원인 아트 프라이(Art Fry)가 성가대원으로 활동하던 중, 찬송가 악보에 끼워둔 종이 서표가 자꾸 떨어져 불편을 겪는 것을 관찰하게 되었다. 그는 이 문제를 해결하기 위해 실버의 '실패한' 접착제를 떠올렸고, 이를 종이에 발라 붙였다 뗄 수 있는 책갈피를 만들자는 아이디어를 내었다. 이처럼 기술적 실패가 사용사의 숨겨진 니즈와 결합하면서 세계적인 히트 상품이 탄생한 것이다.

가장 극적인 사례는 혼다(Honda)의 미국 모터사이클 시장 진출 이야기이다. 당초 혼다의 의도된 전략은 300cc급 대형 모터사이클을 앞세워 기존의 전문 딜러 채널을 통해, 가죽점퍼를 입은 거친 남성 이미지의 고객층을 공략하는 것이었다. 그러나 이 계획은 처참한 실패로 돌아갔다. 많은 학자들은 이후 혼다가 50cc 경량 스쿠터인 '슈퍼컵(Super Cub)'으로 대성공을 거둔 것을 두고 치밀한 계획의 결과라고 분석했지만, 진실은 달랐다. 당시 현지 직원들이 업무용으로 타고 다니던 작은 슈퍼컵을 본 시어즈(Sears) 백화점 바이어가 그 가능성을 알아보고 판매를 제안했던 것이다. 이는 계획에 없던 새로운 유통 채널의 발견이었다. 또한, 혼다의 성공 신화를 만든 "좋은 사람들은 혼다를 탑니다(You meet the nicest people on a Honda)"라는 유명한 광고 슬로건 역시, 본사 마케팅팀의 작품이 아니라 한 UCLA 학생이 광고 수업 과제물로 제출한 아이디어에서 비롯된 것이었다. 이처럼 혼다의 성공을 이끈 핵심 제품(슈퍼컵), 유통 채널(백화점), 그리고 마케팅 메시지 모두가 의도된 계획이 아니라, 실패 속에서 현장의 작은 기회를 포착하고 학습하며 전략을 수정한 창발적 과정의 산물이었다.

민츠버그의 이러한 관점은 우리에게 중요한 시사점을 준다. 인텔의 사례는 공식적인 전략("우리는 메모리 기업이다")과 실제 조직의 자원 배분 패턴("수익성 높은 마이크로프로세서에 집중")이 어떻게 다를 수 있는지를 보여준다. 때로는 조직의 구조나 일상적인 업무 루틴이 최고경영진의 의도를 넘어서 새로운 전략을 낳기도 함("structure shapes strategy")을 시사한다. 혼다의 사례는 전략의 수립과 실행이 명확히 분리될 수 없음을 극적으로 보여준다. 현장에서의 실패와 우연한 발견, 그리고 이를 포착하여 학습하고 적응하는 실행 과정 자체가 바로 전략을 만들어나가는 과정이었던 것이다.

이러한 창발적 전략의 사례는 과거에만 국한되지 않는다. 오늘날 MZ 세대에게 친숙한 많은 서비스들 역시 원래의 목적과는 다른 방향으로 진화하며 성공을 거두었다. 예를 들어, 게이머들의 음성 채팅 프로그램으로 시작했던 디스코드(Discord)는, 사용자들이 게임 외에도 스터디 그룹, 팬 커뮤니티, 온라인 동호회 등 다양한 목적의 소통 공간으로 활용하기 시작하면서 그 정체성이 확장되었다. 회사는 이러한 사용자들의 창발적 사용 행태를 적극적으로 수용하여, 이제는 '모든 커뮤니티를 위한 소통 플랫폼'이라는 새로운 전략적 방향을 추구하고 있다. 이는 의도된 계획을 넘어, 사용자와의 상호작용 속에서 새로운 가치와 시장이 발견되는 현대 디지털 환경의 특징을 잘 보여준다.

결론적으로, 전략은 고정된 청사진이 아니며, 불확실성이 높은 환경에서는 유연한 학습 과정이 필수적이다. 기술, 정치, 환경 등 예측 불가능한 변수가 많아질수록, 계획의 완벽함보다는 창발적 기회를 포착하고 이를 전략으로 승화시키는 조직의 역량이 더욱 중요해지고 있다.

학술 연구 개요 1-1

희미해지는 기억들:
동태적 환경에서의 전략적 사업 철수 과정 이론 (Burgelman, 1994)

✿ 연구 배경

이 연구는 "왜 성공했던 기업들이 더 이상 유망하지 않은 사업에서 제때 철수하지 못하고 어려움을 겪는가?"라는 질문에 답합니다. 사업 철수가 최고경영진의 단호한 결단만으로 이루어지는 것이 아니라, 조직 내부의 복잡한 과정과 '기억의 소멸'을 통해 점진적으로 일어나는 현상임을 보여줍니다. 성공이 만든 함정, 즉 '구조적 타성'은 기업이 특정 사업에서 큰 성공을 거두면 그 경험이 조직 전체에 깊이 각인되어 변화에 저항하게 만드는 현상을 말합니다. 기술과 시장이 급변하는 환경에서 이 '성공 공식'은 오히려 독이 될 수 있습니다. 1980년대 초반 인텔은 D램(DRAM)의 최강자였지만, 일본 기업들의 저가 공세로 수익성이 악화되고 있었습니다. 반면, 새롭게 시작한 마이크로프로세서(CPU) 사업의 잠재력은 폭발적으로 커지고 있었지만, 인텔의 공식적인 전략과 자원 배분은 여전히 D램에 머물러 있었습니다.

✿ 핵심 연구 질문

- 성공적인 기업은 어떻게 기존 주력 사업에서 철수하고 새로운 사업으로 전환하는가?
- 최고경영진의 공식적인 의도적 전략(intended strategy)과 현장 관리자들의 자발적인 행동(autonomous action)은 이 과정에서 어떤 상호작용을 하는가?
- '사업 철수'라는 전략적 의사결정은 구체적으로 어떤 내부 프로세스를 통해 이루어지는가?

✿ 자료 및 사례

이 논문은 그 유명한 인텔(intel)의 D램(DRAM) 사업 철수 사례를 심층적으로 분석하여 이론을 구축했다는 점에서 매우 생생한 통찰을 제공합니다.

✿ 주요 연구 결과

이 논문의 핵심 개념은 '희미해지는 기억(fading memories)'입니다. 조직의 '기억'은 문서가 아닌, 특정 사업 분야에서 경험을 쌓은 숙련된 중간 관리자들과 엔지니어들, 즉 '기억의 운반자'들에게 저장됩니다. D램 사업의 경쟁력이 약화되자, 유능한 인력들은 자발적으로 더 유망한 마이크로프로세서 사업부로 이동하기 시작했습니다. 이러한 '조용한 퇴장'이 계속되면서 D램 사업부의 역량은 점차 약화되었고, 조직의 '살아있는 기억'

이 희미해졌습니다. 최고경영진이 D램 사업 철수를 공식적으로 선언했을 때는, 이미 조직 내부에서 D램 사업을 제대로 수행할 역량과 의지를 가진 '기억의 운반자'들이 대부분 사라진 후였습니다. 버겔만은 이 과정을 조직 내부의 진화론적 선택 과정으로 설명합니다. 최고경영진의 공식 의도적 전략과 무관하게 현장의 중간 관리자들이 새로운 기회를 포착하고(자발적 전략 행동), 이 신사업이 성공하며 조직 내부의 힘의 균형이 바뀌게 됩니다. 유능한 인력들이 이동하고 기존 사업의 실패가 누적되자, 최고경영진도 마침내 현실을 인식하고 기업의 정체성을 재정의하게 됩니다. 이는 의도된 결정이라기보다는, 이미 조직 내부에서 벌어진 변화를 공식적으로 추인하는 것에 가까웠습니다.

전략적 함의

버겔만의 연구는 사업 철수가 CEO의 영웅적인 결단이 아닌, 조직 내부의 복잡한 정치 과정, 자원 경쟁, 핵심 인력의 이동을 통해 점진적으로 진행되는 '과정'임을 보여줍니다. 최고경영진은 공식적인 현실과 현장에서 벌어지는 비공식적인 현실 사이의 차이를 민감하게 포착해야 합니다. 때로는 과거의 성공 방정식에 대한 '건강한 망각'이 필요하며, 성공했던 사업의 인력과 자원을 새로운 성장 동력으로 점진적으로 재배치하는 의도적인 노력이 필요합니다. 이 연구는 전략이란 단순히 합리적인 계획을 세우는 활동이 아니라, 조직 내부에서 벌어지는 복잡하고 동태적인 과정을 관리하는 활동임을 생생하게 보여줍니다.

출처: Burgelman, R. A. (1994). Fading memories: A process theory of strategic business exit in dynamic environments. Administrative Science Quarterly, 39(1), 24-56.

1-3 전략의 수준과 의사결정

전략적 의사결정의 특성: 무엇이 CEO의 결정인가?

'전략적 의사결정(strategic decision making)'이라는 용어는 종종 '전략적으로 사고하여 의사결정하는 것(decision making strategically)'과 혼용되곤 한다. 그러나 양자는 구별될 필요가 있다. 후자가 게임 이론에서처럼 경쟁자의 반응을 예측하며 한 수 앞을 내다보는 의사결정의 '방법론'에 가깝다면, 전자는 의사결정의 '성격'과 '수준'에 관한 문제이다.

그렇다면 기업의 최고경영자나 사업부문장이 내리는 모든 결정이 전략적 의사결정의 범주에 속하는가? 그렇지 않다. 리더의 역할은 전략적 의사결정(strategic decision)과 운영적 의사결정(operational decision)을 명확히 구분하는 것에서부터 시작된다. 운영적 의사결정이란 일상적으로 발생하며 하부 기능부서장에게 위임될 수 있는 관리적이고 기술적인 사안을 다룬다. 과거에는 CEO가 직접 현장을 돌며 위생 상태를 점검하는 모습이 미덕으로 여겨지기도 했으나, 이는 본질적으로 운영적 의사결정의 영역에 속한다. 리더는 제한된 시간과 자원의 적재적소 배분을 위해 자신이 반드시 해야 할 일과 그렇지 않은 일을 구분해야 한다.

전략적 의사결정의 본질을 파악하기 위해, 한 기업의 최고경영자가 마주할 법한 다음과 같은 의사결정 과제들을 살펴보자.

① 차장 및 과장급 간부 30명(전 사원의 1%)에 대한 5개월 파트타임 교육과정 최종 결정
② 사원들에게 여름 휴가를 위해 제공할 패키지(휴가 일수, 휴가비 등) 결정
③ 신제품 개발 부서에서 기획한 새로운 제품 출시 여부 결정
④ 사원들에게 지급할 추석 선물의 품목 결정
⑤ 원료 공급선에서 가격 인상 통보에 따른 거래 지속 또는 단절 결정
⑥ 노동조합의 임금 인상 및 단체협약 요구안에 대한 대책 수립
⑦ 퇴사한 직원이 제기한 성차별 소송에 대한 대응 방안 결정
⑧ 내년도 주력 공장에 도입할 신규 설비의 기종 및 공급선 결정
⑨ 전사적 인력 감축 중에 발생한 특정 사업부의 인력 증원 요청에 대한 처리 방안 수립

위의 목록에서 진정한 전략적 의사결정은 ③번(신제품 출시), ⑥번(노사 단체협약), ⑨번(사업부 간 인력 조정)과 같이 기업의 장기적인 방향성, 핵심 자원 배분, 그리고 전사적인 이해관계 조정과 관련된 사안들이다. 반면, ②번(휴가 패키지)이나 ④번(명절 선물)은 일상적이며 하위 기능부서에서 처리할 수 있는 운영적 사안이다. 또한, ①번(간부 교육), ⑤번(공급선 거래), ⑦번(소송 대응), ⑧

번(설비 도입) 등은 긴급하고 중요해 보일 수 있으나, 그 파급 효과가 전사적이기보다는 특정 기능 부서에 국한되는 경우가 많아 운영적 의사결정으로 분류될 수 있다.

이처럼 전략적 의사결정은 일상적이거나 특정 부서 수준에서 완결될 수 있는 사안이 아니다. 그 핵심은, 의사결정이 기업 전체에 미치는 파급 효과가 크고, 기업 내 여러 사업부 또는 부문 간의 자원 배분과 관련된 것에 있다.

이러한 특성을 종합해 보면, 전략적 의사결정은 다음과 같은 다섯 가지 속성을 지닌다고 요약할 수 있다. 첫째, CEO나 사업부문장 수준에서 이루어지는 최고 수준(top-level)의 결정이며, 둘째, 기업 전체에 중대한 영향(significant impact)을 미친다. 셋째, 여러 사업 부문에 걸쳐 희소한 자원을 배분(resource allocation)하는 문제를 다루며, 넷째, 그 효과가 장기적(long-term)으로 지속된다. 마지막으로, 한번 결정하면 되돌리기 어려운 비가역성(irreversibility)을 갖는다.

따라서 전략적 의사결정은 다음과 같이 정의될 수 있다. "의사결정의 주체는 CEO 또는 사업부문장이며, 그 결정이 기업 전체의 경쟁우위에 중대한 영향을 미치거나, 여러 사업부 간의 자원 배분에 관한 사안일 때 이를 전략적 의사결정이라 칭한다."

다만, 여기서 두 가지 점을 주의해야 한다. 첫째, 본래 운영적인 의사결정이라도 특정 상황에서는 그 파급 효과가 매우 커져 '중요 의사결정(critical decision)'이 될 수 있으나, 이것이 곧바로 전략적 의사결정이 되는 것은 아니다. 둘째, 신규 설비 도입과 같은 사안이 향후 사업부의 비용 구조나 기술 표준을 근본적으로 바꾸는 결정이라면, 이는 운영의 차원을 넘어 전략적 의사결정으로 격상될 수 있다.

기업, 사업, 기능: 전략의 세 가지 수준

전략은 의사결정이 이루어지는 조직의 수준에 따라 크게 기업전략, 사업전략, 기능전략의 세가지로 구분된다. 기업수준, 사업수준, 및 기능수준의 전략은 서로 긴밀하게 연결되어 일관성을 유지해야만 조직 전체의 목표를 효과적으로 달성할 수 있다(<표 1-1>을 참조하시오).

표 1-1 전략유형별 주체, 목표, 및 활동

전략유형	주체	목표	활동
기업전략	HQ	기업의 생존, 번영, 성장	기업의 범위 설정 (신규 사업 진출, 기존 사업 퇴출 등) 사업간 자원배분 및 시너지 창출
사업전략	사업부서 또는 HQ	경쟁우위의 창출 및 유지	포지셔닝, 혁신
기능전략	기능부서	기업전략/사업전략의 기능적 지원, 탁월성 등	기능활동 (재무, HR, 마케팅, 생산, 로지스틱 등)

기업전략(corporate strategy)

가장 상위 수준의 전략으로, 주로 본사(headquarter, HQ)에서 이루어진다. "우리는 어떤 사업 영역에서 경쟁할 것인가?"라는 근본적인 질문에 답하는 과정이다. 구체적으로는 신규 사업 진출, 기존 사업에서의 철수, 여러 사업부 간의 자원 배분 및 시너지 창출과 관련된 의사결정을 포함한다. 이 전략의 목표는 기업 전체의 생존과 성장, 그리고 번영이다.

사업 전략(business strategy)

'경쟁전략(competitive strategy)'이라고도 불리며, 특정 사업부 수준에서 이루어지는 의사결정이다. "해당 사업 영역에서 어떻게 경쟁 우위를 확보하고 유지할 것인가?"를 다룬다. 마이클 포터가 제시한 원가 우위, 차별화, 집중화와 같은 본원적 전략 중에서 어떤 전략을 선택하고, 시장 내에서 어떻게 포지셔닝할 것인지(수평적 사업범위와 가치사슬 내재화 의사결정), 그리고 어떤 혁신을 추구할 것인지에 대한 활동을 포함한다.

기능전략(Functional Strategy)

가장 하위 수준의 전략으로, 마케팅, 재무, 인사(HR), 연구개발(R&D), 생산 등 각 기능 부서에 의해 실행된다. 상위 수준인 기업 및 사업 전략의 실행을 효과적으로 지원하는 것을 목표로 하며, 각 기능 분야의 운영 효율성과 탁월성을 극대화하는 방안을 다룬다.

[사례연구] 삼성, 두산, LG: 한국 기업의 전략적 선택들

이론적 개념을 바탕으로 실제 기업들의 전략적 선택이 어떤 수준에서 이루어지는지 살펴보자.

1993년, 삼성전자의 이건희 회장은 프랑크푸르트에서 "마누라와 자식 빼고 다 바꿔라"는 유명한 선언을 한다. 이는 단순히 구호에 그치지 않고, 가격 경쟁력에 의존하던 기존 방식에서 벗어나 품질을 최우선으로 하는 질적 경쟁으로 돌입하겠다는 명확한 전략적 방향 전환이었다. 구미 사업장에서 불량 휴대폰을 불태우는 상징적인 사건은 이러한 전략적 의지를 내외부에 각인시켰고, 이후 삼성전자는 글로벌 시장에서 비약적인 성장을 이루었다. 이 선택은 휴대폰 사업의 경쟁우위 확보 방식을 원가 절감에서 제품 품질 개선으로 전환한 것이므로 사업부 수준 전략에 해당한다. 동시에, 이러한 질 중심의 경영 철학을 모든 사업부에서 추구하는 전사적 운동으로 확산시켰다는 점에서 기업 수준 전략의 성격도 지닌다.

두산그룹의 사례는 사업 포트폴리오의 극적인 전환을 보여준다. OB 맥주를 중심으로 한 소비재 기업에서, 한국중공업(現 두산에너빌리티) 등을 인수하며 중장비 및 인프라 지원 사업(Infrastructure Support Business, ISB) 중심의 중심의 그룹으로 탈바꿈한 것이다. 이는 "어떤 사업을 할 것인가"에 대한 근본적인 변화이므로 명백한 기업 수준 전략이다. 더 나아가, 이러한 사업 구조의 대전환은 개별 기업이 아닌 그룹 전체의 차원에서 이루어졌다는 점에서 기업집단 수준 전략(corporate group level strategy)으로 볼 수 있다. 이는 서구의 경영학 교과서에서는 잘 다루어지지 않는 개념이지만, 삼성, LG, 현대자동차 그룹이나 인도의 타타(Tata) 그룹처럼 다양한 사업체를 거느린 기업집단이 중요한 경제 주체로 존재하는 한국과 아시아의 현실을 반영하는 개념이다.

전략이 반드시 CEO의 진두지휘에서가 아니라 조직구성원들이 일상생활의 불편함을 해결하려는 아이디어에서 혁신적인 전략이 탄생하기도 한다. LG전자의 트롬 트윈워시 세탁기가 좋은 예이다([그림 1-7]을 참조하시오). 흰 옷과 색깔 옷, 혹은 소량의 빨래를 분리해서 세탁하고 싶어 하는 고객의 '페인 포인트(pain point)'에 착안하여, 세계 최초로 대형 드럼세탁기 아래에 소형 통돌이 세탁기를 결합한 제품을 출시했다. 이는 고객의 편익을 획기적으로 끌어올린 신제품 개발 전략으로, 원가 상승을 감수하고 차별화된 가치를 제공했으므로 사업부 수준의 차별화 전략에 해당한다. 동시에, 이 제품의 개발은 R&D 부서의 역량이 집약된 기능 수준 전략의 성공 사례이며, 나아가 LG전자를 글로벌 가전 시장 1위로 이끈 핵심 동력이었다는 점에서 기업 수준 전략의 중요한 축을 담당했다고도 평가할 수 있다. 이러한 성공적 전략 패턴은 조직 내에서 스타일러, 스탠바이미, 프라엘, 틔운 등의 혁신으로 반복되어 LG전자의 기업혁신 전략으로 자리잡고 있다

그림 1-7 LG전자의 트윈워시 세탁기

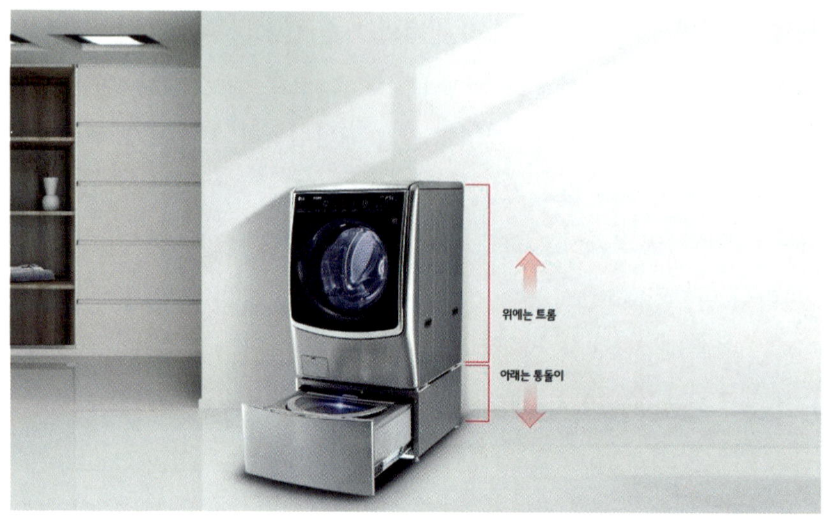

전략 계획의 새로운 흐름: 실험과 학습의 시대

그렇다면, 공식적인 전략 계획을 수립하는 것이 실제로 기업 성과에 도움이 되는가? 여러 연구들은 전략 계획의 존재 자체가 기업의 성장성이나 수익성에 긍정적인 효과가 있음을 대체로 지지한다(Miller & Cardinal, 1994). 그러나 오늘날의 경영 환경에서는 과거와 같은 방식의 전략 계획이 더 이상 유효하지 않다는 인식이 확산되고 있다.

과거 대기업이나 공기업에서 흔히 볼 수 있었던 두꺼운 책자 형태의 5개년 중장기 전략 계획은, 안정적이고 예측 가능한 환경을 전제로 한다. 하지만 불확실성이 극심한 현대 기술 스타트업 환경에서 이러한 방식은 오히려 혁신의 족쇄가 될 수 있다. 이에 실리콘밸리를 중심으로 린 스타트업(lean startup)이라는 새로운 전략 패러다임이 등장했다(Ries, 2011). 이는 완벽한 사업 계획을 세우는 대신, 핵심 가설을 검증할 수 있는 최소 기능 제품(Minimum Viable Product, MVP)을 만들어 시장에 빠르게 출시하고, 고객의 실제 반응 데이터를 통해 '만들기-측정-학습'의 순환 고리를 반복하며 전략을 지속적으로 수정해나가는 방식이다. 이는 사무실을 벗어나 직접 고객을 만나 가설을 검증해야 한다는 스티브 블랭크(Steve Blank, 2005)의 '고객 개발(customer development)' 철학에 뿌리를 두고 있다.

이러한 변화는 비단 스타트업에만 국한되지 않는다. 구글(Google), 마이크로소프트(Microsoft)와 같은 거대 기술 기업들 역시 경직된 장기 계획 대신, 조직 전체가 기민하게 움직일 수 있도록 돕는 OKR(Objectives and Key Results)과 같은 목표 관리 시스템을 도입하고 있다(Doerr, 2018). OKR은 야심 찬 목표(objective)와 그 달성 여부를 측정할 수 있는 핵심 결과(key results)를 설정하고, 이를 짧은 주기로 공유하고 평가함으로써 조직 전체가 공동의 목표를 향해 유연하게 나아가도록 돕는다.

결론적으로, 현대 기업의 전략 계획은 '한 번의 완벽한 계획 수립'이 아니라, '방향성을 가진 지속적인 실험과 학습의 과정'으로 그 의미가 변화하고 있다. 이는 민츠버그가 말한 '창발적 전략'이 예외적인 현상이 아니라, 불확실한 시대의 표준적인 전략 실행 방식이 되어가고 있음을 시사한다.

학술 연구 개요 1-2

전략적 계획과 기업 성과: 20년 이상 연구의 종합 (Miller & Cardinal, 1994)

✿ 연구 배경

1990년대 초반까지도 학계와 실무계에서는 전략적 계획의 유용성에 대한 의견이 분분했습니다. 긍정론자들은 체계적인 계획이 환경 변화 예측, 효율적 자원 배분, 목표 달성 가능성 증대에 기여한다고 주장한 반면, 헨리 민츠버그와 같은 회의론자들은 급변하는 환경 속에서 공식적 계획은 오히려 조직의 유연성을 저해하고 창의적 전략의 등장을 방해하는 '의식(ritual)'에 불과하다고 비판했습니다. 이처럼 상반된 연구 결과들이 혼재하는 상황에서, 본 연구는 개별 연구의 한계를 넘어 종합적인 결론을 도출하고자 했습니다.

✿ 핵심 연구 질문

- 전략적 계획과 기업 성과 사이에는 전반적으로 어떠한 관계가 있는가?
- 전략적 계획의 효과는 특정 상황(예 기업 규모, 산업 특성, 환경의 불확실성 등)에 따라 달라지는가?
- 과거 연구들에서 일관되지 않은 결과가 나타난 이유는 무엇인가?

✿ 자료 및 사례

이 연구는 특정 사례를 분석하는 대신, '메타 분석(Meta-analysis)'이라는 연구 방법을 사용했습니다. 이는 1970년대부터 1990년대 초반까지 발표된 수십 편의 관련 연구 결과들을 통계적으로 통합하여 종합적인 결론을 이끌어내는 방식입니다. 이를 통해 개별 연구의 한계에서 벗어나 더 일반화되고 신뢰도 높은 결론을 도출할 수 있었습니다.

✿ 주요 연구 결과

분석 결과, 전략적 계획은 기업의 재무적 성과와 통계적으로 유의미한 긍정적(+) 관계를 가지는 것으로 나타났습니다. 즉, 계획을 수립하는 기업이 그렇지 않은 기업보다 전반적으로 더 나은 성과를 보였습니다. 그러나 이러한 효과는 모든 상황에서 동일하지 않았습니다. 특히 환경의 불확실성이 높을수록, 자본 집약적인 산업일수록, 그리고 기업 규모가 클수록 전략적 계획의 긍정적 효과가 더욱 두드러졌습니다. 이는 계획 과정 자체가 환경 변화를 감지하고 적응하며, 조직 내부의 혼란을 줄이는 중요한 역할을 하기 때문입니다. 또한, 과거 연구들에서 상반된 결과가 나타난 이유 중 하나가 성과 측정 방식이나 계획 수준의 정의 등 연구 방법론의 차이 때문임도 밝혀냈습니다.

전략적 함의

이 연구는 전략적 계획이 단순히 형식적인 절차가 아니라 기업 성과에 실질적으로 기여하는 중요한 경영 활동임을 실증적으로 보여주었습니다. 또한, "어떤 상황에서 어떤 종류의 계획이 더 유용한가?"라는 상황적합이론의 관점을 제시했습니다. 급변하는 시대일수록 방향성을 제시하고 자원을 결집하는 계획의 역할은 여전히 중요합니다. 그러나 기업은 자신이 처한 환경, 산업 특성, 조직 규모를 고려하여 계획의 방식과 깊이를 조절하는 지혜가 필요합니다. 계획은 한번 세우고 끝나는 '문서'가 아니라, 끊임없이 환경과 상호작용하며 학습하고 적응해나가는 '과정'이자 '나침반'으로 활용해야 합니다.

출처: Miller, C. C., & Cardinal, L. B. (1994). Strategic planning and firm performance: A synthesis of more than two decades of research. Academy of Management Journal, 37(6), 1649-1665.

[사례연구] 테슬라와 일론 머스크: 계획인가, 즉흥인가?

오늘날 가장 혁신적인 기업가로 꼽히는 테슬라의 일론 머스크는 언뜻 보기에 전통적인 전략 계획과는 거리가 멀어 보인다. 그의 예측 불가능한 언행과 파격적인 의사결정은 즉흥적인 것처럼 비치기도 한다. 과연 그에게도 공식적인 전략 계획이 존재할까?

결론부터 말하면, 그렇다. 테슬라는 "지속 가능한 에너지로의 전 세계적 전환을 가속화한다"는 매우 명확하고 원대한 사명(mission)을 가지고 있다. 그리고 이 사명을 달성하기 위한 구체적인 로드맵으로, 일론 머스크는 여러 차례에 걸쳐 '마스터플랜(master plan)'을 공개해 왔다(Musk, 2006; 2016; 2023). 2006년의 Part 1이 고가의 전기 스포츠카(로드스터) 판매 수익으로 대중적인 전기차를 만드는 것이었다면, 2016년의 Part 2는 태양광 발전과 에너지 저장 장치를 통합하는 단계로, 2023년의 Part 3는 지속 가능한 지구 에너지 경제 전체를 아우르는 단계로 그 범위가 확장되었다. 이는 챈들러가 말한 장기 목표 설정과 행동 방침 채택의 전형적인 모습이다.

하지만 그의 전략 실행 방식은 전통적인 대기업과는 다르다. 그의 전략은 거대한 비전(big idea)을 제시하고, 그 비전의 실현 가능성에 대한 진정성(authenticity)을 보여주며, 수많은 실패에도 굴하지 않는 인내(perseverance)를 통해 시장의 신뢰를 얻는 패턴을 보인다(Vance, 2015). 이는 문서화된 세부 계획보다는, 강력한 비전과 리더십을 통해 조직의 방향을 제시하고, 구체적인 실행은 시장의 반응과 기술적 진보에 따라 유연하게 조정해나가는 현대적 전략의 특징을 잘 보여준다. 즉, 그의 전략은 거대한 '계획된 전략'의 틀 안에서 수많은 '창발적 전략'이 역동적으로 실행되는 형태라고 해석할 수 있다.

[심화학습] 전략과 조직구조: Structure Follows Strategy

"구조는 전략을 따른다(structure follows strategy, by 알프레드 챈들러)."

성공적인 전략은 그 전략을 효과적으로 실행할 수 있는 '조직구조'라는 그릇에 담길 때 비로소 완성된다. 기업이 단일 사업에 집중하는지, 혹은 여러 사업으로 다각화했는지에 따라 적합한 조직의 모습은 달라진다. 기업이 어떤 구조를 선택하는지는 전략의 성패를 좌우하는 핵심적인 의사결정이다. 주요 조직구조의 특징과 전략적 적합성을 살펴본다.

기능별 조직(U-form: Unitary Form)

기능별 조직은 기업의 본부 또는 최고경영자(CEO)가 마케팅, 생산, 재무, R&D 등 조직의 모든 기능을 직접 통제하는 형태의 중앙집권적 조직구조를 의미한다. 이는 장기적인 전략 기획뿐만 아니라 세부적이고 일상적인 운영 의사결정까지 CEO가 중앙에서 통제하는 전통적인 조직 형태이다([그림 1-8]을 참고하시오). 주로 자원과 인력이 부족한 스타트업이나, 사업 구조가 단순한 단일 사업 기업에서 빈번하게 나타난다. 상당한 규모임에도 불구하고 방위산업을 대표하는 풍산, 식품산업을 대표하는 농심 등의 기업은 창업 가문이 경영일관성 유지와 경영통제를 위해 기능별조직을 고수하고 있다.

일반적으로 기업의 규모가 커질수록 기능별 조직 형태는 비효율성을 드러내지만, 대기업이라 할지라도 기능별 조직을 유지하는 경우가 있다. 이 경우 CEO는 다양한 사업과 기능에 대한 깊이 있는 지식을 바탕으로 전체적인 경영 의사결정을 내려야 하므로 상당한 정보 처리의 부하에 직면하게 된다. 창업자가 직접 사업 하나하나를 경험하며 기업을 성장시킨 경우가 아니라면, 조직 규모가 커질수록 기능 부서 간의 의사소통이 어려워지고 이견 조정이 힘들어져 조직 전반의 비효율성이 증폭될 수 있다.

그림 1-8 기능별 조직의 조직도 예시

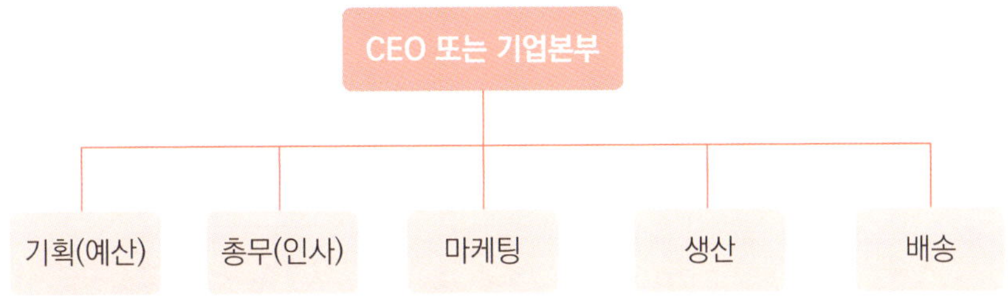

사업부제 조직(M-form: Multidivisional Form)

경영사학자 챈들러(Chandler, 1962)에 따르면, 1920년대 미국에서는 기업의 규모가 성장하고 복잡성이 높아짐에 따라 경영 관리의 어려움과 전략적 이슈와 일상적 운영 이슈의 혼란이 발생했다. 이를 극복하기 위해 제너럴 모터스(GM)나 듀퐁(DuPont) 같은 기업들이 사업부제 조직을 도입하여 효과적인 자원 배분과 명확한 책임 부여로 기업 성과를 개선했다. 경제학자 윌리엄슨(Williamson, 1975) 역시 사업부제가 의사결정의 분권화와 책임 소재의 명료화를 통해 기능별 조직의 비효율성을 줄여준다고 주장했다.

이처럼 사업부제는 다각화된 대기업에 적합한 조직 형태로, 본사는 전사 차원의 전략적 의사결정과 재무적 통제에 집중하고, 각 사업부(business unit)에 일상적인 운영적(operational) 의사결정 권한을 위임하는 것이 핵심이다([그림 1-9]을 참고하시오). 각 사업부는 제품, 서비스, 또는 지역별로 조직되며, 주어진 권한 하에서 맡은 사업 영역의 운영을 책임지고 그 성과에 대해 본부로부터 평가받는다. 삼성전자(DX, DS 부문)나 LG전자(H&A, HE, VS, BS 사업본부)는 물론, 생활용품 기업 P&G가 세제, 유아용품, 면도기 등 각 제품 카테고리별로 독립적인 브랜드 매니지먼트 팀을 운영하는 것이 대표적인 사업부제 조직의 예이다.

그림 1-9 사업부제 조직의 조직도 예시

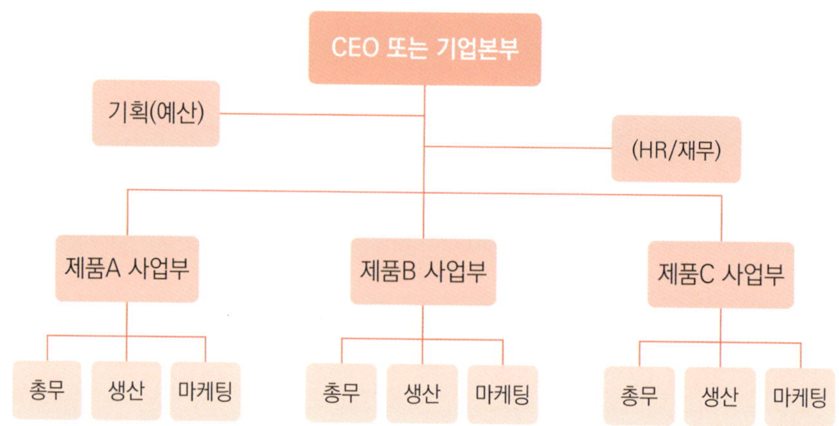

사업부제의 변형: 시너지와 통제의 딜레마

가. 중앙집중화된 사업부제(CM-form: Centralized Multidivisional Form)

이는 사업부제의 형태를 갖추고 있으면서도, 본부가 사업부에 위임해야 할 일상적인 운영 의사결정에까지 깊이 관여하는 중앙집권적 형태이다. 이는 자칫 사업부제의 장점인 자율성과 책임경영을 저해하는 퇴행적인 모습으로 비칠 수 있다. 그러나 각 사업부 간의 관련성이 높아 기술이나 자원을 공유하며 시너지를 창출해야 할 필요성이 클 경우, 본부의 적극적인 조정과 개입은 오히려 조직 전체의 성과를 높이는 긍정적인 역할을 할 수 있다. 현대자동차그룹이 플랫폼(E-GMP)과 핵심 부품(모비스)을 공유하며 시너지를 내는 것이 대표적인 사례이다.

나. 매트릭스 조직(Matrix Organization)

매트릭스 조직은 제품과 지역, 혹은 기능과 제품 등 두 가지 이상의 기준으로 조직을 구성하고, 한 명의 직원이 두 명의 관리자에게 동시에 보고하도록 하는 복합적인 구조이다.[9] 예를 들어, 글로벌 컨설팅 펌의 컨설턴트는 특정 산업 전문가 그룹(기능)에 소속됨과 동시에 특정 고객 프로젝트 팀(사업)의 일원으로 활동한다. 이는 기능적 전문성과 사업적 대응성을 동시에 높이려는 의도였지만, 두 상급자로부터 상충된 지시를 받을 수 있는 '명령체계의 혼란'과 잦은 갈등으로 인해 의사결정이 지연되는 경우가 많았다. 이러한 문제로 인해 많은 기업들이 매트릭스 조직 운영에 실패하고, 다시 전통적인 사업부제 조직으로 회귀하는 경향을 보인다(장세진, 2024).

지주회사 조직(H-form: Holding Company Form)

지주회사 조직은 사업부제의 극단적인 형태로, 기업 본부(지주회사)가 각 사업부(자회사)에 최대의 자율성을 부여하고 오직 재무적 성과만을 평가하고 감독하는 구조이다. 각 자회사는 법적으로 독립된 실체로서, 일상적인 운영뿐만 아니라 목표 달성을 위한 전략적 의사결정까지 책임지므로 상당한 재량권을 가진다. 본부는 재무적 통제에만 집중하므로 소수의 인원으로도 수많은 자회사를 관리할 수 있으며, 투자자산운용사나 사모펀드(PEF)가 이러한 형태의 극단적인 예라고 할 수 있다. 워렌 버핏의 버크셔 해서웨이(Berkshire Hathaway)가 대표적으로, 버핏은 자회사의 일상 경영에는 전혀 관여하지 않고 오직 자본 배분과 CEO 선임에만 집중하는 것으로 유명하다. 국내의 SK그룹, LG그룹, 한화그룹, MBK 파트너스, IMM 프라이빗에쿼티 등도 다양한 이종 사업들을 지주회사 체제 아래에서 운영하고 있다.

네트워크 조직(N-form: Network Form)

네트워크 조직은 전통적인 위계질서를 벗어나, 조직 내외부의 경계를 허물고 프로젝트 중심으로 협력하는 유연하고 분권화된 구조이다. 헤드룬드(Hedlund, 1994)는 이를 유동적 위계질서, 즉 '헤테라키(heterarchy)'로 설명하며 지식의 창출과 확산을 강조했다.[10] 조직 구성원 개인 또는 팀 단위로 의사결정이 이루어지며, 시장과 기술 변화에 민감하게 대처하고 지식 자산의 축적과 공유를 통해 혁신을 추구한다. 이러한 조직 형태는 변화가 빠른 기술 기업이나 연구소 조직에 적합하며, 구글(Alphabet Inc.)이나 상사 없는 조직으로 유명한 게임 개발사 밸브(Valve)가 대표적인 사례이다. 신발 온라인 유통사인 자포스(Zappos)란 회사는 홀라크라시(Holacracy)라는 조직운영방식으로, 직위나 계층구조를 없애고 서클이라는 프로젝트 중심의 분권형 구조를 실험 중이다.

경영통제 유형으로 본 조직구조 간 비교

HQ가 하부 조직을 통제하는 경영통제의 유형으로 Strategic(전략적)/Financial(재무적)/Operational(운영적) 경영통제 3가지를 들 수 있다. 각 조직구조별로 라인조직과 HQ의 역할을 경영통제 유형으로 구분해 보면 다음과 같다(<표 1-2>를 참고하시오).

표 1-2 경영통제의 유형별로 본 조직구조 비교

구분	U-form	M-form	CM-form	H-form
라인 조직	Function	Business Unit	Business Unit	Business Unit
HQ 의 역할	Strategic, Financial, & Operational	Strategic & Financial	Strategic & Financial & (operational)	(Financial)
라인 조직 역할	-	Operational	(operational)	(Financial) Strategic & Operational

Armour & Teece (1978, BJE) 의 내용을 참조하여 구성하였음.

M-form 가설: 구조가 정말 성과를 만드는가?

경제학자 윌리엄슨(Williamson, 1975) 등이 제시한 'M-form 가설'은 단순히 사업부제가 기능별 조직보다 '좋다'는 것을 넘어, 왜 더 효율적인지에 대한 깊이 있는 논리를 제공한다. 이 가설의 핵심은 M-form이 U-form에서 발생하는 두 가지 근본적인 문제, 즉 '제한된 합리성(bounded rationality)'과 '기회주의(opportunism)'를 효과적으로 해결한다는 것이다.

U-form에서는 CEO 한 사람이 모든 전략과 운영을 책임져야 하므로, 기업이 복잡해질수록 정보 처리 능력의 한계에 부딪힌다. 반면 M-form은 본사가 전략적 의사결정에, 사업부가 운영 의사결정에 집중하도록 역할을 분담함으로써 CEO의 인지적 부담을 덜어준다. 또한, 본사가 객관적인 성과 지표로 각 사업부를 평가하고 자원을 배분함으로써, 사업부장들이 자신의 이익을 위해 정보를 왜곡하거나 기회주의적으로 행동할 유인을 줄일 수 있다. 즉, M-form은 효율적인 내부 자본 시장(internal capital market)의 역할을 수행하여 성과가 좋은 사업부에 자원을 집중하고 부진한 사업부를 퇴출시키는 메커니즘을 갖추고 있다는 것이다.

실증 연구 결과는 어땠을까? 아모르와 티스(Armour & Teece, 1978)의 연구는 이러한 주장을 뒷받침한다. 그들은 석유 산업에서 M-form을 채택한 기업들의 투자수익률(ROI)이 그렇지 않은 기업들보다 유의미하게 높았음을 발견하며 M-form의 경제적 효율성을 입증했다.

하지만 호스키슨(Hoskisson, 1987)의 후속 연구는 이 가설에 중요한 단서를 추가한다. 그의 연구에 따르면, M-form의 긍정적 효과는 주로 서로 다른 사업을 운영하는 비관련 다각화 기업에서 뚜렷하게 나타났다. 반면, 생산의 전후방 단계를 통합하는 수직통합 기업의 경우, M-form의 분권화가 오히려 부서 간의 긴밀한 조정을 방해하여 수익성을 떨어뜨리는 결과가 나오기도 했다.

이는 기업이 추구하는 전략의 종류에 따라 최적의 조직구조가 달라진다는 점을 명확히 보여준다. 즉, '어떤 구조가 절대적으로 우월하다'가 아니라 '어떤 전략에 어떤 구조가 더 적합한가(fit)'의 문제인 것이다.

주의할 점: 사업 구성과 조직구조는 다른 개념이다

'단일 사업 기업은 U-form, 복수 사업 기업은 M-form'이라고 오해하기 쉽지만, 반드시 그렇지는 않다. 예를 들어, 자동차 사업만 하는 단일 사업 기업이라도 유럽, 아시아, 미주 등 지역별 사업부로 M-form을 구성할 수 있다. 반대로 여러 사업을 운영하더라도 창업자의 강력한 통제 아래 U-form 형태를 유지할 수도 있다. 조직구조는 사업의 개수뿐만 아니라 기업의 전략, 역사, 리더십 등 다양한 요인에 의해 결정된다.

학술 연구 개요 1-3

조직구조와 경제적 성과: 다각화된 사업부 가설 검증 (Armour & Teece, 1978)

✿ 연구 배경

이 연구의 이론적 뿌리는 경영사학의 대가, 알프레드 챈들러(Alfred D. Chandler, Jr.)의 저서 『전략과 구조』(1962)에서 시작됩니다. 챈들러는 "구조는 전략을 따른다"는 유명한 명제를 제시하며, 기업이 성장하고 다각화함에 따라 기존의 중앙집권적 기능별 조직(U-form)은 한계에 부딪힌다고 주장했습니다. 이에 대한 해결책으로 등장한 것이 바로 각 사업부를 독립적인 이익 중심으로 운영하고 본사는 전사적 전략과 감독에 집중하는 사업부제 조직(M-form)입니다. 이러한 M-form 구조가 다각화된 기업에서 더 효율적일 것이라는 "M-form 가설"이 바로 본 연구가 검증하고자 했던 핵심 아이디어였습니다.

✿ 핵심 연구 질문

- 다각화 전략을 추구하는 기업에서 M-form 구조를 채택하는 것이 정말로 U-form 구조를 유지하는 것보다 더 높은 경제적 성과를 가져오는가?
- M-form 구조의 도입이 기업의 이익률에 통계적으로 유의미한 긍정적 영향을 미치는가?

✿ 자료 및 사례

Armour와 Teece는 1955년부터 1973년까지 미국의 석유 산업에 속한 28개 대기업을 대상으로 연구를 진행했습니다. 각 기업의 조직구조 변화 시점(M-form 도입 연도)을 면밀히 조사하고, 해당 기업의 재무 성과 데이터(자본이익률 등)를 수집하여 정교한 통계 분석을 사용했습니다.

✿ 주요 연구 결과

분석 결과는 챈들러의 역사적 통찰과 M-form 가설을 강력하게 뒷받침했습니다. M-form 구조를 채택한 기업들은 그렇지 않은 기업들에 비해 통계적으로 유의미하게 더 높은 자본이익률을 보였습니다. 이는 M-form 구조가 다각화된 기업의 복잡성을 관리하고 성과를 창출하는 데 실질적으로 더 우월한 조직 형태임을 실증적으로 증명한것입니다. 이 연구는 조직구조 재설계가 실질적인 경제적 가치를 창출하는 중요한 전략적 투자임을 보여주었으며, '전략-구조-성과'라는 전략경영의 핵심 패러다임을 강화했습니다. 즉, 기업이 다각화라는 '전략'을 선택했다면, 그에 맞는 M-form이라는 '구조'를 갖춰야만 비로소 우월한 '성과'로 이어질 수 있다는 상호정합적 관계를 명확히 보여준 것입니다.

전략적 함의

이 연구는 조직구조가 단순히 행정적 작업이 아니라 기업의 경제적 성과를 결정하는 핵심 변수임을 각인시켰습니다. 특히 다각화를 추구하는 기업에게 M-form 구조가 제공하는 이점, 즉 ① 운영적 의사결정과 전략적 의사결정의 분리, ② 내부 자본시장의 효율화, ③ 객관적인 성과 측정과 통제의 중요성을 명확히 했습니다. 리더는 항상 "우리의 전략과 현재의 조직구조는 정합성(fit)을 가지고 있는가?"를 질문해야 합니다. 성공적인 전략 실행은 올바른 전략 방향 설정만큼이나 그 전략을 담아낼 수 있는 '최적의 그릇', 즉 효과적인 조직구조를 설계하고 운영하는 능력에 달려있음을 이 고전 연구는 가르쳐주고 있습니다.

출처: Armour, H. O., & Teece, D. J. (1978). Organizational structure and economic performance: A test of the multidivisional hypothesis. The Bell Journal of Economics, 9(1), 106-122.

1-4 전략경영 과정의 이해

전략 수립에서 실행까지: 전략경영 프로세스 모델

전략경영과정이란, 전략의 수립에서부터 실행, 그리고 그 결과에 대한 평가와 피드백을 통해 다시 전략을 수정하고 재실행하는 일련의 순환적 과정을 의미한다. 이는 일반적으로 조직의 존재 이유인 사명(mission)과 미래의 이상적 상태인 비전(vision)을 정립하는 것에서부터 출발한다. 사명과 비전이 무엇이 먼저이냐는 질문이 있을 수 있는데, 양자가 서로 영향을 주어 동시에 정해질 수도 있으나 논리적으로는 '왜 존재하는가(사명)'에 대한 답이 '무엇이 될 것인가(비전)'보다 선행하는 것이 타당하다. 이 사명과 비전을 달성하기 위한 구체적이고 측정 가능한 목표(objectives)를 설정한 후, 본격적인 전략 수립 단계에 들어선다.

그림 1-10 전략경영과정

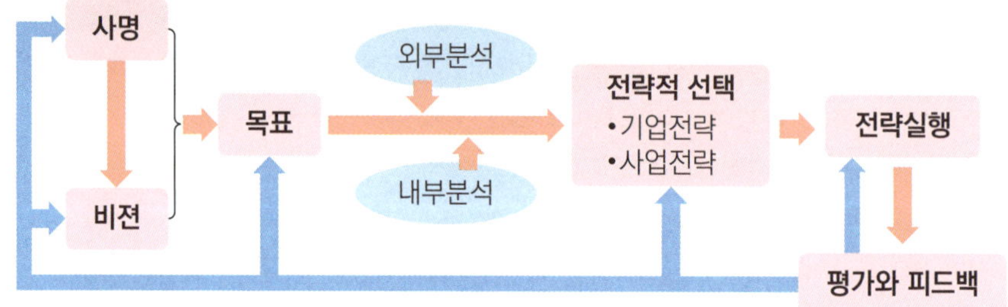

전략을 수립할 때는 기업을 둘러싼 외부 환경의 기회와 위협, 그리고 기업이 보유한 내부의 강점과 약점을 면밀히 분석하고, 이를 최적으로 조합하여 가장 적절한 전략적 방향을 선택해야 한다. 이때 외부 환경 분석은 크게 두 가지로 나뉜다. 첫째는 기업에 간접적으로 영향을 미치는 거시 환경을 분석하는 일반 환경 분석(general environment analysis)이며, 둘째는 기업의 수익성에 직접적인 영향을 미치는 산업 구조 분석(industry analysis)이다.

일반 환경 분석의 대표적인 프레임워크로는 PEST 분석이 있다. 이는 거시 환경을 정치적(political), 경제적(economic), 사회·문화적(social), 기술적(technological) 차원으로 나누어 분석하는 방법이다. 최근에는 여기에 환경적(environmental) 요소와 법률적(legal) 요소를 추가한 PESTEL 분석이 더 널리 사용되고 있다. 반면, 산업 구조 분석은 마이클 포터의 5가지 경쟁요인 분석처럼 산업 내 경쟁 강도, 공급자 및 구매자의 교섭력 등을 분석하는 것을 의미한다. 내부 분석은 기업이 보유한 인적·물적·무형의 자원(resources)과, 이를 활용하여 특정 과업을 수행하는 조직적 역량(capabilities)을 평가하는 것을 포함한다.

이렇게 수립된 전략은 전략적 선택(strategic choice)의 결과물이다. 이는 기업 전체의 사업 포트폴리오를 결정하는 기업 수준 전략(corporate-level strategy)과, 특정 사업 영역에서 어떻게 경쟁 우위를 확보할 것인지를 다루는 사업부 수준 전략(business-level strategy)으로 구분된다.[11]

그러나 아무리 훌륭한 전략이라도 실행(implementation)되지 않으면 무용지물이다. 전략 실행은 수립된 전략을 구체적인 행동으로 옮기는 과정으로, 조직구조 설계, 성과에 따른 보상 체계, 예산 배분, 그리고 인사 관리 등 기업의 모든 시스템을 전략적 방향과 일치시키는 작업을 포함한다. 학계에서는 오랫동안 전략 수립에 비해 실행의 중요성이 과소평가되어 왔으나, '나쁜 계획과 좋은 실행'이 '좋은 계획과 나쁜 실행'보다 더 나은 결과를 낳을 수 있다는 점에서 전략실행의 중요성은 아무리 강조해도 지나치지 않다.

마지막으로 평가 및 피드백(evaluation & feedback) 단계에서는 전략 수립의 타당성과 실행의 성과를 평가한다. 그러나 이 과정은 결코 단순하지 않다. 기업의 성공과 실패를 가르는 기준은 조직 내외부에 다양하게 존재하며, 설사 실패를 인정하더라도 그 원인이 무엇인지에 대해 합의를 도출하기는 매우 어렵다. 사람들은 각자의 입장에서 서로 다른 원인을 지목하기 마련이며, 동일한 원인에 합의하더라도 해결책을 두고 또 다른 갈등이 발생할 수 있다. 이처럼 평가와 피드백 과정은 조직 내부의 권력 관계, 갈등 수준, 전문성의 분포를 여실히 드러내며, 조직의 학습 역량과 미래 발전 방향을 가늠하게 하는 중요한 과정이다.

성공의 척도: 기업 성과를 어떻게 측정할 것인가?

기업의 성과를 평가하는 것은 전략경영 과정의 핵심적인 부분이지만, '성공'을 무엇으로 볼 것인가는 간단한 문제가 아니다. 기업 성과를 둘러싼 전통적인 딜레마 중 하나는 수익성(profitability)과 성장성(growth) 간의 상충

관계이다. 단기 수익성을 극대화하기 위해 비용을 절감하면 미래 성장을 위한 투자가 위축될 수 있고, 반대로 장기 성장을 위해 대규모 투자를 단행하면 단기적인 수익성은 악화될 수 있다. 이처럼 상반된 목표 사이에서 어떤 균형점을 찾을 것인가는 기업이 처한 상황과 전략 방향에 따라 달라진다.

이러한 대립은 기업 내부의 부서별 목표 우선순위 갈등으로 구체화되기도 한다. 예를 들어, 연구개발(R&D) 부서나 엔지니어들은 기술적 탁월성과 제품의 완벽한 성능 구현을 최우선 목표로 삼는 경향이 있다. 이들에게 성공은 혁신적인 기술을 개발하거나 경쟁사를 압도하는 성능을 달성하는 것이다. 반면, 마케팅이나 영업 부서는 시장 점유율 확대와 고객 만족도를 가장 중요한 성과로 간주한다. 이들은 당장 고객이 원하는 기능이나 디자인, 합리적인 가격을 통해 판매를 늘리는 것을 우선시한다. 이 과정에서 최고의 기술을 적용하려는 엔지니어와, 시장의 요구와 가격 저항을 고려해야 하는 마케터 간의 갈등은 필연적으로 발생하며, 이는 기업이 어떤 가치를 중심으로 성과를 정의하고 평가할 것인지에 대한 근본적인 질문을 던진다.

또한, 성과 그 자체보다 중요한 것은 성공과 실패를 가르는 기준, 즉 열망 수준(aspiration level)을 어떻게 설정하는가이다. 사이어트와 마치(Cyert & March, 1963)의 조직 행동 이론에 따르면, 기업은 일반적으로 두 가지 기준을 통해 자신의 성과를 판단한다. 첫째는 역사적 열망 수준으로, 기업 자신의 과거 성과와 현재를 비교하는 방식이다. "작년보다 나아졌는가?"를 묻는 이 방식은 내부적인 성장 과정을 중시한다. 둘째는 사회적 열망 수준으로, 동종 산업의 경쟁 기업이나 유사한 준거 집단의 성과와 비교하는 방식이다. "경쟁사보다 잘하고 있는가?"를 묻는 이 방식은 시장 내 상대적인 위치를 강조한다. 이 두 가지 열망 수준 중 무엇을 더 중시하느냐에 따라 성공에 대한 조직의 해석은 달라질 수 있다.

이러한 복잡성은 기업을 둘러싼 다양한 이해관계자(stakeholders)의 존재로 인해 더욱 심화된다. 기업의 주인이 누구이며, 누가 주요 의사결정을 내려야 하는가에 대한 관점, 즉 기업지배구조(corporate governance)에 따라 성과의 척도는 달라진다. 전통적인 주주 자본주의(shareholder capitalism)는 기업의 소유주인 주주의 이익 극대화를 최우선 목표로 삼는다. 이 관점에서 좋은 성과란 곧 높은 주가와 배당으로 귀결된다. 반면, 최근 영향력이 커지고 있는 이해관계자 자본주의(stakeholder capitalism)는 기업이 주주뿐만 아니라 종업원, 고객, 공급자, 지역 사회 등 모든 이해관계자에게 가치를 제공해야 할 책임이 있다고 본다. 이 관점에서는 재무적 성과 외에도 고용 안정, 공정한 거래, 환경 보호, 사회 공헌 등 다양한 가치가 기업성과의 척도가 된다. 어떤 관점을 취하느냐에 따라 기업이 중점적으로 관리해야 할 성과 지표가 결정되는 것이다.

각 이해관계자가 선호하는 성과 지표는 이처럼 다양하게 나타난다. 기업의 소유주인 주주(shareholders)는 투자 수익에 직접적으로 연결되는 지표를 가장 중시하므로, 주가 상승이나 배당 수익률과 같은 자본시장 척도와 자기자본이익률(Return On Equity, ROE)처럼 주주 몫의 이익을 나타내는 회계적 척도를 선호한다. 반면, 기업을 운영하는 경영자(management)는 기업의 성장과 자신의 보상에 연관된 지표에 민감하여, 매출액이나 자산 규모와 같은 성장성 지표를 통해 기업의 외형과 영향력을 과시하고 총자산이익률(Return On Asset, ROA)과 같은 수익성 지표로 경영 효율성을 입증하고자 한다. 물론 이 모든 것의 전제 조건인 기업 생존(survival) 그 자체가 경영자의 핵심적인 성과임은 자명하다. 조직의 구성원인 종업원(employees)의 관점에서는 고용 안정성과 직접적인 보상이 중요하므로, 고용 인원의 증감이나 평균 급여 수준, 그리고 기업의 장기적 안정성이 중요한 성과 지표가 된다. 마지막으로, 기업이 속한 국가 및 지역사회(state & community)는 기업이 사회 전체에 기여하는 바를 중시하여, 고용 창출 규모, 법인세 납부액, 국가 경제의 근간이 되는 부가가치(value added) 창출액, 그리고 수출 실적 등을 중요한 성과로 평가한다. 이처럼 다양한 척도들이 존재하기에, 기업은 전략 목표에 따라 어떤 성과 지표를 우선적으로 관리할 것인지 명확히 해야 한다.

1-5 전략 이론의 진화: 거인들의 어깨 위에서

경영전략의 탄생: 대기업과 군대의 역할

오늘날 우리가 배우는 경영전략은 그 뿌리를 군사전략에 두고 있다. 'Strategy'라는 용어 자체가 고대 그리스어 'Strategos', 즉 군대의 최고사령관을 의미하는 단어에서 유래했듯, 손자(孫子)나 클라우제비츠(Clausewitz)의 병법은 오랫동안 전략적 사고의 원형으로 여겨져 왔다.

이러한 군사전략이 현대적 경영전략으로 전환된 배경에는 19세기 후반부터 미국에서 시작된 제2차 산업혁명이 있다. 철도와 통신의 발달은 미국 전역을 잇는 거대한 대중 소비 시장을 탄생시켰고, 스탠더드 오일(Standard Oil), US 스틸(U.S. Steel), 포드(Ford), 제너럴 모터스(GM)와 같은 거대 기업들이 출현했다. 이들은 알프레드 챈들러가 '보이는 손(visible hand)'이라 칭했듯, 시장의 보이지 않는 손만으로는 통제할 수 없는 복잡한 조직을 체계적으로 운영하기 위한 명시적인 전략의 필요성을 절감하게 만들었다(Chandler, 1977).

경영전략이 학문과 실무의 영역으로 본격적으로 자리 잡게 된 결정적인 계기는 제2차 세계대전이었다. 전쟁을 수행하기 위해 국가의 모든 자원을 총동원해야 했던 미국 군대는 방대한 물자와 병력을 효율적으로 관리하기 위한 고도의 계획 및 통제 기법을 발전시켰다. 이 과정에서 탄생한 운영 연구(Operations Research, OR)와 같은 경영과학 기법들은 복잡한 자원 배분 문제를 계량적으로 해결하는 길을 열었고, 이는 훗날 기업의 전략 계획 수립에 직접적인 영향을 미쳤다.

전쟁 이후, 이러한 분석적 접근법은 학계와 산업계로 빠르게 확산되었다. 20세기 초 하버드 경영대학원(1908년 설립)을 필두로 비즈니스 스쿨이 설립되고, '경영 정책(business policy)'과 같은 과목이 개설되면서 전략은 학문적 탐구의 대상이 되기 시작했다. 한편 산업계에서는 1963년 설립된 보스턴 컨설팅 그룹(Boston Consulting Group, BCG)과 같은 전략 컨설팅 기업들이 이론의 발전을 이끌었다. BCG는 복잡한 경영 현상을 단순한 프레임워크로 분석하는 데 탁월한 능력을 보였는데, 누적 생산량이 두 배가 될 때마다 원가가 일정 비율로 하락한다는 경험곡선(experience curve)과, 사업 포트폴리오를 시장성장률과 시장점유율에 따라 분석하는 BCG 매트릭스가 대표적인 예이다.

그러나 이러한 초기 프레임워크들은 곧 한계에 부딪혔다. 경험곡선은 오일 쇼크와 같은 외부 충격으로 원가 구조가 급변하자 예측력을 잃었으며, 비용 절감에 대한 지나친 강조가 품질 개선이나 서비스 혁신을 등한시하게 한다는 비판을 받았다. BCG 매트릭스 역시 사업의 매력도를 시장 성장률로, 사업 역량을 시장 점유율로만 판단하는 것이 지나치게 단순하다는 지적과 함께, 재무적 자원 배분에만 치중하여 기술이나 인적 자원과 같은 무형자산의 장기적 축적을 간과한다는 비판에 직면했다.

마이클 포터의 등장과 경쟁의 재정의

1970년대 후반, 경영전략 분야는 중대한 전환점을 맞이한다. 하버드 경영대학원의 마이클 포터(Michael Porter)가 등장하여, 기존의 내부 지향적이고 규범적이던 논의의 초점을 기업 외부의 '산업 구조'로, 그리고 경쟁의 단위를 '개별 기업'에서 '산업'과 '국가'로 획기적으로 확장했기 때문이다. 그는 경제학의 하위 분야인 산업조직론(Industrial Organization)의 분석 틀을 경영학에 도입하여, 일련의 저작들을 통해 경쟁전략의 분석 수준을 체계적으로 심화시켰다.

그의 기념비적인 저서 『경쟁전략(competitive strategy)』(Porter, 1980)에서 포터는, 경쟁이란 단순히 기존 경쟁사와의 싸움이 아니라고 선언했다. 그는 특정 산업의 수익성이 5가지 경쟁요인(Five Forces), 즉 ① 기존 기업 간의 경쟁, ② 잠재적 진입자의 위협, ③ 대체재의 위협, ④ 구매자의 교섭력, ⑤ 공급자의 교섭력에 의해 결정된다는 구조적 분석 틀을 제시했다. 이는 '경쟁'의 범위를 눈에 보이는 경쟁사뿐만 아니라, 잠재적 경쟁자, 대체재, 그리고 기업의 이익을 잠식할 수 있는 고객과 공급자까지 포함하는 개념으로 확장한 것이다. 이로써 '산업 분석'은 전략 수립의 필수적인 과정으로 자리 잡게 되었다.

이어 그는『경쟁우위(Competitive Advantage)』(Porter, 1985)를 통해 분석의 초점을 다시 기업 내부로 가져왔다. 산업 구조가 평균적인 수익률을 결정한다면, 그 안에서 특정 기업이 어떻게 평균 이상의 성과를 내는가? 포터는 그 해답을 가치사슬(value chain) 개념에서 찾았다. 기업의 활동을 본원적 활동(물류, 운영, 마케팅 등)과 지원 활동(인프라, 인사, 기술 개발 등)으로 나누고, 각 활동 단계에서 어떻게 비용을 절감하고 가치를 창출하여 경쟁사 대비 우위를 확보하는지를 분석하는 틀을 제공한 것이다. 이를 통해 기업은 원가 우위, 차별화, 집중화라는 세 가지 본원적 경쟁전략 중 하나를 선택하고, 가치사슬 활동을 그에 맞게 최적화해야 함을 역설했다.

마지막으로 포터는『국가의 경쟁우위(The Competitive Advantage of Nations)』(Porter, 1990)에서 분석의 단위를 국가 수준으로까지 끌어올렸다. 그는 특정 국가의 특정 산업이 왜 세계적인 경쟁우위를 갖게 되는지를 설명하기 위해 다이아몬드 모델(Diamond Model)을 제시했다. 이 모델은 ① 요소 조건(생산 요소), ② 수요 조건(내수 시장의 특성), ③ 관련 및 지원 산업, ④ 기업의 전략, 구조 및 경쟁이라는 네 가지 요인이 상호작용하며 특정 지역 및 국가에 경쟁우위 있는 기업들의 군집을 형성한다고 설명한다.

이처럼 포터는 그의 경쟁전략 3부작을 통해, 전략 분석의 범위를 '산업'에서 '기업 내부 활동', 그리고 '국가 환경'으로까지 체계적으로 확장했다. 그의 등장은 경영전략을 직관과 경험의 영역에서 엄밀한 분석과 이론에 기반한 학문 분야로 격상시키는 결정적인 계기가 되었다.

혁신과 창의성의 시대로: 경쟁의 규칙을 바꾸다

1990년대에 들어서자, 안정적인 산업 구조 내에서 유리한 위치를 점하는 것만으로는 더 이상 지속적인 성공을 보장할 수 없다는 인식이 확산되기 시작했다. 기술 변화가 가속화되고 경쟁의 양상이 역동적으로 변하면서, 기존의 경쟁 규칙 자체를 바꾸는 '혁신'이 전략의 핵심 화두로 떠올랐다. 이 시기를 대표하는 두 개의 상징적인 이론이 바로 '와해성 혁신' 이론과 '블루오션 전략' 이론이다.

故 클레이튼 크리스텐센(Clayton Christensen)이 제시한 '와해성 혁신(disruptive innovation)' 이론은, 왜 시장을 지배하던 선도 기업들이 신생 기업의 기술에 의해 속수무책으로 무너지는지에 대한 명쾌한 설명을 제공했다(Christensen, 1997). 기존의 이론들은 선도 기업이 고객의 요구에 충실하고 합리적인 의사결정을 내린다고 보았기에 그들의 실패를 설명하기 어려웠다. 하지만 크리스텐센은 혁신을 두 가지로 구분했다. 하나는 기존 고객이 요구하는 성능을 개선하는 '지속성 혁신(sustaining innovation)'이고, 다른 하나는 기존 제품보다 성능은 떨어지지만 더 싸고 단순하며 편리한 특성으로 새로운 시장을 창출하거나 시장의 밑단을 공략하는 '와해성 혁신(disruptive innovation)'이다. 선도 기업들은 수익성 높은 주류 고객에게 집중하며 지속성 혁신에만 매달리다가, 와해성 혁신으로 무장한 후발 주자가 기술을 발전시켜 주류 시장까지 잠식해 들어오는 것을 놓치게 된다는 것이다. 이 이론은 선도기업이 추구하는 성공의 공식이 어떻게 실패의 함정이 되는지를 동태적으로 설명했다는 점에서, 그리고 혁신을 기술 자체가 아닌 '비즈니스 모델'의 관점에서 접근했다는 점에서 매우 새로운 시각을 제공했다.

한편, 김위찬(W. Chan Kim) 교수와 르네 마보안(Renee Mauborgne) 교수가 창시한 '블루오션 전략(blue ocean strategy)'은 경쟁에 대한 기존의 관념을 완전히 뒤집었다(Kim & Mauborgne, 2005). 이들은 치열한 경쟁이 벌어지는 기존 시장, 즉 '레드오션'에서 싸우는 대신, 기존의 경쟁 구도를 넘어선 미개척 시장인 '블루오션'을 창출해야 한다고 주장했다. 블루오션 전략의 핵심은 경쟁자를 이기는 것이 아니라, 경쟁 자체를 무의미하게 만드는 '가치 혁신(value innovation)'에 있다. 이는 구매자에게 제공하는 가치를 높이는 동시에 비용을 절감하는 것을 의미한다. 이를 위해 제시된 대표적인 분석 도구가 바로 전략 캔버스(strategy canvas)와 구매자 효용성 지도(buyer utility map)이다. 전략 캔버스의 핵심은 산업 내 경쟁자와의 비교를 넘어, 해당 산업의 대체재(substitutes)와 대안재(alternatives)까지 비교의 범위를 확장하는 데 있다. 가로축에는 산업의 주요 경쟁 요소를, 세로축에는 구매자 관점에서 각 요소가 제공하는 가치 수준을 표시하여 '가치 곡선'을 그림으로써, 기업은 산업의 경계를 넘어서는 거시적인 경쟁 구도를 파악할 수 있다. 이 진단을 통해 기업은 어떤 요소를 '제거(eliminate)-감소(reduce)-증가(increase)-창출(create)'할지 결정하는 ERRC 프레임워크를 적용하여 새로운 가치 곡선을 그릴 수 있다. 또한 구매자 효용성 지도는 왜 특정 소비자들이 현재 산업의 제품을 외면하는 '비고객(non-customer)'으로 남아있는지에 대한 해답을 제공한다. 이 도구는 구매에서 폐기에 이르는 전체 구매자 경험 주기의 각 단계에서 고객이 겪는 불편함과 문제점을 체계적으로 분석함으로써, 새로운 전략 요소를 발굴하고 잠재적 수요를 창출하는 데 도움을 준다. 이처럼 블루오션 전략은 '전략'이란 주어진 산업 내에서의 제로섬 게임이라는 기존의 가정을 거부하고, 기업이 체계적인 분석 도구를 통해 시장 경계 자체를 창조적으로 재구성할 수 있다는 점을 보여주었다. 즉, 시장 구조가 기업의 전략을 결정하는 것이 아니라, 기업의 전략적 행동이 시장 구조를 만들 수 있다는 역동적인 관점을 제시한 것이다.

현대 경영 사상가들의 담론 분석: 동시대적 고찰

전략 경영이라는 학문적 영역은 정태적인 상태에 머무르지 않고, 새로운 사상적 조류가 지속적으로 유입됨으로써 기존의 이론적 패러다임에 대한 끊임없는 재검토를 요구하는 동태적 특성을 지닌다. 이러한 지성적 지형의 변동을 가늠할 수 있는 하나의 지표로서, 격년으로 세계적 영향력을 갖춘 경영 사상가를 선정하여 발표하는 '싱커스 50(Thinkers50)'의 순위는 주목할 만한 가치를 지닌다고 할 수 있다.

마이클 포터(Michael Porter)나 故 클레이트 크리스텐센(Clayton Christensen)과 같이 현대 경영 전략의 이론적 토대를 구축한 선구적 학자들이 존재한다면, 동시대의 사상가들은 선학들의 지적 유산 위에서 당대의 시대적 과제에 대한 이론적 해답을 모색하는 경향을 보인다. 가장 최근에 발표된 2023년 순위와 이를 통해 부상한 주요 담론을 고찰함으로써, 2020년대 중반 전략 분야의 지적 탐구가 어떠한 방향으로 전개되고 있는지를 분석하고자 한다.

최근 경영학계에서 가장 중심적인 탐구 주제는 단연 인간 요소에 관한 것이다. 인공지능 기술이 인간의 직무를 대체할 가능성이 제기되는 시대적 상황 속에서, 역설적으로 인간 고유의 잠재력과 조직 내 상호작용의 방식을 어떻게 최적화할 것인가에 대한 심도 있는 논의가 진행되고 있다. 이러한 지적 흐름의 선두에는 하버드 경영대학원의 에이미 에드먼드슨(Amy Edmondson) 교수가 위치한다. 2021년에 이어 2023년에도 최고 사상가로 선정됨으로써, 그의 이론은 현시대 가장 지배적인 담론 중 하나로 평가받는다. 그의 핵심 개념인 '심리적 안전감(psychological safety)'은, 조직 구성원들이 실패에 대한 제재를 우려하지 않고 자유롭게 이견을 제시하고 새로운 시도를 할 수 있는 조직적 분위기를 지칭하며, 이는 지식 기반 경제하에서 조직의 학습과 혁신을 위한 근본적인 전제 조건으로 간주된다(Edmondson, 2018). 와튼 스쿨의 조직 심리학자 애덤 그랜트(Adam Grant) 역시 이러한 인간 중심적 접근을 정교화하는 데 기여하였다. 그의 저서들은 기존의 통념에 도전하는 '독창성'의 가치, 조직의 성과에 기여하는 구성원들의 이타적 협력 메커니즘, 그리고 개인의 내재된 잠재력을 발현시키는 조건에 대한 분석을 통해 광범위한 학술적, 실무적 반향을 일으키고 있다(Grant, 2013; 2016).

이처럼 인간의 잠재력과 협력을 강조하는 기조는, 기업의 본원적 과제인 성장과 혁신의 방법론에도 유의미한 영향을 미치고 있다. 특히, 세 가지 상징적인 이론은 현대 혁신 논의의 이론적 준거 틀로서 기능한다.

첫째, 故 클레이튼 크리스텐센에 의해 정립된 와해성 혁신(disruptive innovation) 이론은 저가 시장이나 새로운 시장을 공략하는 단순한 제품이 결과적으로 주류 시장의 지배적 기업을 위협하는 과정을 설명한다. 그의 이론적 유산은 2023년 순위에서 3위로 평가된 휘트니 존슨(Whitney Johnson)의 연구로 계승되어, 개인이 S자 형태의 학습 곡선을 따라 성장하는 '개인적 파괴(Personal Disruption)'라는 개념으로 확장되었다(Johnson, 2019).

둘째, 김위찬(W. Chan Kim) 교수와 르네 마보안(Renee Mauborgne) 교수가 창시한 '블루오션 전략(blue ocean strategy)'은 기존의 경쟁 구도를 넘어선 미개척 시장을 창출하는 체계적인 프레임워크를 제공한다. 이는 경쟁의 회피가 아닌, 경쟁을 초월하는 새로운 관점을 통해 새로운 가치를 창출한다는 점에서 전 세계 기업의 전략 수립에 지대한 영향을 미치며 혁신 전략의 표준적 모델 중 하나로 평가된다.

셋째, C.K. 프라할라드(C.K. Prahalad)가 제시한 Bottom of the Pyramid(BOP) 전략은, 기업들에게 전 세계적으로 하루 2달러, 즉 연간 약 1,500달러 이하의 소득 계층을 대상으로 보물을 찾으라는 메시지를 던졌다. 그는 이 계층이 과거에는 비고객으로 간주되었으나, 사실상 혁신적 제품과 서비스의 잠재적 소비자이자 새로운 가치 창출의 원천임을 강조하였다(Prahalad, 2004). 이러한 BOP 담론은 단순한 빈곤 구제나 사회공헌이 아니라, 기업의 경제적 이익과 사회적 가치를 동시에 달성하는 포용적 성장(inclusive growth) 전략의 전형으로 자리매김하였다.

그런데 이러한 포용적 성장 전략이 실효성을 갖기 위해서는 급변하는 기술 및 사회적 환경이라는 거시적 맥락을 고려해야 한다. MIT의 에릭 브린욜프슨(Erik Brynjolfsson)과 앤드류 맥아피(Andrew McAfee) 교수는 그들의 저서를 통해 인공지능과 디지털 기술이 노동 시장의 구조를 근본적으로 재편하는 양상을 심도 있게 분석하였다(Brynjolfsson & McAfee, 2014; 2017). 이들의 주장에 따르면, 표준화된 업무는 기계에 의해 대체되고 인간은 창의성, 공감 능력, 복합적 문제 해결과 같은 고차원적 역량에 집중해야 하는 시대적 전환에 직면해 있다.

이러한 기술적 변화와 맞물려, 기업의 역할에 대한 사회적 기대 역시 변화하고 있다. 기업은 이윤 극대화라는 전통적 목표를 넘어, 사회 문제 해결에 기여해야 한다는 요구에 직면하고 있다.

유니레버의 전 CEO였던 폴 폴먼(Paul Polman)은 기업의 비즈니스 모델 자체에 지속가능성과 사회적 가치를 내재화하여 장기적인 기업 가치를 제고한 대표적인 경영인으로 꼽힌다. 그는 목적 지향적(purpose-driven) 경영만이 미래 환경에서 기업의 정당성과 지속가능성을 확보할 수 있는 유일한 방안임을 역설한 바 있다(Polman & Winston, 2021).

2023년의 지적 담론들을 종합적으로 고찰할 때, 몇 가지 핵심적인 주제가 부상함을 알 수 있다. 과거 경영학의 지배적 패러다임이었던 '효율성'과 '경쟁우위'의 개념을 넘어, 이제는 불확실한 환경 속에서 지속 가능한 성장을 이끄는 창조와 혁신 그 자체와, 이를 가능케 하는 조직적 토대에 대한 탐구가 핵심으로 부상하고 있는 것이다. 즉, 인공지능 시대의 인간 중심적 리더십, 심리적 안정감에 기반한 조직 학습 능력, 사회적 가치 창출, 그리고 지속가능성과 같은 주제들이 바로 그 근본적인 동력으로 주목받고 있는 것이다. 향후 어떠한 새로운 이론이 등장하여 이러한 지적 흐름을 선도하게 될 것인지에 대한 학문적 귀추가 주목된다.

생각해 볼 문제

1 본문에서 다룬 임진전쟁의 사례와 손자병법의 '부전승(싸우지 않고 이기는 것)' 개념을 현대 기업 경영에 대입해 봅시다. 오늘날의 치열한 경쟁 환경에서 경쟁사를 완전히 파산시키는 것이 진정한 승리일까요, 아니면 경쟁을 피하면서 독자적인 시장을 구축하는 것이 승리일까요? 여러분이 속한 조직이나 관심 있는 기업의 '궁극적인 승리(전략적 목표)'는 현재 어떻게 정의되어 있으며, 그것이 과연 장기적인 생존과 번영을 보장하는 올바른 정의인지 비판적으로 평가해 보십시오.

2 많은 기업이 '비용 절감', '품질 개선', '최고의 고객 서비스'를 전략이라고 말합니다. 하지만 마이클 포터는 이를 전략이 아닌 '운영적 효율성'이라고 정의하며, 전략은 '남과 다르게 하기' 혹은 '다른 활동을 하기'라고 강조했습니다. 현재 여러분의 기업이 추진 중인 핵심 과제들 중에서 경쟁사도 똑같이 따라 할 수 있는 '운영적 효율성' 개선 활동은 무엇이며, 경쟁사가 모방하기 힘든 우리만의 독창적인 '전략적 선택'은 무엇인지 구분하여 설명해 보십시오.

3 기업전략(corporate), 사업전략(business), 기능전략(functional)은 서로 톱니바퀴처럼 맞물려야 합니다. 그러나 실제 조직에서는 본사의 목표와 현장 영업부서의 목표가 충돌하거나, R&D 부서의 기술 개발 방향이 마케팅 부서의 시장 니즈와 엇박자를 내기도 합니다. 이러한 '전략적 불일치(misalignment)'가 발생하는 주된 원인은 무엇이며, 이를 해결하기 위해 경영진은 어떤 소통 채널이나 평가 보상 시스템을 갖추어야 하는지 논의해 보십시오.

4 경영학자 민츠버그는 전략이 책상 위에서 계획된 대로만 실행되는 것이 아니라, 실행 과정에서 우연히 혹은 현장의 학습을 통해 '창발적(emergent)'으로 형성되기도 한다고 주장했습니다. 급변하는 경영 환경 속에서 기업은 초기 수립한 '의도된 전략'을 고수하는 뚝심과, 변화에 맞춰 전략을 수정하는 유연성 사이에서 어떻게 균형을 잡아야 할까요? 지나친 유연성이 전략의 일관성을 해치거나, 지나친 고집이 아집이

되어 실패한 사례가 있다면 공유해 보십시오.

5 학술 연구 개요 1-1에서 다룬 버겔만(Burgelman)의 연구처럼, 기업은 종종 명백히 실패하고 있는 사업에서 철수하지 못하고 결정을 미루는 경향이 있습니다. 여러분은 조직 내에서 과거의 성공 기억이나 이미 투입된 자원(매몰 비용) 때문에 합리적인 전략적 변화나 철수를 주저했던 경험이 있습니까? 이러한 '조직적 관성'을 타파하고 객관적인 의사결정을 내리기 위해 리더에게 필요한 덕목은 무엇인지 생각해 보십시오.

6 이 책의 핵심 주제인 '가치기반 전략경영'의 관점에서 볼 때, 기업이 창출해야 할 '가치'의 최종 수혜자는 누구여야 합니까? 주주 이익 극대화라는 전통적인 관점과 고객, 직원, 사회를 포함하는 이해관계자 자본주의 관점 사이에서, 현대의 CEO는 어떤 우선순위를 가져야 할까요? 만약 주주의 단기 이익과 사회적 가치가 충돌하는 상황이 발생한다면, 여러분은 전략 담당자로서 어떤 기준을 가지고 의사결정을 제안하시겠습니까?

보충설명

1 일반적으로 임진년에 일어난 왜국 오랑캐가 일으킨 난이라는 뜻으로 임진왜란(壬辰倭亂)이라고 불리고 있으나, 조선과 일본사이에 일어난 전쟁이란 뜻으로 조일전쟁(朝日戰爭), 임진년에 일어난 전쟁이란 뜻에서 임진전쟁(壬辰戰爭), 도자기공들이 일본으로 납치된 후 일본에 도자기 문화가 전파되었다 하여 도자기 전쟁(陶瓷器戰爭)이라고도 한다. 본서에서는 임진왜란이라는 용어가 조선과 일본의 국가대 국가의 전쟁이었던 임진년에 시작된 전쟁의 규모에 맞지 않는 용어라고 생각하여 임진년에 일어난 전쟁이라는 뜻의 임진전쟁이라고 부르기로 한다.

2 서유럽에서의 금과 은이 1대 12.5의 교환비율로 거래되었으나 중국에서는 금과은의 교환비율이 1대6으로 중국에서 은이 더 비싸게 거래되었다.

3 1503년(연산군 9년) 상민 김감불과 노비 김검동에 의해 연은분리법(회취법)이 개발되었다. 「조선왕조실록 중종실록(1539년)」에 이런 기록이 나온다. (전라도 전주판관) 유서종이 왜놈(倭奴)과 사사로이 통해서 연철(鉛鐵)을 많이 사다가 자기 집에서 불려 은(銀)으로 만드는가 하면, 왜놈에게 그 방법을 전습하였으니, 그 죄가 막중합니다. 철저히 조사하여 법대로 죄를 정하소서. (중종 34년 8월 10일) 조선왕조실록을 보면, 일본인들이 조선의 은제련술을 훔쳐간 것은 1530년대초로 추정된다. 일본인들이 조선에 은광석을 가져와 제련하면서 조선의 제련법을 훔쳐갔고, 유서종이 이를 방치한 것이다.

4 정명가도의 뜻은 명나라를 치러가는 것이 목적이니 조선을 통과할 길을 열어달라는 것으로 조선을 속국으로 여기며 명나라의 정복계획을 밝힌 것이다(조선왕조실록 선조 수정실록 25권, 선조 24년 1591년, 3월 1일).

5 네이버 국어사전, https://ko.dict.naver.com/#/search?query=%EC%A0%84%EB%9E%B5

6 코스트코는 품목당 마진을 15%이하로 제한하여 소비자들에게 폭리를 취하지 않으며, 매장 품목수를 4,000개로 제한하는 등 검증된 우수제품을 대량으로 판매하여 가격인하를 유도하며, 공급자에게는 입점수수료를 면제하는 대신 최저가보장을 요구하는 등 이해관계자와의 상생을 통한 성장을 지향하고 있다.

7 제3의 공간은 미국의 사회학자 레이 올든버그(Ray Oldenburg, 1989)가 처음 제시한 개념으로, 집(제1의 공간)과 직장(제2의 공간) 외에 사람들이 모여 휴식을 취하고 교류할 수 있는 비공식적인 공공장소를 의미한다. 하워드 슐츠는 이 개념을 스타벅스의 핵심 정체성으로 삼아, 고객이 단순히 음료를 구매하는 것을 넘어 정서적 위안과 공동체 경험을 얻을 수 있는 공간으로 매장을 설계하고자 했다(Schultz & Yang, 1997).

8 스타벅스는 2012년 차 전문 브랜드인 티바나(Teavana)를 약 6억 달러에, 프랑스식 베이커리 브랜드 라 불랑쥬(La Boulange)를 1억 달러에 인수하였고, 2016년에는 이탈리아의 고급 수제 베이커리 브랜드인 프린치(Princi)에 투자하는 등 관련 사업에 지속적으로 진출하는 패턴을 보여왔다.

9 제품과 기능의 2차원으로 구성하기도 한다. 이 경우 각 사업부 또는 종업원은 제품별 사업별 본부장과 기능별 본부장에게 동시에 보고해야 하기도 한다. 이 때 매트릭스 조직은 기능별조직과 사업부조직을 혼합한 조직이라고 볼 수 있다.

10 Hedlund(1994)의 논문에서 언급한 N-form은 “new or novel form of organization”을 의미하는 것으로 다국적기업 맥락에서 기업내부의 지식창출과 확산의 과정을 강조하였다. 지식공유의 활성화를 위해 조직내부의 기능과 부서간의 중복적 책임부여와 유동적 위계질서(“heterarchy”) 부여를 강조하였다.

11 사업부 수준 또는 사업전략 (business strategy)은 경쟁전략(competitive strategy)이라고도 불린다.

참고문헌

Allison, G., & Zelikow, P. (1999). Essence of Decision: Explaining the Cuban Missile Crisis (2nd ed.). Longman.

Armour, H. O., & Teece. D. J. (1978). Organizational Structure and Economic Performance: A Test of the Multidivisional Hypothesis. Bell Journal of Economics, 9(1), 106-122.

Atwell, W. S. (1982). International bullion flows and the Chinese economy circa 1530-1650. Past & Present, (95), 68-90.

Barnard, C. I. (1938). The Functions of the Executive. Harvard University Press.

Barney, J. (1991). Firm Resources and Sustained Competitive Advantage. Journal of Management, 17(1), 99-120.

Blank, S. (2005). The Four Steps to the Epiphany. K&S Ranch.

Brews, P. J., & Hunt, M. R. (1999). Learning to plan and planning to learn: Resolving the planning school/learning school debate. Strategic Management Journal, 20(10), 889-913.

Brynjolfsson, E., & McAfee, A. (2014). The Second Machine Age: Work, Progress, and Prosperity in a Time of Brilliant Technologies. W. W. Norton & Company.

Brynjolfsson, E., & McAfee, A. (2017). Machine, Platform, Crowd: Harnessing Our Digital Future. W. W. Norton & Company.

Burgelman, R. A. (1994). Fading memories: A process theory of strategic business exit in dynamic environments. Administrative Science Quarterly, 39(1), 24-56.

Chandler, A. D. (1962). Strategy and Structure: Chapters in the History of the American Industrial Enterprise. MIT Press.

Chandler, A. D., Jr. (1977). The Visible Hand: The Managerial Revolution in American Business. Belknap Press.

Christensen, C. M. (1997). The Innovator's Dilemma: When New Technologies Cause Great Firms to Fail. Harvard Business School Press.

Cyert, R. M., & March, J. G. (1993). A Behavioral Theory of the Firm. Prentice-Hall.

Doerr, J. (2018). Measure What Matters: How Google, Bono, and the Gates Foundation Rock the World with OKRs. Portfolio/Penguin.

Edmondson, A. C. (2018). The Fearless Organization: Creating Psychological Safety in the Workplace for Learning, Innovation, and Growth. John Wiley & Sons.

Elliott, M. C. (2001). The Manchu Way: The Eight Banners and Ethnic Identity in Late Imperial China. Stanford University Press.

Flynn, D. O., & Giraldez, A. (1995). Born with a "silver spoon": The origin of world trade in 1571. Journal of World History, 6(2), 201-221.

Grant, A. (2013). Give and Take: A Revolutionary Approach to Success. Viking.

Grant, A. (2016). Originals: How Non-Conformists Move the World. Viking.

Hale, T., Angrist, N., Goldszmidt, R., et al. (2021). A global panel database of pandemic policies (Oxford COVID-19 Government Response Tracker). Nature Human Behaviour, 5, 529-538.

Hambrick, D. C., & Fredrickson, J. W. (2005). Are you sure you have a strategy?. Academy of Management Perspectives, 19(4), 51-62.

Hamel, G., & Prahalad, C. K. (1989). Strategic intent. Harvard Business Review, 67(3), 63-76.

Harari, Y. N. (2015). Sapiens: A Brief History of Humankind. Harper. (국내 번역본: 『사피엔스』, 김영사).

Hedlund, G. (1994). "A Model of Knowledge Management and the N-Form Corporation." Strategic Source of Evolution?. Strategic Management Journal, 14(3), 271-290.

Hill, C. W. L., & Jones, G. R. (1989). Strategic Management: An Integrated Approach. Boston, MA: Houghton Mifflin.

Hoskisson, R. E. (1987). Multidivisional structure and performance: The contingency of diversification strategy. Academy of Management Journal, 30(4), 625-644.

Johnson, W. (2019). Disrupt Yourself: Putting the Power of Disruptive Innovation to Work (Revised and Updated ed.). Harvard Business Review Press.

Kim, L. (1993). National system of industrial innovation: Dynamics of capability building in Korea. In R. R. Nelson (Ed.), National innovation systems: A comparative analysis (pp. 357-383). Oxford University Press.

Kim, W. C., & Mauborgne, R. (2015). Blue Ocean Strategy, Expanded Edition: How to Create Uncontested Market Space and Make the Competition Irrelevant. Harvard Business Review Press.

Kim, W. C., & Mauborgne, R. (2017). Blue Ocean Shift: Beyond Competing. Hachette Books.

Miller, C. C., & Cardinal, L. B. (1994). Strategic planning and firm performance: a synthesis of more than two decades of research. Academy of Management Journal, 37(6), 1649-1665.

Mintzberg, H. (1978). Patterns in strategy formation. Management Science, 24(9), 934-948.

Musk, E. (2006, August 2). The Secret Tesla Motors Master Plan (just between you and me). Tesla Blog.

Musk, E. (2016, July 20). Master Plan, Part Deux. Tesla Blog.

Musk, E. (2023, April 5). Master Plan, Part 3. Tesla Blog.

Nicolle, D. (2000). Constantinople 1453: The End of Byzantium. Osprey Publishing.

Ohmae, K. (1982). The Mind of the Strategist. McGraw-Hill, Inc.

Oldenburg, R. (1989). The Great Good Place: Cafes, Coffee Shops, Community Centers, Beauty Parlors, General Stores, Bars, Hangouts, and How They Get You Through the Day. Paragon House.

Polman, P., & Winston, A. S. (2021). Net Positive: How Courageous Companies Thrive by Giving More Than They Take. Harvard Business Review Press.

Porter, M. E. (1980). Competitive Strategy: Techniques for Analyzing Industries and Competitors. Free Press.

Porter, M. E. (1985). Competitive Advantage: Creating and Sustaining Superior Performance. Free Press.

Porter, M. E. (1990). The Competitive Advantage of Nations. Free Press.

Porter, M. E. (1996). What is strategy?. Harvard Business Review, 74(6), 61-78.

Prahalad, C. K. (2004). The fortune at the bottom of the pyramid. Wharton School Pub.

Rhoads, E. J. M. (2000). Manchus & Han: Ethnic Relations and Political Power in Late Qing and Early Republican China, 1861-1928. University of Washington Press.

Ries, E. (2011). The Lean Startup: How Today's Entrepreneurs Use Continuous Innovation to Create Radically Successful Businesses. Crown Currency.

Schultz, H., & Yang, D. J. (1997). Pour Your Heart Into It: How Starbucks Built a Company One Cup at a Time. Hyperion.

Stern, C. W., & Deimler, M. S. (Eds.). (2006). The Boston Consulting Group on Strategy: Classic Concepts and New Perspectives (2nd ed.). Hoboken, NJ: John Wiley & Sons.

Vance, A. (2015). Elon Musk: Tesla, SpaceX, and the Quest for a Fantastic Future. Ecco Press.

Williamson, O. E. (1975). Markets and Hierarchies: Analysis and Antitrust Implications. Free Press.

김시덕. (2016). 이순신의 전쟁. 메디치미디어.

김인영. (2016). 명나라 해금과 동아시아. 혜안.

조선왕조실록. (1539). 중종실록 34년 8월 10일.

장세진. (2024). 글로벌 경영. 박영사.

주강현. (2005). 대항해시대와 일본. 푸른역사.

한명기. (2004). 임진왜란과 한중관계. 역사비평사.

CHAPTER 02

경쟁과 전략의 기본 개념

Chapter 2

경쟁과 전략의 기본 개념

코카콜라의 진짜 경쟁자는 펩시일까, 아니면 스타벅스일까? 삼성전자의 압도적인 원가 경쟁력은 어디에서 나올까? 성공적인 전략은 복잡한 이론보다 명확한 개념 정의에서 시작된다. 전략을 논하기 전에 반드시 알아야 할 기본 개념들이 있다. 이번 장에서는 시장, 산업, 경쟁의 본질을 꿰뚫는 9가지 핵심 개념을 통해 전략적 사고의 기초를 다져본다.

1. 시장(market), 산업(industry), 사업(business)
2. 전략집단(strategic group)
3. 규모의 경제(economies of scale), 범위의 경제(economies of scope), 경험곡선(experience curve)
4. 조직학습의 복잡성과 다양성
5 세분화(segmentation)와 차별화(differentiation)
6. 전략적 포지셔닝(strategic positioning)
7. 전방통합(forward integration)과 후방통합(backward integration)
8. 가치망(value net)
9. 전략적 삼각형(strategic triangle)

2-1 시장, 산업, 사업

[오프닝 케이스] 코카콜라 vs 펩시: 전쟁의 경계는 어디인가?

1980년대 '콜라 전쟁(Cola Wars)'은 시장을 어떻게 정의하느냐에 따라 전략이 완전히 달라짐을 보여준다. 당시 두 거인은 '콜라 시장'이라는 좁은 전장에서 서로의 점유율을 뺏기 위한 제로섬 게임에 몰두했다. 펩시의 '블라인드 테스트' 공격에 코카콜라가 '뉴코크'로 맞대응했으나 처참한 실패로 끝난 사건은 이 치열한 경쟁의 상징이다. 그러나 1990년대 이후 소비자들의 관심이 건강으로 옮겨가면서 생수, 주스, 차 시장이 급성장했다. 두 기업이 여전히 '콜라'라는 틀에 갇혀 있었다면 새로운 시대의 흐름을 놓쳤을 것이다. 그들은 전쟁의 경계를 '전체 음료 시장'으로 확장했고, 생수 브랜드(다사니, 아쿠아피나)를 인수하고 주스, 스포츠음료로 포트폴리오를 다각화하며 새로운 성장의 기회를 잡았다. 이처럼 시장을 어떻게 정의하느냐는 눈앞의 경쟁자를 누구로 볼 것인지를 결정할 뿐만 아니라, R&D, M&A, 마케팅 등 미래를 향한 모든 전략의 방향을 결정하는 가장 근본적인 출발점이다.

우리는 시장, 산업, 사업이라는 용어를 엄격한 구분 없이 사용하곤 하지만, 전략을 수립할 때는 각각의 의미를 명확히 이해하고 적절하게 사용하는 것이 중요하다.

시장(market)은 구매자의 관점에서 정의된다. 물리적 장소뿐만 아니라 판매자와 구매자 간의 거래가 이루어지는 모든 시스템을 포함한다. 시장의 경계는 주로 수요의 교차탄력성(cross-price elasticity of demand)에 의해 결정된다. 예를 들어, 한 제품(X)의 가격이 변할 때 다른 제품(Y)의 수요가 크게 변동한다면(탄력적이라면), 두 제품은 구매자 입장에서 서로 대체 가능한 관계로, 같은 시장에 속해 있다고 볼 수 있다.

산업(industry)은 공급자의 관점에서 정의된다. 특정 제품군을 제조하는 공급자들의 집합을 의미하며, 주로 공급 기술의 유사성에 따라 구분된다. 예를 들어, 컵을 만드는 기업들을 생각해 보자. 종이컵 제조 기업은 '제지 산업', 플라스틱 컵 제조 기업은 '화학 산업', 도자기나 유리컵 제조 기업은 '요업 산업'에 속한다. 이처럼 공급 기술의 관점에서는 서로 다른 산업에 속하지만, 구매자의 입장에서는 이 모든 컵이 '음료를 담는 용기'라는 동일한 목적을 수행하므로 같은 시장에 있다고 볼 수 있다. 한국표준산업분류(KSIC)와 같은 공식적인 분류 체계는 바로 이 공급자 관점에 기반한다. 이러한 분류는 국가 통계를 작성하고 산업 정책을 수립하는 데 필수적이며, 정보에 질서를 부여하는 중요한 역할을 한다. 하지만 전략가에게는 이러한 명확한 분류가 오히려 사고의 틀을 제한하는 족쇄가 될 수 있다. '우리는 제조업체' 또는 '우리는 서비스업체'라는 산업 분류에 갇히게 되면, 구매자 관점에서는 우리의 직접적인 경쟁 상대일 수 있는 다른 산업의 기업들을 간과하는 전략적 맹점을 낳을 수 있기 때문이다.

사업(business)은 개별 기업의 관점에서 특정 시장이나 산업에서 수행하는 영업 활동 그 자체를 의미한다. "A 기업은 반도체 사업과 자동차 사업을 하고 있다"와 같이 표현할 수 있다. 사업의 정의는 시장이나 산업보다 더 유연하며, 기업의 핵심 역량이나 제품-고객 범위를 중심으로 정의하는 것이 바람직하다. 에이블(Abell, 1980)은 사업을 ① 고객 집단(누구에게), ② 고객 기능(무엇을), ③ 활용 기술(어떻게)이라는 세 가지 차원으로 정의할 것을 제안했다.

2-2 전략집단(strategic group)

[오프닝 케이스] 2차 전지 시장: CATL vs. 한국 3사

전기차 배터리 산업에서 중국의 CATL과 한국의 LG에너지솔루션, 삼성SDI, SK온은 각기 다른 전략집단을 형성한다. CATL은 리튬철인산(Lithium Ferrum Phosphate, LFP) 배터리 기술과 거대한 내수시장, 정부의 전폭적인 지원을 바탕으로 '규모 중심의 저원가' 전략을 구사한다. 원재료 확보부터 셀 생산까지 수직계열화를 통해 압도적인 가격 경쟁력을 확보하고, 이를 무기로 글로벌 대중 전기차 시장을 공략한다. 니켈(nickel)·코발트

(cobalt)·망간(manganese)을 주원료로 하는 고성능 하이니켈(High-Nickel) 배터리 기술력을 토대로 (NCM 기술), 고부가가치를 창출하는 '프리미엄 기술집약형' 전략을 전개한다. 이들은 높은 에너지 밀도와 안정성을 요구하는 글로벌 프리미엄 완성차 OEM들을 핵심 고객으로 삼고, 긴밀한 기술 협력을 통해 맞춤형 솔루션을 제공한다. 두 집단 사이에는 LFP와 NCM이라는 근본적인 기술적 차이뿐만 아니라, 고객 포트폴리오, 핵심 원재료 조달망, 정부 정책 등에서 비롯된 강력하고 다층적인 이동장벽(mobility barriers)이 존재하여 서로의 영역을 쉽게 침범하지 못한다.

산업 전체를 하나의 성(城)으로 비유한다면, 전략집단은 그 성 안에 존재하는 또 다른 작은 성들, 즉 내성(內城)과 같다. 전략집단이란 하나의 산업 내에서 유사한 비즈니스 모델, 기술, 자원 배분 패턴, 고객군 등 비슷한 전략적 특성을 공유하는 기업들의 집단을 의미한다([그림 2-1], <표 2-1>을 참고하시오).

같은 산업에 속해 있더라도 모든 기업이 동일한 방식으로 경쟁하는 것은 아니다. 2차 전지 산업에서도 중국의 CATL과 한국의 LG에너지솔루션은 같은 배터리를 만들지만 서로 다른 전략집단에 속한다. 같은 전략집단 내의 기업들은 서로를 직접적인 경쟁자로 인식하며 기술이나 전략이 비슷해 암묵적 담합이 이루어지기 쉽다.

각 전략집단은 서로 다른 경쟁 환경에 처하며, 각기 다른 기회와 위협 요인을 가진다. 중요한 것은 전략집단 간에는 이동장벽이 존재하여 한 기업이 다른 전략집단으로 쉽게 이동하기 어렵다는 점이다. 이동장벽은 산업진입을 막는 기능을 가진 진입장벽과는 다르게 산업내의 산업집단간 이동을 막는 기능을 가진 장벽이다. 2차 전지 산업에서 전략집단 간 이동이 어려운 이유는 다음과 같은 강력한 장벽들 때문이다.

- 기술적 장벽: LFP와 하이니켈 NCM은 전혀 다른 기술 영역이다. CATL의 LFP 기술에서 한국 3사의 NCM 기술로 전환하려면 수년간의 기술개발이 필요하며, 각기 다른 제조 공정, 품질 관리 시스템, 안전성 테스트가 요구된다.

- 공급망 장벽: 리튬, 니켈, 코발트 등 핵심 광물 자원에 대한 접근성이 다르다. 중국 기업은 정부 지원하에 전 세계 광산 지분을 확보한 반면, 한국 기업은 일본, 유럽 소재 업체와의 파트너십에 의존한다.
- 고객 관계 장벽: 완성차 OEM과의 5-10년 장기 공급계약은 배타적 성격을 띤다. 한국 3사는 현대, GM, BMW, 포드 등과, CATL은 테슬라, 폭스바겐 등과 전략적 파트너십을 구축하고 있어 새로운 진입이 어렵다.
- 정부 정책 장벽: 중국의 '배터리 백서', 신에너지차 보조금 정책과 한국의 K-배터리 벨트 정책, 미국/유럽의 IRA, REPowerEU 등 공급망 다변화 정책이 각각 자국 기업에게 유리하게 작용한다.

그림 2-1 글로벌 2차전지산업의 전략집단 예시

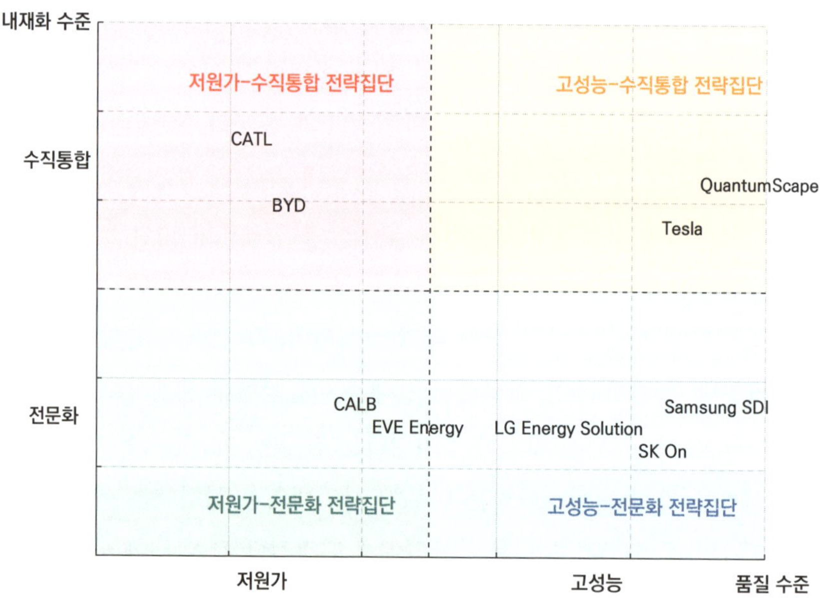

표 2-1 2차 전지 산업의 전략집단 예시

전략 집단 유형	핵심 기술/전략	특징	대표 기업
저원가-수직통합	LFP 기술, 강력한 공급망 관리	저렴한 LFP 배터리를 대량 생산하며, 원료부터 완제품까지 수직계열화를 통해 안정적인 공급과 원가 경쟁력을 확보.	CATL, BYD
고성능-전문화	하이니켈(NCM, NCA) 기술	고성능·고에너지밀도 배터리에 집중하여 프리미엄 전기차 시장을 공략. 소재, 장비 전문 기업 및 완성차 업체와 긴밀한 협력 네트워크를 구축.	LG에너지솔루션, 삼성SDI, SK온
고성능-전문화	특정 셀 타입 대량 생산	특정 종류의 셀(원통형, 각형 등) 생산에 집중하여 규모의 경제를 통한 가격 경쟁력을 확보하고, 중저가 시장을 타겟.	CALB, EVE Energy
고성능-전문화	차세대 기술(4680, 전고체) 내재화	기존 기술의 한계를 뛰어넘는 차세대 배터리를 직접 개발·생산하여 기술 표준을 선점하고 시장의 판도를 바꾸려는 전략을 사용.	Tesla, QuantumScape

전략집단 분석은 기업이 자신의 현재 위치를 파악하고, 미래의 전략적 방향을 설정하는 데 중요한 나침반 역할을 한다. 특히 2차 전지 산업처럼 급변하는 산업에서는 기술 혁신, 정부 정책, 고객 요구 변화에 따라 집단의 경계와 특성이 지속적으로 재편되므로, 끊임없는 분석이 요구된다.

2-3 규모의 경제, 범위의 경제, 경험곡선

[오프닝 케이스] 삼성전자 메모리 사업부의 30년 아성

삼성전자가 DRAM과 NAND 시장에서 30년 넘게 1위를 유지하는 비결은 무엇일까? 이는 단순히 기술이 뛰어나서만이 아니라, 비용 우위의 세 가지 원천을 모두 극대화한 결과다. 삼성은 반도체 불황기에 오히려 조 단위의 막대한 투자를 단행하여 경쟁사와의 기술 격차를 벌리고 생산량을 압도적으로 늘리는 '치킨 게임'을 주도해왔다. 이는 세계 최대 생산량을 통해 압도적인 규모의 경제를 달성하는 전략이다. 또한, 스마트폰, 가전 등 세계

1, 2위인 자사 완제품 사업부라는 안정적인 내부 시장을 통해 차세대 메모리 수요에 대한 정보를 경쟁사보다 먼저 파악하고 R&D 방향을 설정한다. 이는 단순한 자원 공유를 넘어 정보의 시너지를 통해 범위의 경제를 극대화하는 것이다. 마지막으로, 수십 년간 축적된 세계 최고 수준의 수율 관리와 공정 개선 노하우는 누구도 따라올 수 없는 경험곡선 효과를 만들어냈다. 이 세 가지 비용 우위의 선순환 구조가 바로 삼성전자 메모리 반도체 신화의 핵심 동력이다.

비용 우위의 원천이 되는 세 가지 핵심 개념은 규모의 경제, 범위의 경제, 경험곡선이다.

그림 2-2 규모의 경제와 최소효율규모(MES)

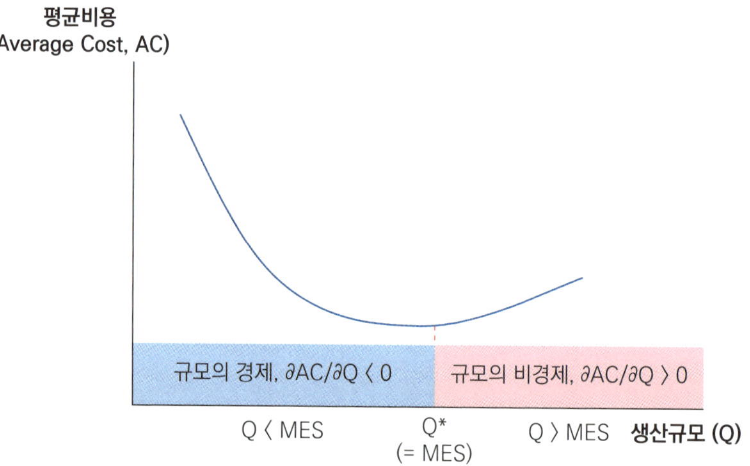

규모의 경제(economies of scale)는 생산 규모가 커질수록 단위당 생산비용이 감소하는 현상이다([그림 2-2]를 참고하시오). 고정비 분산, 노동의 분업 및 전문화를 통해 발생한다. 단위 비용이 최소화되는 생산 규모를 최소효율규모(MES, Minimum Efficient Scale)라 하며, 이는 산업의 진입장벽과 경쟁 강도를 결정하는 중요한 요소다. 규모의 비경제(diseconomies of scale)는 반대로 생산규모가 커질수록 단위당 생산비용이 증가하는 현상으로 생산량이 MES

를 초과하는 경우 발생하곤 한다.

범위의 경제(economies of scope)는 서로 다른 제품을 함께 생산할 때 비용상의 이점이 발생하는 현상으로, 생산시설, 브랜드, 유통망 등 유무형 자산을 공유함으로써 시너지를 창출하는 것이다. 디즈니가 하나의 IP(지적재산권)를 영화, 테마파크, 굿즈, 스트리밍 등 다양한 사업에 활용하는 것이 대표적인 예다. 또한 삼성전자의 경우, 메모리 사업부는 스마트폰, 가전 등 자사의 다른 사업부라는 안정적인 내부 시장(internal market)을 통해 미래 기술 수요에 대한 정보를 경쟁사보다 먼저 파악할 수 있다. 예를 들어, 차세대 스마트폰에 필요한 메모리 사양이나 AI 가전이 요구하는 고성능 칩에 대한 정보를 미리 확보하여 R&D 방향을 설정하고 투자를 집행하는 것은 단순한 자원 공유를 넘어, 미래 시장의 흐름을 포착하는 정보의 시너지를 통해 범위의 경제를 실현하는 것이다.

그림 2-3 규모의 경제와 경험곡선의 차이점

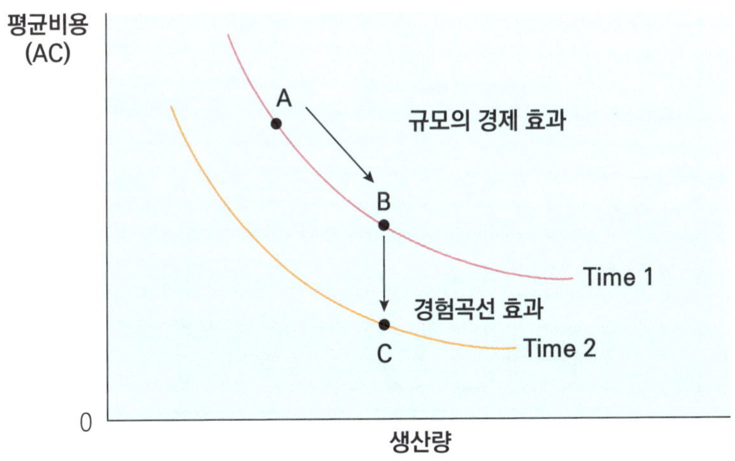

출처: Hill, C. W., & Jones, G. R. (2009). Theory of strategic management with cases. South-Western. p. 58.

경험곡선(experience curve) 또는 학습곡선은 누적 생산량이 증가함에 따라 '실행을 통한 학습(learning by doing)'이 이루어져 단위당 비용이 체계적으로 감소하는 현상이다. 이는 노동 숙련도 향상, 공정 개선, 제품 설계 최적화 등을 통해 나타난다. 규모의 경제가 특정 시점의 '규모'에 관한 것이라면, 경험곡선은 시간을 통해 축적된 '경험'에 관한 것이다.

규모의 경제와 경험곡선은 모두 단위 비용을 낮추지만, 그 원리는 명확히 다르다. [그림 2-3] 은 두 개념의 차이를 시각적으로 보여준다.

- 규모의 경제 효과(곡선 상의 이동): 그래프의 첫 번째 곡선(Time 1)을 보자. 생산량이 점 A에서 점 B로 증가함에 따라, 단위 비용은 기존의 비용 곡선을 따라 하락한다. 이는 특정 시점(Time 1)에 생산 설비를 더 많이 가동하고 생산량을 늘려서 얻는 비용 절감 효과, 즉 순수한 '규모'의 효과를 의미한다.
- 경험곡선 효과(곡선 자체의 이동): 시간이 흘러 누적 생산 경험이 쌓이면, 기업은 더 효율적인 생산 방식과 노하우를 터득하게 된다. 그 결과, 단위 비용 곡선 자체가 아래로 이동하여 새로운 곡선(Time 2)을 형성한다. 점 B와 점 C는 생산량은 같지만, 점 C의 단위 비용이 훨씬 낮다. 이는 '경험'과 '학습'을 통해 생산 시스템 전체의 효율성이 근본적으로 개선되었음을 의미한다.

결론적으로, 규모의 경제는 주어진 기술 수준 하에서 생산량을 늘려 비용을 낮추는 것이고, 경험곡선은 학습을 통해 기술 수준 자체를 높여 동일한 생산량에서도 더 낮은 단위비용 또는 평균비용을 달성하는 것이다.

2-4 [심화 학습] 조직학습의 복잡성과 다양성

경험곡선을 단순히 "누적 생산량 증가가 단위비용 감소로 이어진다"는 기계적인 관계로만 이해해서는 안 된다. 조직이 어떻게 학습하는가에 대한 깊이 있는 통찰을 얻는 것이 중요하다. 조직이론가들은 "모든 경험이 동일한 학습 효과를 가져오는가?"라는 질문에 '아니오'라고 답한다. 경험의 절대적인 양뿐만 아니라 경험의 구조가 학습의 성과를 결정하기 때문이다(Levitt & March, 1988). 단순히 '경험이 많다'고 해서 학습 효과가 무조건 좋은 것은 아니며, 어떤 종류의 경험을 했는지가 더 중요하다. 예를 들어, 다양한 상황에 대처해 본 경험의 다양성(variety)은 예기치 않은 문제에 대한 해결 능력을 높여준다. 또한 성공 경험은 기존의 방식을 강화하지만, 실패 경험은 새로운 대안을 모색하게 하는 학습의 중요한 계기가 되므로 성공과 실패의 균형이 중요하다. 마지막으로, 한 개인이나 특정 부서의 경험이 얼마나 조직 전체에 공유되고 시스템으로 정착되는지를 의미하는 조직 메모리(organizational memory)의 역할 역시 학습 효과에 큰 영향을 미친다.

학습의 수준 또한 다양하다. 크리스 아지리스(Chris Argyris)는 학습을 두 가지 수준으로 구분했다. 첫째, 단일순환 학습(single-loop learning)은 기존의 생각의 틀, 즉 멘탈 모델 안에서 문제를 해결하고 개선하는 활동이다. 둘째, 이중순환 학습(double-loop learning)은 기존의 생각의 틀 자체에 의문을 제기하고 근본적인 가정을 바꾸는 더 높은 수준의 학습이다. 예를 들어, 마케팅 부서 출신 CEO가 모든 조직의 문제를 마케팅적 해법으로만 풀려고 한다면, 이는 단일순환 학습의 함정에 빠진 것이다. 이 외에도 벤치마킹처럼 다른 조직의 경험으로부터 배우는 대리 학습(vicarious learning)도 존재한다. 결국 경쟁우위의 핵심은 단순히 "경험이 많다"는 사실 그 자체가 아니라, "어떤 종류의 경험을 어떻게 축적하고 활용하여 이중순환 학습으로 연결하는가"에 달려있다.

학술 연구 개요 2-1

학습곡선 이면의 메커니즘 (Lapr , Mukherjee, & Van Wassenhove, 2000)

✿ 연구 배경

전통적인 경험곡선 이론은 누적 생산량이 증가하면 비용이 감소한다고 설명하지만, 그 과정에서 '무엇을', '어떻게' 학습했기에 그런 결과가 나타나는지에 대해서는 설명하지 못합니다. 이 연구는 "경험곡선이라는 블랙박스를 열어, 구체적인 학습 활동이 실제 성과(폐기물 감소)에 어떤 영향을 미치는가?"라는 질문에 답하고자 했습니다.

✿ 핵심 연구 질문

- 조직의 학습 활동은 어떻게 유형화될 수 있습니까?
- 서로 다른 유형의 학습 활동이 성과 개선에 미치는 영향은 어떻게 다릅니까?

✿ 자료 및 사례

한 공장에서 10년간 수행된 62개의 품질 개선 프로젝트 데이터를 심층 분석했습니다.

✿ 주요 연구 결과

연구진은 학습 활동을 '개념적 학습(know-why)'과 '운영적 학습(know-how)' 두 차원으로 구분했습니다. 개념적 학습은 "왜" 문제가 발생하는지 근본 원인을 파악하는 활동이며, 운영적 학습은 "어떻게" 문제를 해결할지 실질적인 방법을 찾는 활동입니다. 분석 결과, 이 두 가지 학습이 모두 높은 수준으로 이루어진 '운영적으로 검증된 이론' 유형의 프로젝트만이 공장 전체의 폐기물 감소 속도를 유의미하게 가속화했습니다. 원리는 모르지만 경험적으로 해결책을 찾은 '장인의 기술'은 지식이 전파되지 않았고, 이론만 있고 검증이 부족했던 '검증되지 않은 이론'은 오히려 성과를 악화시켰습니다. 이러한 결과는 단편적인 노하우 축적만으로는 지속적인 개선을 이루기 어렵다는 점을 보여줍니다. 근본 원리에 대한 깊은 이해가 뒷받침될 때만이 학습 효과가 조직 전체로 확산되고, 진정한 역량으로 발전할 수 있습니다.

전략적 함의

진정한 조직 학습과 지속적인 성과 개선은 문제 해결 노하우(know-how)와 근본 원인에 대한 깊은 이해(know-why)가 결합될 때 이루어집니다. 이러한 결합을 통해 얻어진 지식만이 다른 상황과 다른 사람에게 전파되고 복제될 수 있는 진정한 조직 역량이 됩니다. 이는 기업이 단기적인 문제 해결을 넘어 근본적인 원인 규명과 지식의 체계화를 동시에 추구해야 함을 시사합니다.

출처: Lapré, M. A., Mukherjee, A. S., & Van Wassenhove, L. N. (2000). Behind the learning curve: Linking learning activities to waste reduction. Management Science, 46(5), 597-611.

학술 연구 개요 2-2

실패로부터의 학습:
성공보다 실패가 더 나은 스승인가? (Madsen & Desai, 2010)

✿ 연구 배경

2003년 NASA의 컬럼비아 우주왕복선 폭발 참사는, 불과 몇 달 전 아틀란티스호에서 발생했던 동일한 결함(단열재 조각 이탈)이 성공적으로 임무를 마쳤다는 이유로 무시되었기 때문에 발생했습니다. 이 비극적인 사례는 "조직은 과연 성공과 실패로부터 동등하게 배우는가?"라는 근본적인 질문을 던집니다.

✿ 핵심 연구 질문

- 조직은 실패 경험과 성공 경험 중 어느 것으로부터 더 효과적으로 배우는가?
- 경험의 규모(큰 실패 vs. 작은 실패)는 학습 효과에 어떤 영향을 미치는가?

✿ 자료 및 사례

1980년부터 2003년까지 전 세계에서 이루어진 모든 우주 발사체 발사 데이터를 분석 대상으로 삼았습니다.

✿ 주요 연구 결과

분석 결과는 매우 명확했습니다. 조직은 성공 경험보다 실패 경험으로부터 훨씬 더 많이, 그리고 더 오래 학습했습니다. 과거의 실패 경험은 미래의 실패 확률을 유의미하게 낮추었지만, 성공 경험의 효과는 미미했습니다. 특히 '근접사고(near-miss)'와 같은 작은 실패는 성공으로 재해석되거나 무시되기 쉬운 반면, 명백하고 큰 실패는 조직이 근본적인 원인을 찾도록 하는 강력한 학습 동기가 되었습니다. 성공은 기존의 방식을 강화하고 자만을 낳는 경향이 있지만, 실패는 기존의 가정에 의문을 제기하고 깊이 있는 성찰과 근본적인 변화를 이끌어내는 계기가 되기 때문입니다.

전략적 함의

이 연구는 조직이 실패를 단순히 피해야 할 대상이 아니라, 성장을 위한 가장 귀중한 자산으로 여겨야 함을 시사합니다. 성공은 자만을 낳기 쉽지만, 실패는 기존 가정에 의문을 제기하고 깊이 있는 성찰과 근본적인 변화를 이끌어내는 계기가 되기 때문입니다. 따라서 리더는 실패를 처벌하는 대신, 실패의 원인을 투명하게 분석하고 그 교훈을 조직 전체에 공유하는 '심리적 안전감'이 보장되는 문화를 구축해야 합니다.

출처: Madsen, P. M., & Desai, V. (2010). Failing to learn? The effects of failure and success on organizational learning in the global orbital launch vehicle industry. Academy of Management Journal, 53(3), 451-476.

2-5 세분화와 차별화

[오프닝 케이스] 아모레퍼시픽의 멀티 브랜드 전략

아모레퍼시픽은 화장품 시장을 정교하게 세분화하고 각 시장에 맞는 차별화된 브랜드를 성공적으로 안착시켰다. '설화수'는 인삼 과학이라는 독보적인 기술력을 바탕으로 고가의 한방 안티에이징 라인을 구축하여 40대 이상 프리미엄 시장을 공략한다. 고급 백화점 채널을 통해 브랜드의 명성을 유지하며, 충성도 높은 고객층을 확보했다. 반면 '라네즈'는 수분 과학에 집중하여 20~30대 글로벌 고객을 타겟으로 합리적인 가격과 트렌디한 제품을 선보인다. 온라인, 드럭스토어 등 다양한 채널을 활용하여 접근성을 높였다. 더 나아가 '이니스프리'는 제주도의 자연주의 콘셉트와 저렴한 가격으로 10~20대 및 가격에 민감한 고객층을 공략한다. 이처럼 각기 다른 고객 집단(세분화)의 니즈에 맞춰 기술, 콘셉트, 가격, 유통 채널을 완전히 다르게 구성(차별화)하는 전략은 아모레퍼시픽 성공의 핵심이다.

비용 우위와 함께 경쟁우위의 또 다른 축을 이루는 것은 차별화 우위다. 그러나 차별화를 논하기에 앞서, 종종 혼동되는 세분화(segmentation)와 차별화(differentiation)의 개념을 명확히 구분할 필요가 있다. 이 둘은 목적 자체가 다르다. 세분화는 '어디서 경쟁할 것인가(where to compete)'라는 전쟁터를 결정하는 분석이며, 차별화는 그 결정된 전쟁터에서 '어떻게 경쟁할 것인가(how to compete)'라는 전투 방식을 결정하는 분석이다.

시장 세분화란 전체 시장을 유사한 니즈나 특성을 가진 동질적인 하위 그룹으로 나누는 과정이다. 기업은 인구통계, 지리, 심리, 행동 특성 등 다양한 변수를 기준으로 시장을 나누고, 각 세분 시장의 규모, 성장성, 수익성 등을 분석하여 가장 매력적인 목표 시장을 선정한다.[1] 이 과정을 통해 한정된 자원을 가장 효과적으로 집중할 수 있는 표적을 정하게 된다.

차별화는 그렇게 선정된 목표 시장 안에서, 경쟁 제품과는 다르게 인식되도록 자사 제품이나 서비스에 독특한 가치를 부여하는 모든 활동을 의미한다. 차별화는 크게 두 가지 유형으로 나뉜다.

첫째는 수직적 차별화(vertical differentiation)로, 대부분의 소비자가 품질의 좋고 나쁨에 대해 명확하게 동의하는 상황에서 이루어진다. 예를 들어, 호텔의 성급(星級)이나 스마트폰의 성능처럼 품질의 우열이 객관적인 기준에 따라 나뉘는 경우다. 이 경우 기업은 고품질-고가격 또는 저품질-저가격 전략을 통해 특정 고객층을 공략하게 된다. 이 때, 고품질-고가격 전략과 저품질-저가격 전략 모두 수직적 차별화 차원에서의 전략으로 편익-비용차원을 따라 서로 대척점에 있는 전략이다.

둘째는 수평적 차별화(horizontal differentiation)로, 품질의 우열보다는 개인의 기호(preference)와 취향이 더 중요한 상황에서 발생한다. 자동차의 색상, 음료수의 맛, 의류의 디자인처럼 어떤 것이 절대적으로 더 우월하다고 말하기 어려운 경우다. 이 때 기업은 다양한 제품 라인업을 통해 여러 소비자의 각기 다른 취향을 만족시키려 노력한다.

2-6 전략적 포지셔닝(strategic positioning)

[오프닝 케이스] K-방산의 글로벌 시장 포지셔닝

최근 K-방산은 글로벌 방산 시장에서 괄목할 만한 성과를 거두고 있다. 이는 단순히 개별 무기 체계의 성능이 뛰어나서만이 아니라, '전략적 포지셔닝'의 성공 사례로 분석할 수 있다. K-방산은 최고 성능을 자랑하는 미국산 무기와 저렴한 중국·러시아산 무기 사이에서 독특한 가치 제안을 통해 새로운 시장을 개척했다. 폴란드가 K2 전차, K9 자주포, FA-50 경공격기 등 한국산 무기체계를 대량으로 도입한 것이 대표적이다. 폴란드는 러시아-우크라이나 전쟁으로 인한 안보 위협 속에서 '빠른 납기'와 '신뢰할 수 있는 성능', 그리고 '합리적인 가격'이라는 세 가지 요소를 모두 충족하는 공급처를 찾고 있었다. K-방산은 바로 이 지점을 정확히 공략했다. 최고 성능은 아니지만 나토(NATO) 표준을 충족하는 우수한 성능, 미국산 대비 저렴한 가격, 그리고 경쟁국들이 따라올 수 없는 신속한 생산 및 납품 능력을 결합하여 폴란드의 안보 수요에 최적화된 솔루션을 제공한 것이다. 이는 K-방산이 글로벌 시장에서 '최고 성능'이라는 단일 차원이 아닌, '가성비', '신속성', '맞춤형 협력'이라는 다차원적 가치를 조합하여 성공적으로 전략적 포지셔닝을 구축했음을 보여준다. 더 나아가 한화에어로스페이스, 현대로템, 풍산, LIG넥스원 등 국내 방산 업체들은 단순한 무기 판매를 넘어, 현지 생산, 기술 이전, 공동 개발 등 구매국과의 긴밀한 기술 협력을 통해 방산 생태계 구축에 적극적으로 참여하고 있다. 이러한 접근은 구매국과의 장기적인 신뢰 관계를 형성하고, 단순한 판매자-구매자 관계를 넘어 전략적 파트너로서의 입지를 강화하는 핵심 요소로 작용한다.

전략적 포지셔닝이란 산업 내에서 기업이 어떤 전략적 위치를 선택할 것인가의 문제이다. 이는 전략적 차원을 어떻게 정의하느냐에 따라 달라지며, 다른 경쟁자 대비 상대적 위치를 나타내는 전략적 공간이 존재함을 전제로 한다. 전략적 위치를 결정하는 차원은 제품의 특성, 기능, 시장의 지리적 위치, 목표 고객의 연령이나 성별 등이 있으며, 이러한 차원에 의해 세분시장(segment)이 정의된다. 또한, 제품이나 서비스의 편익(benefit) 또는 품질과 비용(cost) 수준을 고려하는 수직적 차별화의 차원, 그리고 기업이 제품 및 서비스 생산을 위해 수행하는 활동(activity)의 차원도 있다.

이러한 전략적 차원에 근거하여 포지셔닝은 여러 유형으로 나눌 수 있다. 첫째, 여러 세그먼트에서 사업을 운영하는 넓은 수평적 범위의 포지셔닝과 한두 개의 세그먼트에 집중하는 좁은 수평적 범위의 포지셔닝이 있다. 둘째, 원가 감소에 초점을 맞출 것인지 편익 증대에 초점을 맞출 것인지에 따른 원가주도-차별화 포지셔닝이 가능하다. 마지막으로, 사업 활동들을 모두 내부에서 수행하는 내재화 또는 외부 전문업체에 맡기는 아웃소싱을 결정하는 수직적 범위 포지셔닝이 있다.

우리가 전략적 포지셔닝 차원에서 '차별화(differentiation)'를 이야기할 때, 이는 두 가지 의미로 사용될 수 있다. 하나는 높은 편익에 초점을 맞추는 수직적 차별화를 의미하는 경우이다. 다른 하나는 우수하거나 열등하다는 차원이 아니라, 다른 기업과 수평적으로 다른 전략적 행동을 취한다는 의미, 즉 전략적 공간에서 다른 위치를 점한다는 수평적 차별화(horizontal differentiation)와 같은 의미로 사용되기도 한다. 예를 들어, 한 산업 내에서 다수의 기업이 제품 편익 상승(dfferentiation)에 치중할 때, 기업 X가 원가 우위(cost leadership)를 추구하는 것은 수직적 차별화의 축 위에서 하단(low-end) 포지션을 선점하는 전략적 선택이다. 이는 경쟁자들과 반대되는 경로를 택함으로써 직접적인 성능 경쟁을 피하고, '비용 효율성'이라는 차원에서 독보적인 우위를 확보하려는 수직적 차별화의 일종으로 볼 수 있다.

2-7 전방통합과 후방통합

[오프닝 케이스] 테슬라의 극단적 수직통합

전통적인 자동차 회사들이 부품 조달부터 판매까지 수많은 협력업체와 분업하는 것과 달리, 테슬라는 극단적인 수직통합 전략을 추구한다. 배터리 셀 생산을 위한 기가팩토리 운영(후방통합)은 파나소닉 등 외부 공급업체에 대한 의존도를 낮추고, 전기차 원가의 40%를 차지하는 배터리 비용을 절감하며, 4680 배터리와 같은 차세대 기술 혁신을 가속화하는 핵심 동력이다. 또한, 딜러 없이 온라인과 직영 스토어를 통해 직접 차를 판매(전방통합)함으로써 중간 유통 마진을 없애고 투명한 가격 정책을 유지한다. 이는 브랜드 이미지를 일관되게 관리하고, 고객과의 직접적인 소통을 통해 귀중한 데이터를 확보하며, 소프트웨어 업데이트 등 지속적인 서비스를 제공하는 강력한 기반이 된다. 이처럼 가치사슬의 핵심 단계를 내재화하는 전략은 테슬라의 혁신 속도와 강력한 브랜드 통제력의 원천이다.

기업은 가치사슬(value chain) 상의 여러 활동들을 직접 수행할 것인지(내재화, internalization), 아니면 외부 전문업체에 맡길 것인지(아웃소싱, outsourcing)를 결정해야 한다. 수직통합(vertical integration)은 이러한 활동들을 내부로 가져와 직접 통제하는, 즉 내재화하는 전략을 의미한다.

가치사슬은 원재료 조달에서부터 최종 소비자에게 제품이나 서비스가 전달되기까지의 모든 활동을 포함한다. 예를 들어, 철광석 채굴 → 철강 생산 → 철근 제조 → 건설로 이어지는 가치사슬이나, 2차전지 소재 → 2차전지 → 전기차 → 자율주행 택시 서비스와 같은 흐름을 생각해볼 수 있다. 후방통합(backward integration)은 공급자(supplier) 방향으로 사업을 확장하는 것이다. 제조업체가 핵심 부품 공장을 인수하거나 원재료 공급처를 직접 운영하는 경우가 해당된다. 최근 전기차 제조사들이 원가에서 차지하는 비중이 매우 높은 2차 전지를 직접 생산하려는 움직임, 즉 내재화를 서두르는 것도 후방통합의 대표적인 사례다. 이를 통해 공급 안정성을 확보하고 원가를 절감할 수 있다. 전방통합(forward integration)은 구매자(customer) 방향으로 사업을 확장하는 것이다. 제조업체가 유통 채널이나 소매점을 직접 운영하는 경우가 해당된다. 대부분의 제조사들은 비용 효율성을 위해 AS(after-sales service)를 아웃소싱하는 경향이 있지만, 고객 서비스와 피드백을 중요시하는 기업은 고객의 불편 사항을 직접 파악하고 제품 개선에 반영하기 위해 AS를 내재화하기도 한다. 이는 고객 접점을 확보하고 브랜드 관리를 강화하는 데 목적이 있다.

2-8 가치망(value net)과 보완재

[오프닝 케이스] 애플의 아이폰과 앱스토어 생태계

아이폰의 가치는 하드웨어 자체만으로 완성되지 않는다. 수백만 개의 앱을 제공하는 앱스토어가 있기에 아이폰은 단순한 전화기를 넘어 '내 손안의 컴퓨터'가 된다. 반대로 앱 개발자들은 아이폰이라는 거대한 플랫폼이 있기에 혁신적인 앱을 만들어 수익을 창출할 수 있다. 이처럼 아이폰(제품)과 앱(보완재)은 서로의 가치를 기하급수적으로 높여주는 대표적인 보완재(complementor) 관계에 있다. 애플은 이러한 생태계의 선순환 구조를 일찍이 간파했다. 강력한 하드웨어 성능과 직관적인 운영체제(iOS)로 충성도 높은 사용자 기반을 확보하자, 수많은 앱 개발자들이 앱스토어로 몰려들었다. 풍부해진 앱 생태계는 다시 아이폰을 더욱 매력적인 제품으로 만들었고, 이는 더 많은 사용자를 끌어들였다. 이 강력한 네트워크 효과는 경쟁사들이 쉽게 모방할 수 없는 진입장벽을 구축하며 애플 생태계의 핵심 성공 요인이 되었다.

마이클 포터의 five-forces 프레임워을 모델을 보완하는 중요한 프레임워크가 브란덴버거와 네일버프(Brandenburger & Nalebuff, 1996)가 제시한 가치망(value net)이다. 이 모델의 핵심은 보완자(complementor)라는 새로운 플레이어를 경쟁 분석에 포함시킨 것이다([그림 2-4]를 참고하시오). 보완자란, 고객이 우리 회사 제품만 소비하는 것보다 그 회사의 제품을 함께 소비할 때 우리 제품의 가치를 더 높여주는 기업을 말한다. 스마트폰과 앱, 게임기와 게임 소프트웨어, 프린터와 잉크 카트리지가 대표적인 예다. 산업이 태동하거나 성장하는 시기에는 경쟁자와 싸우기보다 보완자와 협력하여 전체 시장의 파이를 키우는 것이 더 중요하다. 전기차 시장의 성장을 위해 완성차 업체와 충전 인프라 업체가 협력하는 것이 좋은 예다.

그림 2-4 가치망 프레임웍

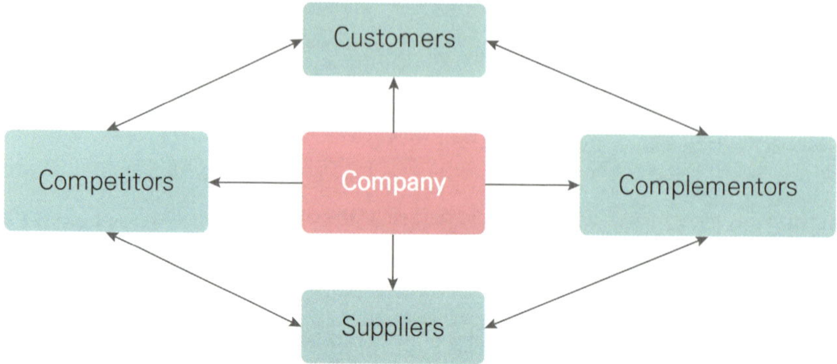

출처: Brandenburger & Nalebuff, 1996, p.17

그림 2-5 전략적 삼각형 3C

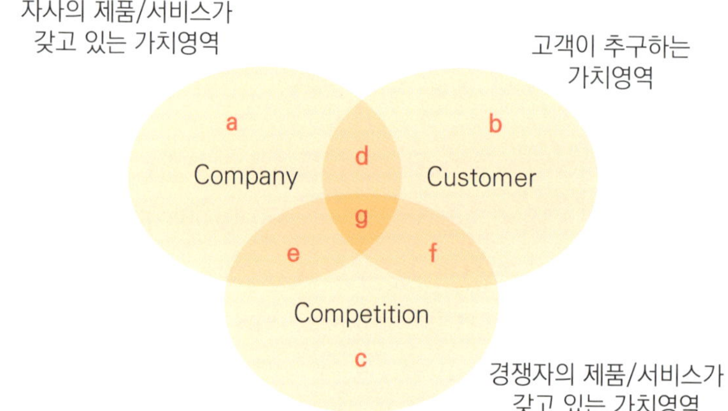

출처: Urbany & Davis (2007, pp. 28-30)

2-9 전략적 삼각형(strategic triangle)

[오프닝 케이스] 넷플릭스의 데이터 기반 전략

넷플릭스의 성공은 전략적 삼각형, 즉 3C를 절묘하게 조화시킨 결과다. 넷플릭스는 고객(customer)이 무엇을, 언제, 어떻게 보는지(일시정지, 되감기, 시청 완료율 등)에 대한 방대한 데이터를 분석하여 잠재된 취향을 파악한다. 이를 통해 기존 방송사나 디즈니 같은 경쟁사(Competitor)가 파일럿 테스트나 포커스 그룹에 의존하느라 제작을 망설일 만한 틈새 장르의 콘텐츠(예 '퀸스 갬빗')를 과감하게 제작한다. 그리고 이 모든 과정은 자사(Corporation)의 핵심 역량인 강력한 개인화 추천 알고리즘과, 전 세계 수억 명의 가입자에게 콘텐츠를 즉시 배포할 수 있는 글로벌 스트리밍 기술에 의해 뒷받침된다. 이처럼 고객 데이터 분석, 경쟁사와 차별화된 콘텐츠 제작, 그리고 이를 뒷받침하는 기술 역량의 완벽한 조화가 넷플릭스 성공의 핵심이다.

지금까지 살펴본 다양한 개념들을 통합하여 전략적 사고를 체계화한 것이 오마에 겐이치(Ohmae, 1982)가 제시한 전략 삼각형(strategic triangle) 또는 3C 모델이다. 성공적인 전략은 다음 세 가지 핵심 요소의 균형을 맞추는 데서 나온다.

- 자사(Corporation): 우리의 강점과 약점은 무엇인가? (핵심 역량)
- 고객(customer): 고객이 진정으로 원하는 가치는 무엇인가? (시장 니즈)
- 경쟁사(Competition): 경쟁사는 무엇을 제공하며, 그들의 약점은 무엇인가? (경쟁 환경)

성공적인 전략이란, [그림 2-5]에서 볼 수 있듯이 자사의 강점을 활용하여 고객의 니즈를 경쟁사보다 더 잘 충족시키는 것이다.[2] 벤 다이어그램에서 자사와 고객의 교집합(d+g)은 고객에게 제공되는 가치를 의미한다. 이 중 경쟁사와 겹치지 않는 영역(d)이 바로 우리 기업만의 고유한 가치 제안이자 진정한 경쟁우위의 원천이다. 반면, 자사와 경쟁사가 모두 고객의 니즈를 충족시키는 영역(g)은 경쟁이 치열하며 가격 경쟁으로 이어지기 쉽다. 자사와 경쟁사는 모두 제공하지만 고객이 원하지 않는 영역(e)에 자원을 투입하는 것은 낭비다. 결국 성공적인 전략은 영역 'd'를 극대화하고, 영역 'e'를 최소화하는 과정이라고 할 수 있다.

요 / 약

2장에서는 전략 수립의 기본이 되는 8가지 핵심 개념을 체계적으로 살펴보았다. 시장은 구매자 관점에서, 산업은 공급자 관점에서, 사업은 기업 관점에서 정의된다. 전략집단은 산업 내 유사한 전략을 가진 기업 군으로, 집단 간에는 이동장벽이 존재한다. 비용 우위의 원천으로는 규모의 경제, 범위의 경제, 경험곡선이 있으며, 진정한 학습은 know-why와 know-how의 결합에서 나온다는 점, 그리고 성공보다 실패 경험이 더 효과적인 학습으로 이어질 수 있음을 확인했다. 세분화는 '어디서 싸울지'를, 차별화는 '어떻게 이길지'를 결정하며, 전략적 포지셔닝은 산업 내에서 기업의 고유한 위치를 설정하는 것이다. 수직통합은 가치사슬을 내부화하는 전략이며, 가치망은 경쟁 분석에 보완재의 중요성을 추가한다. 마지막으로 전략적 삼각형(3C)은 자사, 고객, 경쟁사가 추구하는 가치의 비교 검토를 통해 성공 전략을 도출하는 기본 틀을 제공한다.

지금까지 전략의 기본이 되는 개념들을 살펴보았다. 그렇다면 이러한 개념들을 바탕으로 기업은 어떻게 경쟁사보다 더 높은 가치를 창출하고, 이를 통해 시장에서 승리할 수 있을까? 제3장에서는 시장점유율 1위인 삼성전자와, AI 반도체의 핵심인 HBM 시장을 선점한 SK하이닉스 중 진정한 승자는 누구일까? 시장점유율이나 단기 수익성만으로는 알 수 없는 '경쟁우위'의 본질은 무엇일까? 가치를 측정하는 가장 근본적인 틀인 B-C 프레임워크를 통해 이 질문에 대한 답을 찾아본다.

생각해 볼 문제

1 귀하가 관심 있는 산업을 하나 선택하여, 그 산업의 주요 전략집단들을 분류해보고 각 집단 간의 이동장벽은 무엇인지 분석해보시오.

2 스마트 공장과 AI 기술이 발전하는 4차 산업혁명 시대에, 규모의 경제와 경험곡선 중 어느 것이 기업의 원가 우위에 더 중요해질 것이라고 생각하는가? 또한, 자동화와 AI가 '학습'의 본질을 어떻게 변화시키며, 조직학습(특히, 이중순환 학습) 관점에서 기업은 어떻게 대응해야 하는가?

3 최근 성공한 신제품이나 서비스 하나를 선택하여, 그 성공 요인을 수평적 차별화와 수직적 차별화 관점에서 분석해보시오.

4 현대 비즈니스 생태계(예 AI, 자율주행차)에서 보완재의 역할이 전통적인 경쟁자보다 더 중요해지는 이유는 무엇인가? 기업이 성공적인 생태계를 구축하기 위해 보완자와의 관계를 어떻게 전략적으로 관리해야 하는지 가치망(value net) 관점에서 설명하시오.

5 전략적 삼각형(3C) 모델을 사용하여 현재 재직 중인 회사 또는 관심 있는 기업의 전략을 분석하고, 강점과 개선점을 도출해보시오.

6 기업이 경쟁의 장(場)을 '시장' 관점과 '산업' 관점 중 어느 것에 더 중점을 두어 정의하느냐에 따라, 그 기업이 인식하는 핵심 전략집단과 이동장벽은 어떻게 달라질 수 있을까요? 코카콜라의 사례를 들어 설명해보시오.

7 테슬라의 극단적인 수직통합 전략은 제품의 수직적 차별화(고성능)와 수평적 차별화(독특한 구매 경험)에 각각 어떤 영향을 미쳤다고 생각하십니까?

보충설명

1 예를 들어, 글로벌 자동차 시장에서 시장 세분화를 통해 세분시장을 나누어 보자. 용도에 따라 나누면 상용차(버스/트럭), SUV, 세단, 미니밴의 4가지로, 엔진기술에 따라 나누면 가솔린, 디젤, 하이브리드, 전기차의 4가지로, 지리적 위치에 따라 나누면 북미, 중남미, 유럽, 중동, 아프리카, 동남아, 러시아, 중국, 인도, 일본, 한국 등 10여개 권역으로 나뉜다. 3가지 차원의 조합에 따라 약 160여개의 세분시장의 존재가 가능하다.

2 조 어바니(Joe Urbany)와 제임스 데이비스(James Davis)가 2007년 HBR을 통해 발표한 전략 프레임워크다. 이는 오마에 겐이치(Kenichi Ohmae)가 1982년 제시한 '전략적 삼각형(3C: Customer, Competitor, Company)' 개념을 토대로 하되, 이를 벤 다이어그램 형태로 발전시켜 각 영역 간의 상호작용과 경쟁우위의 원천을 정교하게 분석할 수 있도록 체계화한 것이다.

참고문헌

Abell, D. F. (1980). *Defining the business: The starting point of strategic planning*. Prentice-Hall.

Argyris, C., & Sch n, D. A. (1978). *Organizational learning: A theory of action perspective.* Addison-Wesley.

Brandenburger, A. M., & Nalebuff, B. J. (1996). *Co-opetition*. Doubleday.

Lapré, M. A., Mukherjee, A. S., & Van Wassenhove, L. N. (2000). Behind the learning curve: Linking learning activities to waste reduction. *Management Science, 46(5)*, 597-611.

Levitt, B., & March, J. G. (1988). Organizational learning. *Annual Review of Sociology, 14(1)*, 319-338.

Madsen, P. M., & Desai, V. (2010). Failing to learn? The effects of failure and success on organizational learning in the global orbital launch vehicle industry. *Academy of Management Journal, 53*(3), 451-476.

Ohmae, K. (1982). *The mind of the strategist: The art of Japanese business.* McGraw-Hill.

Porter, M. E. (1980). *Competitive strategy: Techniques for analyzing industries and competitors.* Free Press.

Urbany, J. E., & Davis, J. H. (2007). Strategic Insight in Three Circles. Harvard Business Review, 85(11), 28-30.

CHAPTER 03

경쟁우위의 개념: B-C 프레임워크

Chapter 3

경쟁우위의 개념: B-C 프레임워크

시장점유율 1위인 삼성전자와, AI 반도체의 핵심인 HBM 시장을 선점한 SK하이닉스 중 진정한 승자는 누구일까? 시장점유율이나 단기 수익성만으로는 알 수 없는 '경쟁우위'의 본질은 무엇일까? 이번 장에서는 가치를 측정하는 가장 근본적인 틀인 B-C 프레임워크를 통해 이 질문에 대한 답을 찾아본다.

이번 장은 '경쟁우위의 개념'이라는 주제 학습을 위한 것이다. B-C 프레임워크를 통해 경쟁우위에 대해 배우게 될 것이다. 이러한 프레임워크를 갖게 된다면 이제 경쟁우위라는 단어를 만날 때 예전과는 다른 생각과 감정을 품게 될 것이다. 『나의 문화유산답사기』 머리말에서 유홍준 교수가 "사랑하면 알게 되고 알게 되면 보이나니, 그때 보이는 것은 전과 같지 않으리라"라고 문화유산을 보는 자세에 대해 이야기한 적이 있는데, 이번 단원을 학습한 후에 경쟁우위에 대해 보이는 것은 전과 같지 않을 것이라 생각된다.

경쟁우위란 용어는 신문과 방송에서 빈번하게 사용되곤 하는데, 이것은 도대체 무엇인가? 비슷하게 사용되는 용어로 경쟁력이란 말이 많이 사용되는데, 경쟁우위는 경쟁력과는 달리 구체적인 정의를 갖고 있으며 용어 사용에 있어 적합한 맥락이 존재한다.

3-1 누가 1등 기업인가? 삼성전자 vs. SK하이닉스

경쟁우위가 있다, 없다, 그리고 높다, 낮다의 판단 기준은 무엇일까? 시장점유율일까, 아니면 수익성이나 기술력일까? 이 질문에 대한 답을 찾기 위해 세계 메모리 반도체 시장의 두 거인, 삼성전자와 SK하이닉스의 사례를 살펴보자.

수십 년간 삼성전자는 D램과 낸드플래시 양쪽에서 높은 시장점유율을 바탕으로 메모리 반도체 시장의 압도적인 1위 자리를 지켜왔다. 그러나 2020년대 들어 인공지능 시대가 본격화되면서 경쟁의 양상이 바뀌기 시작했다. AI 반도체의 핵심 부품인 고대역폭메모리(HBM, High Bandwidth Memory) 시장에서 SK하이닉스가 한발 앞서나가며 삼성전자의 아성을 위협한 것이다.

아래 <표 3-1>은 2017년부터 2024년까지 두 회사의 반도체 부문 실적을 비교한 것이다. 2017년과 2018년의 '슈퍼 사이클' 시기에는 양사 모두 사상 최대 실적을 기록하며 삼성전자가 압도적인 우위를 보였다. 2022년 하반기부터 시작된 불황은 2023년에 극심해져 양사 모두 대규모 적자를 기록했다. 2024년에는 AI 메모리 수요 폭증에 힘입어 양사 모두 흑자로 전환했으나, HBM 시장을 선점한 SK하이닉스가 수익성 측면에서는 삼성전자를 앞서는 역전 현상이 나타났다. 이는 전체 시장 점유율만으로는 경쟁우위를 온전히 평가할 수 없음을 보여준다.

표 3-1 삼성전자 DS부문 vs. SK하이닉스 실적 비교 (2017-2024)

연도	구분	삼성전자 (DS 부문)	SK 하이닉스	비고
2017	매출(조원)	74.36	30.1	슈퍼사이클 진입, 역대 최대 실적
	영업이익 (조원)	35.2	13.8	

	D램 점유율 (%)	44.9	27.9	
	낸드 점유율(%)	37.2	10.5	
2019	매출(조원)	52.4	27.0	메모리 다운사이클 시작
	영업이익 (조원)	14.0	2.7	
	D램 점유율 (%)	43.7	28.6	
	낸드 점유율(%)	35.9	9.6	
2021	매출 (조원)	94.2	43.0	서버 수요 강세로 실적 반등
	영업이익 (조원)	29.2	12.41	
	D램 점유율 (%)	42.7	28.1	
	낸드 점유율(%)	34.5	19.1	SK하이닉스, 인텔 낸드 사업부 인수
2022	매출(조원)	102.3	44.7	메모리 시장 하강 국면 진입
	영업이익 (조원)	23.8	7.0	
	D램 점유율 (%)	45.1	29.1	
	낸드 점유율(%)	34.3	18.2	
2023	매출(조원)	66.6	32.8	역대급 불황, 양사 대규모 적자 기록
	영업이익 (조원)	-14.9	-7.7	HBM 등 AI 메모리 수요 부각
	D램 점유율 (%)	41.5	31.1	
	낸드 점유율(%)	31.4	20.6	
2024	매출(조원)	111.1	66.2	AI 메모리(HBM) 수요 폭증으로 양사 흑자 전환
	영업이익 (조원)	15.1	23.5	SK하이닉스가 HBM 시장 주도하며 수익성 역전
	D램 점유율 (%)			
	낸드 점유율(%)			

출처: 각 사 사업보고서, 시장조사업체(Omdia, TrendForce 등) 자료 종합. (매출 및 영업이익은 반올림 값이며, 시장 점유율은 조사 기관 및 시점에 따라 일부 차이가 있을 수 있습니다.)

그렇다면 메모리 반도체 산업의 진정한 경쟁우위는 누구에게 있는 것일까? 전체 시장점유율 1위인 삼성전자일까, 아니면 특정 고부가가치 시장을 장악한 SK하이닉스일까? 이 사례는 경쟁우위가 단일한 척도로 측정될 수 없으며, 시장 상황과 경쟁의 차원에 따라 다르게 해석될 수 있음을 보여준다. 전체 시장점유율은 삼성전자가 높지만(규모의 우위), 특정 시점의 수익성이나 핵심 기술력(HBM)에서는 SK하이닉스가 앞서 나갔다. 이는 경쟁의 본질이 단순히 '누가 더 많이 파는가'가 아니라, '누가 더 높은 가치를 창출하고 있는가'에 달려 있음을 명확히 보여준다. 이 질문에 답하기 위해 우리는 경쟁우위를 더 깊이 있게 분석하는 틀이 필요하다.

3-2 경쟁우위의 정의와 B-C 프레임워크

경영전략에서 '지속적 경쟁우위의 달성'은 기업이 추구해야 할 지상 과제와 같다. 그렇다면 경쟁우위란 정확히 무엇을 의미하는가?

경쟁우위(competitive advantage)는 '경쟁력(competitiveness)'이나 '비교우위(comparative advantage)'와는 다른 개념이다. 경쟁력은 국가, 산업, 기업 등 모든 차원에서 비교 가능한 일반적인 효율성이나 생존 가능성을 의미한다. 비교우위는 국가 간 무역에서 생산의 기회 비용 차이를 설명하는 개념이다. 반면, 경쟁우위는 반드시 같은 시장(산업) 내에 존재하는 기업 간의 비교에만 사용된다. 따라서 다른 산업에 속한 SK하이닉스와 포스코의 경쟁우위를 비교하는 것은 적절하지 않다.

경쟁우위는 주어진 시장에서 한 기업이 다른 경쟁 기업들보다 더 높은 경제적 가치(economic value)를 창출할 때 존재한다고 정의된다(Brandenburger & Stuart, 1996). 여기서 경쟁우위의 크기는 자사가 창출하는 가치와 경쟁사가 창출하는 가치의 차이(gap in value)로 측정할 수 있다.

이 경제적 가치를 분석하는 핵심 도구가 바로 'B-C 프레임워크'이다([그림 3-1]을 참조하시오). 가치는 단순히 구매자가 느끼는 편익(benefit, B)이 높은 것을 의미하지 않는다. 그것은 구매자 편익(B)에서 그 제품을 생산하는 데 들어간 원가(cost, C)를 뺀 값, 즉 경제적 가치(economic value) V 는 "V = B - C"로 정의된다. 편익(B)은 구매자의 관점에서, 원가(C)는 생산자의 관점에서 정의된다. 많은 기업들이 경쟁우위 판단에 실패하는 이유는 생산자의 관점에 매몰되어 구매자가 느끼는 편익을 정확히 이해하지 못하기 때문이다.

창출된 경제적 가치(V=B-C)는 시장 가격(price, P)에 의해 구매자와 생산자에게 배분된다. 구매자는 '소비자 잉여'(B-P)만큼의 가치를 얻고, 생산자는 '생산자 잉여'(P-C)만큼의 이익(마진)을 얻는다. 따라서 경제적 가치는 소비자 잉여와 생산자 잉여의 합(V = (B-P) + (P-C))과 같다.

그림 3-1 B minus C (= Value) 프레임웍

B minus C (= Value) 프레임웍

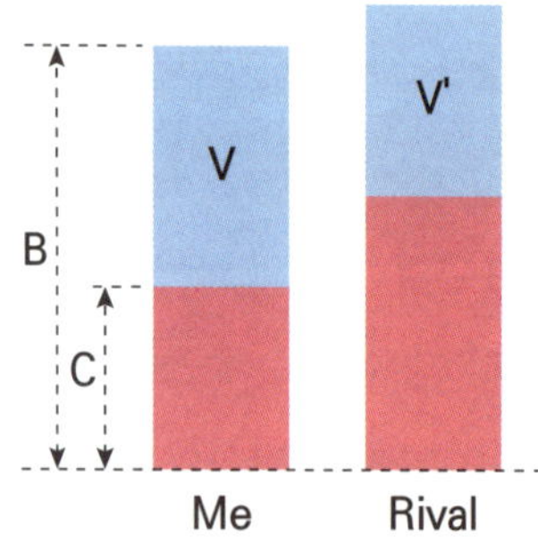

Economic Value (V)

- V= B-C=(B-P)+(P-C)
- 가치는 구매자와 생산자에 배분됨
- 구매자 가치와 생산자 가치의 상대적 크기는 가격에 의해 결정됨
- Me 의 경쟁우위의 크기는 (V - V') 로 Price 와는 관계없고 B 나 C의 크기의 상대적 대소에 의해 결정됨

학술 연구 개요 3-1

가치기반 경영전략(Brandenburger& Stuart, 1996)

✿ 연구 배경

이 연구는 경영전략의 핵심 개념인 '가치(value)'를 엄밀하게 정의하고, 이를 바탕으로 전략 수립의 토대를 제공하고자 했습니다. 기존의 논의들이 종종 기업 자체만을 가치 창출의 주체로 보는 경향이 있었던 반면, 이 연구는 공급자, 기업, 구매자를 잇는 전체 수직적 사슬(vertical chain)이 함께 가치를 창출한다는 점을 강조합니다. 또한, 기업 간의 상호작용을 분석하는 데 있어 전통적인 산업조직론의 비협력 게임이론(noncooperative game theory) 대신, 보다 유연한 상호작용을 포착할 수 있는 협력 게임이론(cooperative game theory)을 분석의 틀로 도입했다는 점에서 새로운 접근법을 제시합니다.

✿ 핵심 연구 질문

- 비즈니스 맥락에서 '가치'란 정확히 무엇이며, 어떻게 창출되는가?
- 창출된 가치는 공급자, 기업, 구매자 사이에서 어떻게 배분되는가?
- 기업이 창출된 가치의 일부를 성공적으로 확보(capture)하기 위한 조건은 무엇인가?

✿ 자료 및 사례

본 연구는 특정 실증 데이터를 분석하기보다는, 협력 게임이론에 기반한 개념적 모델과 논리를 설명하기 위한 가상적이고 양식화된 예시(stylized examples)들을 활용하여 이론을 전개합니다.

✿ 주요 연구 결과

이 연구는 가치 창출과 분배에 대한 명확한 정의를 제시합니다. 첫째, 총 창출 가치(value created)는 구매자의 최대지불의사액(willingness-to-pay)에서 공급자의 기회비용(opportunity cost)을 뺀 값으로 정의됩니다. 이는 가치가 기업 단독이 아닌, 공급자와 구매자를 포함한 전체 시스템에 의해 만들어짐을 의미합니다. 둘째, 기업이 확보할 수 있는 가치의 상한선은 그 기업의 '부가 가치(added value)'에 의해 결정된다는 점을 밝혔습니다. 기업의 부가 가치는 '모든 참여자가 함께 있을 때 창출되는 총 가치'에서 '해당 기업을 제외한 나머지 참여자들이 창출할 수 있는 가치'를 뺀 값으로 계산됩니다. 즉, "내가 이 게임에 참여함으로써 순수하게 증가하는 가치는 얼마인가?"를 의미합니다. 셋째, 기업이 긍정적인(+) 부가 가치를 갖기 위해서는 반드시 경쟁사들과의 '비대칭성(asymmetry)'이 존재해야 함을 논증했습니다.

전략적 함의

이 연구는 기업이 가치를 확보하기 위해서는 반드시 '부가 가치'를 창출해야 한다는 점을 명확히 합니다. 따라서 전략의 핵심은 경쟁사와 유리한 '비대칭성'을 만들어내는 활동에 집중해야 합니다. 이 연구는 구매자의 최대지불의사액을 높이는 것(고객 측면)과 공급자의 기회비용을 낮추는 것(공급자 측면)이 가치 창출에 동일하게 중요함을 보여줌으로써, 전통적으로 구매자에게 편중되었던 전략적 사고의 균형을 맞추도록 합니다. 결국, 가치기반 전략이란 공급자와 구매자 양쪽 모두와의 관계 속에서 자사만의 고유한 비대칭성을 구축하여 부가 가치를 극대화하는 과정이라고 할 수 있습니다.

출처: Brandenburger, A. M., & Stuart Jr, H. W. (1996). Value-based business strategy. Journal of Economics & Management Strategy, 5(1), 5-24.

3-3 B-C 프레임워크의 응용: '시원해' vs. '달콤해' 가상 사례

B-C 프레임워크를 구체적인 가상 사례를 통해 이해해 보자. 음료 시장에서 '시원해'와 '달콤해' 두 제품만 경쟁하고 있다고 가정한다([그림 3-2]를 참조하시오).

- 가격(P): 두 제품 모두 700원
- 편익(B): 시원해 800원, 달콤해 900원
- 원가(C): 시원해 300원, 달콤해 500원

이 상황에서 두 가지 질문을 던질 수 있다. 첫째, 어느 제품이 경쟁우위를 가지는가? 둘째, 시장점유율은 어떻게 될 것인가?

- 경쟁우위 판단: 경쟁우위는 경제적 가치(B-C) 차원의 대소로 판단한다.
- 시원해의 가치: 800 - 300 = 500원
- 달콤해의 가치: 900 - 500 = 400원

따라서 경제적 가치가 100원 더 높은 **시원해**가 경쟁우위를 가지며 그 경쟁우위의 크기는 100원 만큼이다.

- 시장점유율 예측: 시장점유율 변화는 소비자 잉여(B-P)에 의해 결정된다.
  - 시원해의 소비자 잉여: 800 - 700 = 100원
  - 달콤해의 소비자 잉여: 900 - 700 = 200원

소비자 입장에서는 달콤해를 구매하는 것이 100원 더 이득이므로, 합리적인 소비자들은 달콤해를 선택할 것이다. 따라서 달콤해의 시장점유율은 증가할 것이다(<표 3-2>를 참조하시오).

그림 3-2 시원해와 달콤해의 B minus C 포지션

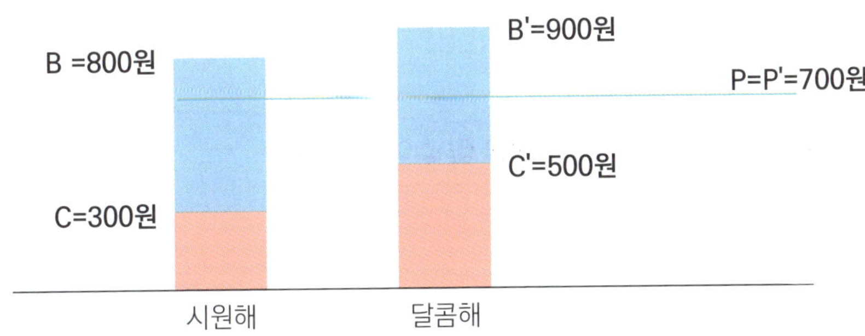

표 3-2 시원해와 달콤해의 B-C 분석 요약

	시원해	달콤해
B	800	900
P	700	700
C	300	500
B-C	500, 경쟁우위	400, 경쟁열위
B-P	100, MS감소	200, MS증가
P-C	400	200
수익성 = (P-C)/P	400/700, 수익성 우세	200/700, 수익성 열세

이 사례는 중요한 역설을 보여준다. 경쟁우위(높은 B-C)를 가진 시원해는 단위당 생산자 이익은 400원으로 높지만, 소비자 잉여가 낮아 시장에서 외면받을 수 있다. 반면 경쟁열위(낮은 B-C)에 있는 달콤해는 생산자 이익은 200원으로 낮지만, 높은 소비자 잉여 덕분에 시장 전체를 점유할 수도 있다.

그렇다면 경쟁우위를 가진 시원해는 속수무책으로 시장을 내줘야만 하는가? 그렇지 않다. 시원해는 100원이라는 경쟁우위의 크기만큼 가격을 조정할 수 있는 '전략적 자유도'를 가진다. 예를 들어, 달콤해의 가격이 700원으로 고정일 때 시원해가 가격을 500원 초과 600원 미만으로 설정하면, 달콤해보다 더 높은 소비자 잉여와 더 높은 생산자 이익을 동시에 달성하며 수익성과 시장점유율 성장이라는 두 마리 토끼를 모두 잡을 수 있다. 이처럼 경쟁우위는 기업에게 더 큰 시장 파이를 창출하고, 이를 바탕으로 성장과 수익성을 동시에 추구할 수 있는 전략적 유연성을 제공한다.

[심화학습] 경쟁우위와 시장점유율 및 수익성의 관계

경쟁기업들의 시장점유율과 수익성은 경쟁우위 변화의 결과이다. 그러나 소비자 잉여(B-P)가 더 높은 제품이 즉시 시장을 장악하지 못하는 경우가 많다. 이는 다음과 같은 시장의 '마찰 요소(friction factors)' 때문이다.

- 제한된 시간: 소비자들이 새로운 가치를 인지하고 구매 패턴을 바꾸는 데는 시간이 걸린다.
- 소비자의 관성(inertia): 소비자들은 기존에 사용하던 제품을 습관적으로 계속 사용하려는 경향이 있다.
- 정보의 비대칭성(information asymmetry): 새로운 제품의 우월한 가치에 대한 정보가 모든 소비자에게 제대로 전달되지 않을 수 있다.
- 포획된 구매자(captured customers): 특정 유통망이나 계약 관계 등으로 인해 소비자가 다른 제품으로 전환하기 어려울 수 있다.

3-4 사례 토의: 바른세상병원의 미션 기반 전략[1]

기업의 목적이 이윤 극대화가 아닐 때에도 경쟁우위를 달성할 수 있을까? 경기도 성남시에 위치한 바른세상병원의 사례는 이에 대한 긍정적인 답을 제시한다. 2004년 개원한 이 병원은 서동원 원장의 확고한 미션, 즉 '바른 진료'라는 가치를 최우선으로 삼았다. 이는 당시 의료계의 평균적인 관행, 즉 수익성을 우선시하는 경향과는 다른 길이었다.

바른세상병원의 미션은 '환자가 중심이 되어 비수술과 수술의 조화를 이룬 최선의 치료법을 제공하는 것'이다. 서 원장은 재활의학과 정형외과 복수 전문의로서의 전문성을 바탕으로, 불필요한 수술을 지양하고 환자 개개인에게 가장 적합한 치료를 제공하는 것을 원칙으로 삼았다. 개원 초기, 환자 수가 적어 경영난을 겪었을 때도 그는 단기적인 수익을 위해 과잉 진료의 유혹에 빠지지 않았나. 대신, 횐지 한 명 한 명에게 충분한 시간을 들여 상태를 설명하고 최적의 치료 계획을 세우는 데 집중했다. 이를 위해 병원매출 수준에 비해 봉직의를 다른 병원보다 더 많이 투입함으로써 의사 한 명이 감당해야 하는 환자 부담을 줄였고, 이는 자연스럽게 환자 만족도 상승과 긍정적인 입소문으로 이어졌다.

이러한 미션 기반의 접근은 B-C 프레임워크 관점에서 다음과 같이 해석될 수 있다.

- 편익(B)의 극대화: 바른세상병원은 '정확한 진단과 최적의 치료'라는 핵심적인 의료 서비스의 질을 높여 환자의 편익(B)을 극대화했다. 이는 단순히 수술 기술의 우월성을 넘어, 환자의 삶의 질까지 고려하는 전인적인 치료 접근을 포함한다. 또한, 청소년 국가대표팀 팀닥터 활동, 최신 의료 장비(체외충격파치료기 등)의 선도적 도입 등은 병원의 전문성에 대한 신뢰를 높여 무형적 편익을 강화했다.
- 원가(C)의 최적화: 불필요한 수술을 줄이는 것은 환자의 의료비 부담을 낮출 뿐만 아니라, 병원 입장에서도 과도한 의료 자원의 낭비를 막아 장

기적으로 원가 구조를 최적화하는 효과를 가져왔다.

결과적으로 바른세상병원은 '바른 진료'라는 미션을 고수함으로써 환자들에게 높은 가치(B-C)를 제공했고, 이는 환자들의 입소문을 통해 강력한 경쟁우위로 이어졌다. 이러한 환자들의 신뢰를 바탕으로 바른세상병원은 지속적으로 성장하여, 보건복지부로부터 4회 연속 관절전문병원으로 지정받는 등 척추·관절 분야에서 높은 전문성을 인정받게 되었다. 이 사례는 기업의 목적이 이윤 극대화가 아니더라도, 확고한 미션과 가치에 기반한 전략이 어떻게 지속 가능한 성장과 경쟁우위를 창출할 수 있는지를 명확히 보여준다.

3-5 경쟁우위 추구와 기업의 목적

기업이 경쟁우위를 추구한다는 것은 무엇을 의미하는가? 이는 단순히 이윤을 추구하는 것을 넘어, 경쟁자보다 더 사회적으로 가치 있는 제품이나 서비스를 만들어 사회 전체의 후생(social welfare) 증대에 기여하는 것이다. 높은 경제적 가치를 창출하는 기업이 궁극적으로 시장에서 승리하며, 이러한 가치 기반의 경쟁은 모든 경제 이해관계자의 이익을 증진시키는 '선의의 경쟁'이라 할 수 있다.

GE, 도요타, 애플, 구글과 같은 기업들은 시장 독점력에 의존하기보다, 세상에 없던 더 가치 있는 제품과 서비스를 만들어내는 혁신을 통해 성장했다. 시장은 그들의 혁신적 노력에 대해 단기적인 독점적 지위를 허락했고, 이를 통해 그들은 높은 수익성과 시장점유율이라는 두 마리 토끼를 얻었던 것이다.

결론적으로 기업의 목적이 이윤 극대화여야 할 이유는 없다. 오히려 지나치게 이윤극대화를 추구한다면 기업의 존속을 위태롭게 하고 장기적 성과를 저해할 수 있다. 주어진 시장에서 가장 가치 있는 제품과 서비스를 끊임없이 제공함으로써 지속적 경쟁우위를 확보하면, 이익과 성장은 자연스럽게 따라온다는 것이 가치기반 전략이론의 핵심이다.

3-6 연습: 커피전문점 시장의 경쟁우위 분석

이번 장에서 학습한 B-C 프레임워크를 실제 시장에 적용하여 경쟁우위를 분석하는 과제를 수행해 보자. 분석 대상은 우리 주변에서 쉽게 접할 수 있는 커피전문점 시장이다.

과제 목표

국내 주요 커피전문점 프랜차이즈들의 경쟁우위를 B-C 프레임워크를 통해 분석하고, 각 브랜드의 전략적 포지셔닝을 이해한다.

분석 방법

설문조사 결과 수집된 데이터를 활용하여 주요 커피전문점의 B(편익)와 C(원가)를 추정한다.

1. 편익(B) 추정(일반 소비자 대상 설문)

- 기준 설정: 스타벅스 커피전문점이 판매하는 다양한 음료 중에서 대표적이면서 타 커피전문점과 비교가능한 음료인 아메리카노(톨 사이즈, 핫)의 실제 가격은 4,500원이다. 이 스타벅스 제품의 Benefit(B), 편익(제품, 매장 분위기, 서비스 등 포함)을 100으로 가정한다.
- 최대지불의사액(WTP) 조사: "상상해 보세요, 당신은 스타벅스에서 아메리카노 한 잔과 함께 약 1시간 동안, 중요한 업무에 집중했거나 친구와 매우 만족스러운 대화를 나눴습니다. 이제 자리에서 일어나며, 방금 경험한 커피, 그리고 그 시간과 공간이 준 가치를 돈으로 환산해본다고 가

정해 봅시다. 이 만족스러운 전체 경험에 대해, 당신이 기꺼이 지불했을 (아메리카노 한 잔 기준) 최대 금액은 얼마인가요? (금액을 100원 단위로 적어주세요. 예: 7,200원)"라는 질문을 통해 스타벅스의 편익(B)을 추정한다. 2025년 9월 20~50대 남녀 190명에 대한 설문조사결과 위의 문항에 대한 평균지불의사액은 6,987원으로 조사되었다. 그렇다면 스타벅스의 Benefit 값을 6,987원으로 추정할 수 있다.

- PPI (Premium Price Index)를 이용한 상대적 편익(B) 평가: 설문지를 통해 설문응답자가, 프리미엄 브랜드인 스타벅스의 편익을 100이라고 할 때, 다른 커피전문점들의 상대적인 편익을 점수로 평가토록 한다. (예 A 커피전문점이 90점으로 평가되었다면, A의 편익(B)은 스타벅스가 6,987원일 때 100점이므로 90점인 경우 6,987*0.9 = 6,288 원으로 계산)
- 세부 속성 평가: 커피전문점 별로 가격수준, 음료다양성, 디저트 품질, 공간 쾌적성 등 세부 항목에 대해 리커트 5점 척도(매우낮다(1)-낮다(2)-보통(3)-높다(4)-매우 높다(5))로 평가하여 편익의 구체적인 원천을 분석한다.

2. 원가(C) 추정(전문가/사업자 대상 설문)

- 기준 설정: 스타벅스 아메리카노 커피 한 잔의 원가를 100으로 설정한다.
- 상대적 원가(C) 평가: 스타벅스를 기준으로 다른 커피전문점들의 상대적 원가를 점수로 추정한다.
- 상대적 원가를 평가할 수 있는 전문가가 필요한데 당장 주위에 없다면, **평균적인** 커피전문점의 매출대비 마진율을 조사한다. 예를들어 마진율이 15%라면 매출의 85%가 원가라고 볼 수 있으므로 특정 커피전문점의 (아메리카노 한잔의) 원가는 가격이 6,000 원이라면 6,000*0.85=5,100 원으로 추정할 수 있다.

▶ 결과 분석 및 보고서 작성

- B-C 데이터 정리: 수집된 설문 데이터를 바탕으로 아래 <표 3-3>와 같이 각 커피 전문점의 B, C, P(실제 가격) 값을 정리하고, 이를 통해

B-C(경제적 가치), B-P(소비자 잉여), P-C(생산자 잉여)를 계산한다.

표 3-3 커피전문점 B-C 추정 예시

커피점	Benefit (B)	Price (P)	Cost (C)	B-C (가치)	B-P (소비자잉여)	P-C (생산자 잉여)
스타벅스	6987	4500	3600	3387	2487	900
이디야	4800	3200	2560	2240	1600	640
메가커피	3600	1500	1200	2400	2100	300

- 경쟁우위 분석
  - 어떤 커피전문점이 가장 높은 경제적 가치(B-C)를 창출하는가?
  - 각 커피전문점의 경쟁우위 유형(차별화 우위, 원가 우위, 이중 우위 등)은 무엇인가?
  - 소비자 잉여(B-P)와 생산자 잉여(P-C)의 분배는 각 브랜드별로 어떻게 다른가? 이를 통해 각 브랜드의 가격 전략(고가 전략, 저가 전략 등)을 추론해보시오.
  - 세부 속성 평가 결과를 바탕으로 각 브랜드의 강점과 약점을 분석하고, 향후 차별화 전략 방향을 제시하시오.

※ 커피전문점 경쟁우위 분석 및 경쟁전략수립을 위한 설문조사 분석 엑셀 파일이 www.strategy-park.com "가치기반 전략경영 - 학습자료 게시판"에 게시되어 있다(위의 QR코드로 연결됨).

요 / 약

경쟁우위는 주어진 시장에서 기업이 경쟁사보다 더 높은 경제적 가치(V=B-C)를 창출할 때 발생하며, 그 크기는 가치의 차이로 측정된다. 높은 B-C를 가진 기업이 반드시 높은 시장점유율을 확보하는 것은 아닌데, 소비자 잉여(B-P)와 시장의 마찰 요소(소비자 관성, 정보 비대칭성 등)가 시장점유율의 증감을 결정하게 된다. 현재 시장점유율이 1% 미만이라도 경쟁우위가 있는 기업일 수도 있고 시장점유율이 99%라도 경쟁열위에 있을 수 있다. 시장점유율이 제로였던 애플은 아이폰출시로 핸드폰시장에서의 경쟁우위를 단번에 달성했고 시장점유율 기준으로 글로벌 1위였던 노키아는 단번에 경쟁우위를 잃었다. 경쟁우위가 있는 기업은 적절한 가격설정을 통해 수익성 우위와 시장점유율 성장을 동시에 추구할 수 있다. 궁극적으로 경쟁우위의 추구는 기업의 이윤을 넘어 사회 전체의 후생을 증진시키는 가치 창출 활동이며, 바른세상병원의 사례처럼 확고한 미션에 기반할 때 더욱 강력하고 지속 가능해질 수 있다.

지금까지 경쟁우위의 본질을 B-C 프레임워크를 통해 이해했다. 그렇다면 이러한 경쟁우위는 어떤 유형으로 나타나며, 우리는 이를 어떻게 객관적으로 측정하고 전략에 응용할 수 있을까? 제4장에서는 경쟁우위의 구체적인 유형과 측정 방법에 대해 심도 있게 알아본다.

생각해 볼 문제

1 B-C 프레임워크가 제2장에서 배운 '전략적 삼각형(자사, 고객, 경쟁사)' 개념과 어떻게 상호 연결되는지 설명하시오. 기업은 B-C 분석을 활용하여 전략적 삼각형 내에서 효과적인 포지셔닝을 어떻게 달성할 수 있을까?

보충설명

1 이성호, 김상순 (2018)이 저술한 경영사례, “올바른 마음과 능숙한 손으로 - 바른세상병원의 미션 기반 전략”을 참조하여 작성하였음.

참고문헌

Brandenburger, A. M., & Stuart Jr, H. W. (1996). Value-based business strategy. Journal of Economics & Management Strategy, 5(1), 5-24.

Besanko, D., Dranove, D., Shanley, M., & Schaefer, S. (2007). Economics of Strategy. John Wiley & Sons.

이성호, & 김상순. (2018). *올바른 마음과 능숙한 손으로 - 바른세상병원의 미션 기반 전략.* 아산나눔재단.

CHAPTER 04

경쟁우위의 판단과 응용

4-1 경쟁우위의 네 가지 유형

4-2 수익성과 시장점유율 변화로 경쟁우위 판단하기

4-3 경쟁의 넓이와 깊이에 따른 경쟁우위 변화

4-4 경쟁우위 판단과 응용의 지침

4-5 경쟁우위의 측정 방법

경쟁우위의 판단과 응용

앞서 우리는 경쟁우위의 본질이 경쟁사보다 더 높은 경제적 가치(B-C)를 창출하는 데 있음을 확인했다. 하지만 모든 기업이 동일한 방식으로 가치를 창출하는 것은 아니다. 어떤 기업은 압도적인 원가 절감으로, 다른 기업은 누구도 따라올 수 없는 품질로 시장을 지배한다. 저가 항공사와 프리미엄 항공사 중 진정한 승자는 누구일까? 시장점유율이나 단기 수익성만으로는 알 수 없는 경쟁우위의 다양한 얼굴들은 어떤 모습일까?

이번 장에서는 경쟁우위의 구체적인 유형을 배우고, 이를 어떻게 측정하고 분석할 것인지에 대해 다룬다. 경쟁우위의 유형을 분류하고, 분석 시 유의할 점을 살피며, 실제 B(편익)와 C(원가)를 측정하는 방법을 학습한다.

4-1 경쟁우위의 네 가지 유형

마이클 포터는 경쟁우위의 유형을 크게 네 가지로 분류했다(Porter, 1985). 이는 '경쟁의 범위(넓은 시장 또는 좁은 틈새시장)'와 '추구하는 경쟁우위의 유형(원가 또는 차별화)'이라는 두 축을 기준으로 나뉜다(<표 4-1>을 참조하시오).

표 4-1 포터의 본원적 전략

추구하는 경쟁우위의 유형			
구분		비용 또는 원가 우위, C 감소 추구	차별화 또는 B 증대 추구
경쟁의 범위	세분된 범위 (특정 니치 시장)	집중된 원가주도 (focused cost leadership)	집중된 차별화 (focused differentiation)
	넓은 범위 (전체 산업)	원가주도 (cost leadership)	차별화 (differentiation)

출처: Porter (1985, p.12)

- 원가 우위 전략(cost leadership): 넓은 시장을 대상으로 경쟁사보다 낮은 원가를 통해 경쟁우위를 확보하는 전략이다.
- 차별화 전략(differentiation): 넓은 시장을 대상으로 제품이나 서비스의 독특한 가치(높은 B)를 제공하여 경쟁우위를 확보하는 전략이다.
- 집중된 원가 우위(focused cost leadership): 특정 틈새시장에 집중하여 원가 우위를 추구하는 전략이다.
- 집중된 차별화(focused differentiation): 특정 틈새시장에 집중하여 차별화를 추구하는 전략이다.

예를 들어, 초기 현대자동차는 소형 승용차 시장에 집중하며 원가 우위를 추구하는 '집중된 원가주도' 전략을 사용했다. 1990년대 이후에는 포니뿐만 아니라 소나타, SUV까지 생산하며 모든 세분 시장에서 원가 우위를 추구하는 '원가주도' 전략으로 확장했다. 2010년대에 들어서는 자체 엔진 개발 등 기술력에 자신감을 얻으면서, 가격 인하보다는 품질 보증과 고객 서비스를 통한 '차별화' 전략으로 전환했다. 이처럼 기업의 전략은 시장 상황과 역량 변화에 따라 진화할 수 있다.

이러한 경쟁우위 유형을 B-C 프레임워크를 통해 [그림 4-1]과 같이 시각적으로 표현할 수 있다.

그림 4-1 다양한 경쟁우위의 B-C 포지션

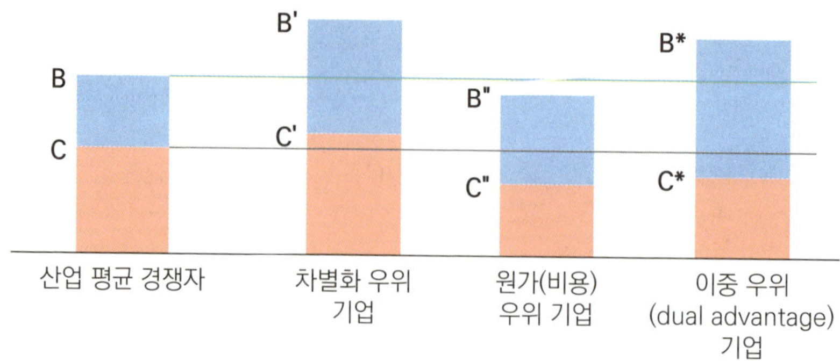

경쟁우위는 산업 평균과 비교하기도 하고 1:1로 기업 대 기업 비교 개념으로도 사용되기도 한다. [그림 4-1]의 경우는 산업평균 대비 개념이다. 산업평균 경쟁자 대비 경쟁우위를 갖는 3가지 케이스를 그림으로 나타낸 것이다. 모두 B-C가 산업평균 경쟁자의 B-C보다 크다. 이때 경쟁우위 정도와 유형을 결정할 때 Price 는 영향력을 갖지 못함을 알 수 있다. 그러나 현실에서는 B, C를 모를 때가 많으므로 B, C 대용으로 Price가 사용되기도 한다.

차별화 우위를 가지려면 제품 질 B의 갭, 즉 자사와 경쟁자간 B의 격차가, 자사와 경쟁자간 C의 갭보다 커야 한다. 품질이 우수하다고 해서 원가가 더 많이 들면 이는 실패한 "차별화"이다. 휴대폰에 다이아몬드를 박고 차별화에 성공했다고 하는 꼴이다.

[그림 4-2]에서와 같이 경쟁기업간의 B, C 크기의 비교에 따라 경쟁우위 여부와 경쟁우위의 유형을 판별할 수 있다. 원가우위는 원가의 감소액이 B의 감소보다 커야 한다. 즉 원가를 절감하는 것은 좋으나 고객편익이 더 감소하면 실패한 "원가 우위추구 전략"이다. 저가항공을 한다고 해서 아주 저렴하지만 참을 수 없을 정도로 소음이 많은 프로펠라 중고 비행기를 사용하는 것은 원가(C)는 줄일지 모르나 고객입장에서 소음과 중고 프로펠라의 이미지는 여행의 안전성에 치명적 영향을 주어 편익(B)을 대폭 낮추게 된다. 이는 전반적 가치의 감소로 이어져 원가우위를 가질 수 없게 된다.

그림 4-2 경쟁우위 유무 및 유형 판별법

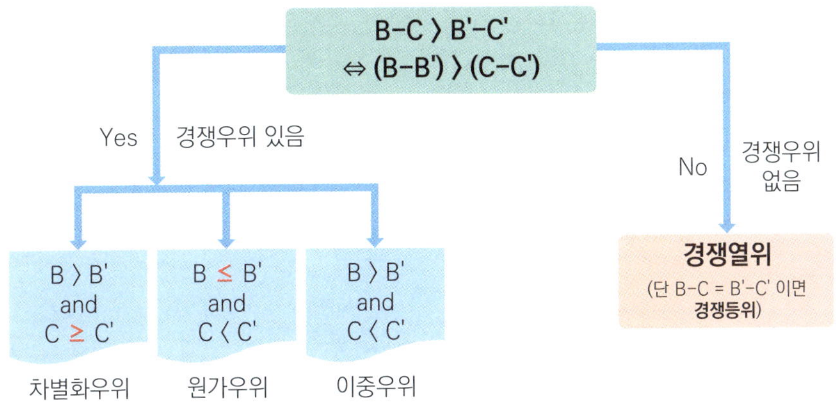

이중우위는 더 높은 고객편익을 더 낮은 원가에 제공하는 제품 또는 서비스를 공급하는 기업이 갖게 된다. 이러한 이중우위는 언제 유지되고 언제 발생하는 것일까? Porter(1985, pp. 19-20)에 의하면 다음의 세 가지 특수한 상황에서는 기업이 이중우위를 확보할 수 있다고 명시했다.

첫째, 새로운 혁신에 성공한 경우이다. 독자적인 기술 혁신이나 공정의 획기적 개선을 통해 기존의 비용-가치 곡선 자체를 이동시킴으로써 경쟁자가 도저히 따라올 수 없는 수준에서 원가를 낮추고 가치를 높이는 것이 가능해진다.

둘째, 경쟁 기업들이 모두 어중간한 상태로 차별화 우위나 원가우위를 달성하지 못한 경우이다. 산업 내 강력한 경쟁자가 없는 공백 상황에서는 한 기업이 상대적으로 두 가지 영역 모두에서 우월한 지위를 차지하는 것이 용이해진다.

셋째, 원가가 시장점유율이나 상호관련성에 크게 영향을 받는 경우이다. 특정 사업부의 차별화가 기업 전체의 규모의 경제를 유발하거나, 다른 사업부와의 자원 공유를 통해 비용을 분담할 수 있다면 차별화된 가치를 제공하면서도 낮은 원가 구조를 유지할 수 있는 토대가 마련된다.

예를 든다면, 3M, 애플 같이 끊임없이 혁신하는 기업이 존재하고 삼성전자 메모리 사업부 같이 20년 이상 이중우위를 유지하는 기업도 존재한다. 그러므로 현대 전략이론에서는 이중우위의 존재를 적극적으로 인정하고 이를 달성하는 것을 목표로 삼기도 한다.

4-2 수익성과 시장점유율 변화로 경쟁우위 판단하기

수익성이나 시장점유율은 기업 데이터를 통해 비교적 쉽게 파악할 수 있는 지표이다. 그러나 이러한 자료를 근거로 경쟁우위를 정확히 판단하려면 그 전제조건을 명확히 이해해야 한다.

수익성 비교로 경쟁우위를 판단할 수 있는 경우

기업 간 경쟁우위를 판단할 때 자산수익률(ROA), 매출수익률(ROS) 등의 수익성 지표를 흔히 사용한다. 산업 평균 대비 높은 수익성을 보이면 일반적으로 경쟁우위가 있다고 판단하지만, 이는 단편적인 해석일 수 있다. 다만 경쟁우위를 경쟁사간의 수익성 비교에 의해 판단할 수 있는 특정 상황이 존재한다.

B-C 프레임워크에서는 제품/서비스 단위당 경제적 가치(B-C)를 기준으로 경쟁우위를 파악한다. 이때 B-C = (B-P) + (P-C)이며, 이는 소비자잉여(B-P)와 생산자잉여(P-C)의 합으로 표현된다. 만약 산업 내 모든 기업이 동일한 소비자잉여(B-P)를 제공한다면, 생산자잉여(P-C)만으로 B-C를 판단할 수 있다.

이러한 상황은 가격차이가 제품/서비스 단위당 편익(B)차이와 동일한 경우로, 시장이 안정적이고 성숙하며, 제품/서비스의 품질이 소비자에게 잘 알려진 경우에서 발생한다. 예를 들어, 신사복이나 가구 시장처럼 소비자들이 가격을 품질의 직접적인 반영으로 인식하는 경우이다. 이 경우 "싼 게 비지떡, 비싼 게 궁중 떡"이라는 속담이 적용된다.

시장점유율 변화로 경쟁우위를 판단할 수 있는 경우

반대로, 시장점유율의 변화를 통해 경쟁우위를 판단할 수 있는 경우도 있다. 시장점유율은 소비자가 인식하는 소비자잉여(B-P)의 대소관계에 따라 결정되며, 이때 기업 간 마진(P-C)이 동일하다는 전제가 필요하다.[1]

모든 기업이 동일한 마진을 가지고 있다면, 소비자잉여가 높은 기업의 제품이 더 많이 선택되므로 시장점유율이 증가하게 된다. 이는 가격(P) 차이가 원가(C) 차이를 그대로 반영하는 상황으로, 예를 들어 규제 산업처럼 마진이 일정하게 유지되는 경우가 이에 해당한다. 가격을 원가보상차원에서 원가에 몇%의 마진을 추가하여 설정하는 원가 가산 가격설정(cost-plus pricing) 관행이 방위산업 또는 플랜트 산업 등에 존재한다. 이 경우에 시장점유률의 증가율이 가장 높은 기업이 경쟁우위(경제적 가치 또는 소비자잉여 차원에서)가 가장 높은 기업이다.

미국의 IPO 시장에서 투자은행들이 거의 동일한 마진(약 7%)을 유지하는 사례가 대표적이다. 이 경우 투자은행의 경쟁우위는 시장점유율 변화, 즉 얼마나 많은 IPO 딜에 참여했는가로 판단할 수 있다. 이는 곧 해당 서비스가 제공하는 소비자잉여의 크기를 나타내는 지표가 된다. Chen & Ritter(2000)는 7% 마진이 유지되는 현상을 경쟁 완화를 위한 투자은행들의 암묵적 담합의 결과로 해석하기도 했다.

판단이 어려운 경우

경제적 가치(B-C)를 추정하기 어려운 경우도 있다. 예컨대 가격차이가 품질(B)이나 원가(C) 차이를 반영하지 않는 경우이다. 다시 말해, 시장이 안정적이지 않거나 기업 간 마진(P-C)이 다른 경우, 수익성이나 시장점유율 하나만으로는 경쟁우위를 명확히 판단하기 어렵다. 신제품 출시가 빈번하고 다양한 경쟁자가 존재하는 시장이 이러한 예에 해당한다.

4-3 경쟁의 넓이와 깊이에 따른 경쟁우위 변화

경쟁우위를 갖고 있다고 투자가나 언론 등 주위에서도 인정하고 해당 기업 스스로도 경쟁우위 있는 기업이라고 자신하는 기업이 곧잘 실패하는 경우가 있다. 두 가지 유형의 실패원인이 있는데, 첫째는, 경쟁의 넓이(폭)에 대한 착시이다. 둘째로는, 경쟁의 깊이에 대한 착시이다. 경쟁의 넓이와 깊이 즉 경쟁 범위에 대한 경영진의 착시는 기업을 실패의 길로 인도할 수 있다.

그림 4-3 경쟁 범위의 넓이와 깊이

• 경쟁자의 범위
"Who are my competitors?"

• 가치사슬의 어디까지를 가치원천으로 ?
"Who are we as producers?"
"Who are my buyers?"

경쟁 범위 설정의 착시: 누구와 싸우고 있는가?

경쟁우위는 비교의 개념이므로 '누구와 비교하는가', 즉 경쟁의 범위를 어떻게 설정하느냐에 따라 그 판단이 극명하게 달라진다. 경쟁 범위에 대한 착시는 기업을 현실에 안주하게 만들거나, 반대로 불필요한 위기감에 젖게

하여 전략적 실패를 초래할 수 있다.

첫째, 경쟁의 넓이(breadth)에 대한 착시는 경쟁의 지리적, 산업적 경계를 어떻게 보느냐의 문제이다. 과거 국내 대기업들은 글로벌 시장에 본격적으로 진출하기 전까지 국내 기업들끼리만 비교하며 자신들의 경쟁우위에 안주하는 경향이 있었다. 그러나 1970년대 이후 수출 드라이브 정책으로 해외 시장을 경험하고, 1990년대부터는 세계 유수의 글로벌 기업들과 자신을 비교하기 시작하면서(넓은 경쟁 범위), 경쟁의 기준이 상향되었다. 이러한 경쟁 범위의 확대는 국내 기업들에게 현실을 직시하고 혁신에 박차를 가하는 강력한 자극제가 되었다. 반대의 사례로, 한때 휴대폰 시장을 지배했던 노키아와 모토로라는 경쟁의 범위를 기존 휴대폰 제조업체로만 한정하는 치명적인 실수를 저질렀다. 그들은 애플이나 구글 같은 소프트웨어 기업이 자신들의 경쟁자가 될 것이라고는 상상하지 못했다. 결국 스마트폰이라는 새로운 융합 트렌드를 놓치면서 시장의 주도권을 잃고 말았다. 이처럼 경쟁의 범위를 너무 좁게 보면 현실에 안주하여 방만 경영에 빠질 수 있고, 반대로 너무 넓게 보면(예 모든 대체재 포함) 항상 경쟁열위에 있다고 느껴 불필요한 위험을 감수하거나 조직의 피로도를 높일 수 있다.

둘째, 경쟁의 깊이(depth)에 대한 착시는 기업이 자신의 정체성을 가치사슬의 어느 깊이까지로 정의하느냐의 문제이다. 이는 '우리는 무엇을 하는 회사인가?'라는 근본적인 질문과 맞닿아 있다. 만약 자신을 단순히 '완제품 생산자'로만 정의한다면, 부품이나 콘텐츠 공급자는 단순한 비용 절감의 대상이 된다. 이 경우 기업은 단기적인 원가 절감을 위해 공급자를 압박하는 데 집중하게 될 것이다. 그러나 애플처럼 자신의 정체성을 '하드웨어, 소프트웨어, 콘텐츠가 결합된 완벽한 사용자 경험을 제공하는 생태계 창조자'로 깊게 정의하면 전략의 차원이 달라진다. 애플에게 아이팟은 단순한 MP3 플레이어가 아니었다. 그것은 아이튠즈라는 소프트웨어와 음반사들이 제공하는 콘텐츠가 결합된 거대한 음악 생태계의 관문이었다. 마찬가지로 아이폰의 성공은 기기 자체의 성능뿐만 아니라, 수많은 앱 개발자들이 참여하는 앱스토어라는 강력한 생태계가 있었기에 가능했다. 이 관점에서 앱 개발자나 콘텐츠 공급자는 비용 절감의 대상인 '공급자'가 아니라, 함께 파이를 키워나가야 할 '보완자(complementor)'이자 핵심 파트너가 된다. 이처럼 자신의 정체성을 깊이 있게 정의하는 것은 단기적 성과를 넘어 장기적인 산업 생태계 육성을 추구하게 만들며, 경제적 가치의 범위 또한 공급자, 종업원, 지역사회 등 더 많은 이해관계자를 포함하는 사회적 가치로 확장시킨다.

학술 연구 개요 4-1

산업 경계짓기의 정치성: 준거집단 선택의 두 얼굴
(Porac et al., 1999; Lee et al., 2020)

✿ 연구 배경

기업이 자신의 성과를 평가할 때 비교 대상으로 삼는 경쟁 기업들의 집합, 즉 '준거집단(reference group)'을 어떻게 선택하는가는 매우 중요합니다. 이 선택이 단순히 객관적인 정보에만 근거하는 것이 아니라 정치적 동기에 의해 좌우될 수 있음을 보여주는 두 연구가 있습니다.

✿ 핵심 연구 질문

기업은 성과 평가 시 비교 대상이 되는 준거집단을 어떻게 선택하며, 그 선택의 동기는 무엇인가?

✿ 자료 및 사례

Porac 등(1999)은 CEO 보상 데이터를, Lee 등(2020)은 다우존스 지수 기업 데이터를 분석했습니다.

✿ 주요 연구 결과

Porac 등(1999)의 연구는 CEO 보상 결정 과정에서 기업 이사회가 준거집단을 어떻게 활용하는지 분석했습니다. 연구 결과, 기업의 성과가 부진할 때 이사회는 자사의 성과가 상대적으로 더 좋아 보이도록 의도적으로 성과가 낮은 기업들을 비교 대상으로 선택하는 '하향비교(downward comparison)' 경향을 보였습니다. 이는 CEO에게 높은 보상을 지급하는 것을 주주들에게 정당화하려는 '자기보호적' 동기가 작용한 결과로 해석됩니다. 즉, 준거집단 선택이 객관적인 비교보다는 정치적인 도구로 사용될 수 있음을 보여줍니다. 반면, Lee, Rhee, Park (2020)의 연구는 다우존스 지수에 속한 우량 기업들을 대상으로 다른 결과를 제시했습니다. 이들 기업 역시 성과가 부진할 때 준거집단을 변경하는 경향이 있었지만, 그 방향은 정반대였습니다. 그들은 오히려 기존보다 더 성과가 좋은 기업들을 새로운 비교 대상으로 삼는 '상향 비교(upward comparison)'를 선택했습니다. 연구진은 이를 기업의 이미지를 제고하고, 더 높은 목표 설정을 통해 실제 성과 개선을 이루려는 '자기개선' 및 '인상 관리' 동기로 설명했습니다.

전략적 함의

이 두 연구는 상반된 결과를 보여주지만, 기업이 성과 부진에 직면했을 때 비교의 잣대가 되는 준거집단을 의도적으로 변경한다는 공통점을 시사합니다. 이는 경쟁의 범위와 경쟁우위에 대한 인식이 고정된 것이 아니라, 기업의 상황과 전략적 동기에 따라 유연하게 재구성될 수 있는 '정치적 과정'임을 명확히 보여줍니다.

출처: Porac, J. F., Wade, J. B., & Pollock, T. G. (1999). Industry categories and the politics of the comparable firm in CEO compensation. Administrative Science Quarterly, 44 (1), 112-144; Lee, J., Rhee, M., & Park, K. M. (2020). Looking backward through the looking glass: Reference groups and social comparison. Journal of Management & Organization, 26 (1), 110-131.

학술 연구 개요 4-2

위기설정과 조직학습:
현대자동차의 추격과정에서의 역량구축(Kim, 1998)

✿ 연구 배경

일반적으로 후발 기업이 선진 기술을 습득할 때는 리스크를 줄이기 위해 외국인 직접투자(FDI)나 합작투자를 선호합니다. 그러나 현대자동차는 창업 초기부터 경영권과 기술 주도권을 잃지 않기 위해 독자적인 길을 걸었습니다. 이 연구는 자원과 기술이 절대적으로 부족했던 한국의 자동차 기업이 어떻게 불과 30년 만에 세계적인 자동차 메이커로 성장할 수 있었는지, 그 학습의 메커니즘을 규명하고자 했습니다.

✿ 핵심 연구 질문

자원이 부족한 후발 기업이 선진 기업을 추격(catch-up)하는 과정에서, 어떻게 조직의 학습 속도를 가속화하고 단순 모방에서 창의적 혁신으로 전환할 수 있었는가?

✿ 자료 및 사례

1967년 회사 설립부터 포니(Pony) 개발, 그리고 1990년대 초반 독자 엔진(알파 엔진) 개발 성공에 이르기까지 현대자동차의 기술 발전 역사를 심층 분석했습니다.

✿ 주요 연구 결과

현대자동차는 기술 도입 초기부터 외국 기업과의 단순 합작투자 대신 독립적인 기술 내재화 노선을 추구했습니다. 이 과정에서 현대자동차가 활용한 독특한 전략은 바로 '의도적인 위기 조성(crisis construction)'입니다. 경영진은 조직의 안주를 경계하고 학습 노력을 극대화하기 위해, 의도적으로 달성하기 어려운 목표(예 독자 엔진 개발 선언)를 설정했습니다. 이러한 '내부적으로 만들어진 위기'는 조직 구성원들에게 명확한 목표를 제시하고, 단순 모방을 넘어 창의적 모방과 혁신으로 나아가도록 학습의 방향을 전환시키는 강력한 동기가 되었습니다. 또한 '위기'라는 인식은 구성원들의 몰입을 이끌어내고 문제 해결을 위한 노력의 강도를 극적으로 높였습니다.

전략적 함의

이 연구는 풍부한 자원이 혁신의 조건이라는 기존 서구 이론(여유 자원 가설)에 반론을 제기합니다. 후발 기업에게는 오히려 '결핍'과 '위기감'이 혁신의 강력한 촉매제가 될 수 있습니다. 전략가는 조직이 타성에 젖지 않도록 외부의 위협을 내부의 위기로 치환하거나, 높은 목표를 통해 인위적인 위기를 조성함으로써 조직의 역량을 한 단계 도약시킬 수 있습니다.

출처: Kim, L. (1998). Crisis construction and organizational learning: Capability building in catching-up at Hyundai Motor. Organization Science, 9 (4), 506-521.

그림 4-4 기업의 정체성 정의 차이에 따른 경제적 가치의 범위 확대

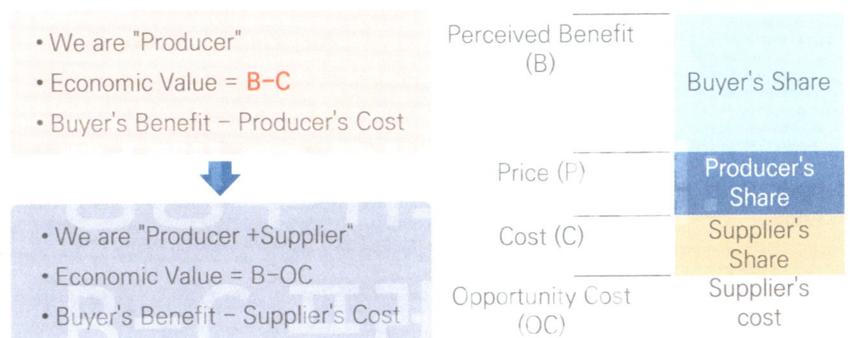

출처: Brandenburger & Stuart (1996, p. 12)의 Figure 1을 바탕으로 재구성함.

사업가치 분석의 이해관계자 모델

기업이 자신의 정체성을 어떻게 정의하느냐에 따라 창출하는 경제적 가치의 범위가 달라진다. 만약 경제적 가치를 모든 경제 참여자들의 이익 합으로 본다면, 공급자(supplier)까지 그 범위에 포함시켜야 한다. 이 경우, 경제적 가치는 소비자 잉여와 생산자 잉여의 합을 넘어 공급자 잉여까지 포괄하게 된다. 여기서 공급자 잉여란 생산자의 원가(C)에서 공급자의 기회비용(OC, Opportunity Cost)을 뺀 값이다. 따라서 확장된 경제적 가치는 B-C가 아닌 B-OC로 정의될 수 있다. 이는 공급자를 단순한 비용 절감의 대상이 아닌, 가치 창출의 핵심 파트너로 인식하는 관점의 전환을 의미한다. 노동, 자본, 지식 등 핵심 자원을 제공하는 공급자들의 이익을 고려하는 것은 기업의 장기적인 자원 확보와 안정성에 매우 중요하다.

이처럼 기업이 가치사슬 상에서 자신의 역할을 깊이 있게 해석할수록, 고려해야 할 이해관계자의 범위는 종업원, 공급자, 지역사회 등으로 자연스럽게 확장된다. 경제적 가치의 정의에 더 많은 이해관계자를 포함할수록, 그 가치는 사회적 가치(social value)에 가까워진다. 결국 이러한 관점에서 경쟁

우위를 추구하는 것은 장기적으로 사회 전체의 가치를 증대시키기 위해 경쟁하는 것과 같은 의미를 갖게 된다.

이해관계자를 어느 범위까지 고려하느냐에 따라 사업가치 분석 모델을 <표 4-2>와 같이 분류할 수 있다. S는 이해관계자(stakeholder)를, 숫자는 포함되는 이해관계자 유형의 수를 의미한다.

표 4-2 사업가치 분석의 이해관계자 모델

이해관계자	S1	S2	S3	S6	S7	S9
기업	●	●	●	●	●	●
구매자		●	●	●	●	●
공급자			●	●	●	●
종업원				●	●	●
경영자				●	●	●
채권자				●	●	●
주주					●	●
정부						●
지역주민 (환경, 안전, 행복 등)						●
잉여이익의 합계	생산자 잉여	경제적 가치	경제적 가치	경제적 가치	경제적 가치	사회적 가치

- S1 모델: 오직 기업(생산자)의 이익만을 고려하는 모델로, 전통적인 경제학의 이윤 극대화 가정과 같다.
- S2 모델: 생산자 잉여와 소비자 잉여의 합을 경제적 가치로 정의하는 일반적인 모델이다.
- S3 모델: S2 모델에 공급자의 이익까지 경제적 가치에 포함시킨다.
- S9 모델: 종업원, 경영자, 주주, 정부, 지역주민 등 모든 이해관계자의 이익을 포함하며, 이는 사회적 가치에 근접한 개념이다.

4-4 경쟁우위 판단과 응용의 지침

경쟁우위를 판단할 때 다음의 지침들을 종합적으로 고려해야 한다.

첫째, 시장점유율 변화 추이 또는 제품 단위당 이윤/마진을 경쟁사와 비교하여 종합적으로 판단해야 한다. 시장점유율은 증가 추세인지 감소 추세인지가 중요하며, 단위당 이윤은 경쟁사 대비 상대적 크기가 중요하다. 물론, 경제적 가치(B-C)를 직접 측정할 수 있다면 그것이 가장 이상적인 방법이다.

둘째, 경쟁우위의 유형은 경쟁사와의 편익-원가(B-C) 분석을 통해 진단해야 한다. 단순히 품질이 좋거나 가격이 싸다는 것만으로는 충분하지 않으며, 편익 증가분이 원가 상승분보다 큰지, 혹은 원가 절감분이 편익 감소분보다 큰지를 면밀히 따져보아야 한다.

셋째, 경쟁우위는 사업의 깊이와 넓이에 대한 이해를 떠나서는 제대로 정의될 수 없다. 경쟁우위는 B-C 프레임워크를 통해 구체적으로 정의될 수 있지만, 그 B와 C를 결정하는 사업 또는 시장의 경계는 분석가의 주관과 관점에 따라 달라질 수 있는 변화무쌍한 개념임을 인지해야 한다.

넷째, 경쟁의 깊이와 넓이에 대한 착오는 경쟁열위를 가져올 수 있다. 경쟁의 범위를 어떻게 정의하느냐는 분석가의 주관적 판단을 넘어, 기업의 정체성과 비즈니스 모델에 대한 근본적인 관점까지 포함하는 중요한 전략적 선택이다.

마지막으로, 이해관계자의 중요성이 커질 때는 가치의 범위를 확장해야 한다. 고객, 생산자, 공급자를 넘어 다른 이해관계자들의 이익까지 고려하여 경제적 가치보다 넓은 사회적 가치 기반의 경쟁우위를 추구해야 한다. S3 이해관계자 모델을 기본으로 하되, 상황에 따라 S4, S5를 거쳐 S9 모델까지 사업가치가 포괄하는 이해관계자의 범위를 넓히는 유연한 사고가 필요하다.

4-5 경쟁우위의 측정 방법

경쟁우위를 객관적으로 파악하기 위해서는 먼저 그 근간이 되는 경제적 가치(B-C)를 측정해야 한다. 왜냐하면 많은 경영자들이 자신의 기업 성과를 과대평가하는 '레이크 워비곤 효과(Lake Wobegon effect)[2]'에 빠지기 쉽기 때문이다. 손자병법에서 말하는 '지피지기 백전불태(知彼知己 百戰不殆)'의 지혜처럼, 경쟁사 대비 자사의 위치를 정확히 아는 것은 전략의 기본이다. B-C의 계량적 측정은 단기적 회계 지표보다 신뢰성 있는 장기 생존 가능성을 가늠하게 하고, 최적 가격 설정이나 투자 방향 결정 같은 구체적인 전략 수립을 가능하게 한다.

원가(C) 측정

경제적 가치 측정의 첫 단계는 원가(C)를 파악하는 것이다. 가장 이상적인 방법은 활동기준원가계산(Activity-Based Costing, ABC)을 사용하는 것이지만, 경쟁사의 세부적인 활동별 원가 데이터는 얻기 어렵다. 따라서 현실적인 대안으로 다음과 같은 방법을 사용할 수 있다.

첫째, 주요 비용 동인(key cost driver) 분석이다. 이는 전체 원가에서 큰 비중을 차지하는 핵심 비용 항목(예 인건비, 원자재비)을 파악하고, 해당 항목에서 경쟁사 대비 얼마나 우위 또는 열위에 있는지를 추정하는 방식이다. 예를 들어, 인건비가 총원가의 50%를 차지하고, 우리 회사의 인건비가 경쟁사보다 10% 저렴하다면, 인건비 항목에서만 약 5%(0.50*0.10)의 원가 우위를 가진다고 추산할 수 있다.

둘째, 원가 비교 점수표(cost comparison scorecard)를 활용하는 방법이다. 이는 계량화가 어려운 질적 요소를 포함하여 원가 구조를 종합적으로 비교하는 방법이다. 먼저 산업의 주요 비용 발생 요소(cost driver)를 모두 열거하고, 각 요소가 총 원가에 미치는 영향의 중요도를 5점 척도로 평가한다. 그 다음, 각 요소별로 자사의 상대적 위치를 경쟁사와 비교하여 5점 척도로 점수화한다. 마지막으로 '중요도'와 '상대적 위치' 점수를 곱하여 합산한다. 총점이 낮을수록 원가 경쟁력이 높음을 의미한다.

표 4-3 원가 비교 점수표 예시(S병원)

Cost Driver	중요도 (A)	기업의 상대적 위치 (B)	Cost Driver 점수 (A*B)
규모의 경제	2	2	4
범위의 경제	1	1	1
학습효과	2	1	2
설비활용률	3	2	6
임금	5	5	25
노동생산성	3	3	9
소모품 구입비용	1	3	3
소모품 사용 효율성	1	2	2
환자의 중증도	3	5	15
총점			67

출처: Dranove & Marciano (2005), Kellogg on Strategy, Chapter 4, p.81

<표 4-3> 원가비교 점수표 사용의 예시에서 S병원의 총점은 67점으로, 산업 평균(63점으로 가정)보다 높아 다소 높은 비용 구조를 가지고 있음을 알 수 있다. 특히 '임금'과 '환자의 중증도' 항목의 점수가 높은데, 이는 도심지에 위치하여 인건비가 높고, 뛰어난 의료 기술로 인해 중증 환자들이 많이 찾기 때문이다. S병원은 이러한 특성상 비용 절감보다는, 우수한 의료진을 유치하고 신규 클리닉을 도입하는 등 편익(B)을 높이는 방향의 가치 창출에 집중하는 전략을 선택하고 있음을 유추할 수 있다.

편익(B) 측정

편익(B)은 유형적 편익과 무형적 편익으로 나누어 측정할 수 있다. 유형적 편익은 '총 사용자 비용 분석(all-in cost analysis)'을 통해 측정할 수 있으며, 무형적 편익은 설문을 통해 최대지불의사액(Willingness to Pay, WTP)을 묻는 '유보가격법(reservation price method)'이나, 실제 시장 데이터를 통계적으로 분석하는 '헤도닉 가격 모형(hedonic pricing model)', '컨조인트 분석(conjoint analysis)' 등을 활용한다.

유보가격법 설문에 의한 무형편익 측정

때로는 좋은 상품이 하나의 핵심적인 차원에서 특징지어지기도 한다. 이러한 점에 착안하여, 특정 무형적 편익(benefit)의 가치를 소비자가 지불할 의사가 있는 최대 금액(Willingness to Pay, WTP)을 직접 물어 측정할 수 있다. 예를 들어, '신뢰성'이라는 무형적 가치를 측정하기 위해 다음과 같은 질문을 할 수 있다. "대부분의 세탁기는 40만 원 정도이고 10년간 2번 정도 고장 납니다. 다른 모든 조건이 비슷하면서 10년에 한 번만 고장 나는 세탁기가 있다면 얼마를 더 지불할 의사가 있습니까?" 이 질문을 통해 고장률이 절반으로 줄어드는 것에 대한 편익을 화폐 가치로 직접 측정할 수 있다.

이 방법은 환경이나 공공 정책의 가치를 평가하는 데도 활용된다. 미국 환경청(EPA)은 석탄 발전소의 공기정화기 설치 의무화 규제의 타당성을 검증하기 위해 WTP 설문 방법을 사용했다. 공기 정화로 인해 두통, 구역질 등 건강상의 문제가 줄어드는 편익을 화폐 가치로 환산한 것이다. 예를 들어, 5년의 내용년수를 가진 공기정화기 설치 비용이 100만 달러일 때, 설치하지 않을 경우 5년간 발생하는 스모그의 제거를 위한 총 지불의사액이 625만 달러로 계산된다면, 공기정화기 설치의 5년간 경제적 가치(= 편익 - 비용 = 625만달러 - 100만달러)는 525만달러로 규제의 타당성이 입증되는 식이다.

하지만 WTP 설문은 몇 가지 한계를 가진다. 개인의 응답을 단순 합산하여 사회적 가치로 환산할 경우, 인구밀도가 높은 지역의 공공사업 편익이 과대평가될 위험이 있으며, 이는 공공사업의 예비타당성 평가 등을 왜곡할 수 있다. 또한, 응답자의 편차가 크거나 처음 제시된 가격에 응답이 좌우되는 '초기값 왜곡 효과'가 발생할 수 있다. 이러한 문제점을 보완하기 위해 중앙값(median)을 사용하거나, 여러 가격 구간을 설정하여 응답 비율을 분석하는 등 정교화된 설문 기법이 개발되었다.

총사용자 비용분석을 통한 유형적 편익분석

총사용자 비용분석(all-in cost analysis)은 구매자가 제품을 사용하는 전 과정에서 발생하는 모든 비용을 화폐가치로 환산하여 편익을 측정하는 방법이다. 특히 연료비, 전기료, 유지보수비 등 제품 사용 단계에서 발생하는 비용이 중요한 제품군에서 유용하게 사용된다. 이 방법의 핵심은, 다른 모든 조건(무형적 총 편익 B_0)이 동일하다면, 총 사용자 비용(UC, User Cost)이 더 낮은 제품이 구매자에게 더 높은 편익($B = B_0 - UC$)을 제공한다고 보는 것이다. 다양한 예시를 통해 이 분석법을 이해해 보자.

▶ 예시 1: 자동차 연비 개선의 가치

혼다가 연비를 10km/L에서 20km/L로 향상시킨 새로운 엔진을 개발했다고 가정하자. 다른 모든 성능은 동일하며, 가솔린 가격은 리터당 2,000원이다. 고객이 이 차를 10년간 매년 1만km씩 운행한다면, 새로운 엔진이 제공하는 추가적인 편익은 얼마일까?

- 기존 엔진 총 연료 소모량: (10,000 km/년 * 10년) / 10 km/L = 10,000 L
- 신규 엔진 총 연료 소모량: (10,000 km/년 * 10년) / 20 km/L = 5,000 L
- 연료 절감량: 10,000L - 5,000 L = 5,000 L
- 편익 증가분(화폐가치): 5,000 L * 2,000 원/L = 1,000만원

  따라서 고객은 이 새로운 엔진에 대해 최대 1,000만 원까지 추가로 지불할 용의가 있으며, 이것이 바로 기술 혁신을 통해 창출된 유형적 편익(B)의 증가분이다.

▶ 예시 2: 경쟁사간 기술 격차의 가치

경쟁사인 H사와 T사가 동일한 연비(15km/L)의 자동차를 판매하고 있었다. 두 회사가 동일한 R&D 비용을 투자하여 각각 20km/L(H사), 30km/L(T사)의 신형 엔진을 개발했다. 다른 조건이 모두 같다면, T사는 H사에 대해 어느 정도의 경쟁우위를 가지는가? (10년 사용, 연 2만km 운행 기준)

- H사의 10년간 연료비 절감액 (vs. 기존): [(20,000km * 10년)/15km/L - (20,000km * 10년)/20km/L] * 2,000원/L = 666만원
- T사의 10년간 연료비 절감액 (vs. 기존): [(20,000km * 10년)/15km/L - (20,000km * 10년)/30km/L] * 2,000원/L = 1,333만원
- T사의 상대적 편익 우위 (B-B'): 1,333 만원 - 666만원 = 667만원

  원가(C)가 동일하므로, T사는 H사보다 667만 원만큼 더 높은 경제적 가치(B-C)를 창출하며, 이는 차별화 우위에 해당한다.

▶ 예시 3: 중간재 시장에서의 경쟁우위(설탕 vs. 콘시럽)

음료 제조업체(bottling 기업)가 감미료로 설탕과 콘시럽 중 하나를 선택하는 상황을 가정해보자. 이 경우 감미료는 최종 제품이 아닌 중간재에 해당한다. 이 때, 설탕 감미료 업체와 콘시럽 감미료 업체의 경쟁우위를 비교해보라

- 생산자(감미료 업체) 정보
  - 생산원가(C): 설탕 3유로/단위, 콘시럽 1유로/단위
- 구매자(음료 제조업체) 정보
  - 구매가격(P): 설탕 3유로/단위, 콘시럽 2유로/단위
  - 구매 후 사용자 비용(UC): 설탕 사용 시 14 유로, 콘시럽 사용 시 15 유로([그림 4-4]에서 설탕 원가(3유로)와 콘시럽 원가(2유로)를 사용자 비용에 포함시키면 안 된다. 구매자 입장에서는 사용자 비용이 아니고 가격이기 때문이다.)
  - 최종 제품 품질(Bo): 설탕을 쓰든 콘시럽을 쓰든 최종 음료의 맛은 동일하며, 최종 소비자도 그 차이를 인식하지 못한다.

그림 4-4 설탕과 콘시럽 구매자 입장에서의 단위당 사용자비용과 가격

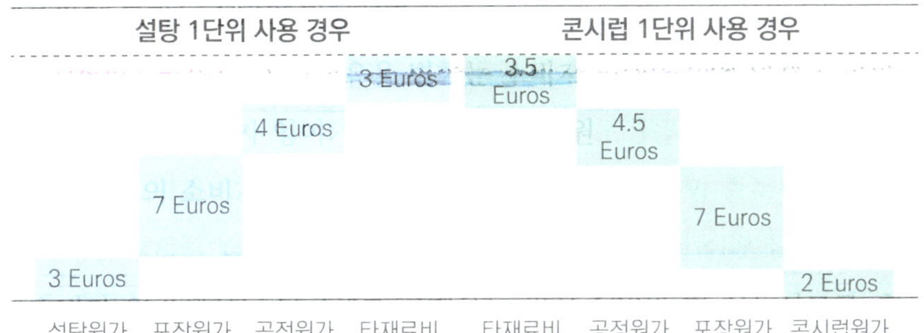

이 예에서 구매자는 음료 제조업체이며, 이들의 편익(B)은 감미료를 사용하여 최종 제품을 만드는 과정에서 결정된다. 최종 제품의 총 편익(Bo)이 동일하므로, 편익(B)의 차이는 감미료를 사용하는 과정에서 발생하는 사용자비용(UC)의 차이에서 비롯된다. 즉, B = Bo - UC 이다.

- B_설탕 = Bo - 14
- B_콘시럽 = Bo - 15

따라서 구매자인 음료 제조업체 입장에서는 설탕의 편익이 콘시럽보다 1유로 더 높다. 이제 각 감미료 생산자의 경제적 가치(B-C)를 비교해 보자.

EV_설탕 = B_설탕 - C_설탕 = (Bo - 14) - 3 = Bo - 17

EV_콘시럽 = B_콘시럽 - C_콘시럽 = (Bo - 15) - 1 = Bo - 16

EV_설탕 - EV_콘시럽 = -1

콘시럽의 경제적 가치가 1유로 더 높으므로 설탕에 비해 경쟁우위가 있고, 경제적 가치가 높은 이유가 편익이 높아서가 아니라 원가가 낮아서이므로 콘시럽은 차별화우위가 아니라 원가우위를 가진다.

그렇다면 구매자인 음료 제조업체는 어떤 선택을 할까? 구매자는 소비자잉여(Consumer Surplus, CS = B-P)를 기준으로 판단한다.

CS_설탕 = B_설탕 - P_설탕 = (Bo - 14) - 3 = Bo - 17

CS_콘시럽 = B_콘시럽 - P_콘시럽 = (Bo - 15) - 2 = Bo - 17

CS_설탕 = CS_콘시럽

두 제품의 소비자 잉여가 동일하므로, 구매자는 현재 가격에서는 두 제품 간에 무차별하다. 만약 콘시럽 생산자가 이 상황을 정확히 파악하고 있다면, 판매량을 늘리기 위해 가격을 2유로보다 약간 낮추는 전략을 구사할 수 있다. 예를 들어 가격을 1.5유로로 인하하면, 약간의 마진 (P-C = 1.5 - 1 = 0.5)을 누리면서도 더 높은 소비자 잉여 (B-P = (Bo - 15) - 1.5 = Bo - 16.5)를 제공하여 설탕 대비 판매량을 늘릴 수 있을 것이다.

▶ 예시 4: 유형적 편익과 무형적 편익의 결합(철강 산업)

철강 시장에서 A, B, C 세 기업이 경쟁하는 복잡한 상황을 분석해보자. 각 기업의 제품은 유형적 편익(수요업체의 비용 절감)과 무형적 편익(납기 준수, 신뢰성)에서 차이를 보인다. <표4-4>는 이 상황을 분석하기 위한 기본 데이터이다.

표 4-4 철강 기업들의 B, P, C 측정을 위한 기초자료

구분	기업 A	기업 B	기업 C
수요업체 비용 (천원/톤) (사용자 비용)			
전처리 비용	0	0	10
스카핑 비용	0	0	10
물류비용	6	17	4
보관비용	4	8	6
무형편익 (천원/톤)			
납기준수	60	40	75
신뢰성	70	60	50

시장가격 (천원/톤)	755	755	755
제조원가 (천원/톤)	660	650	650
판관비 (천원/톤)	60	63	61

- 가정
  - 가격(P)과 원가(C=제조원가+판관비)는 주어진 값이다.
  - 측정된 무형편익(납기 준수, 신뢰성) 외에 다른 무형편익(내구성, 강도 등)은 모든 기업에서 동일하며, 그 가치를 'delta'라고 하자. 분석의 편의상 delta를 시장 가격과 유사한 수준인 750천원으로 가정한다.
- 계산 절차
  - 총 무형편익 (B0)
  - 총 무형편익 (Bo) = delta + 납기준수 편익 + 신뢰성 편익
  - 이를 바탕으로 각 기업의 경제적 가치(B-C), 소비자 잉여(B-P), 생산자 잉여(P-C)를 계산한다.

표 4-5 철강 기업 B-P-C 분석 결과

구분	기업 A	기업 B	기업 C
B(편익)	870	825	845
P(가격)	755	755	755
C(원가)	720	713	711
B-C (가치)	150	112	134
B-P (소비자잉여)	115	70	90
P-C (생산자잉여)	35	42	44

분석 결과(<표 4-5>를 참조하시오), 기업 A가 가장 높은 경제적 가치(150)와 소비자 잉여(115)를 제공한다. 따라서 장기적으로 기업 A의 시장점유율이 상승할 것으로 예측된다. 기업 A는 높은 편익(B)과 상대적으로 높은 원가(C)

를 가지므로 차별화 우위를 점하고 있다고 볼 수 있다.

이러한 분석을 바탕으로 향후 시장점유율의 변화 방향을 예측해볼 수 있다. 일반적으로 구매자는 더 높은 소비자 잉여(B-P)를 제공하는 기업의 제품을 선택하려는 경향이 있다. [그림 4-5]에서와 같이, 기업 A의 소비자 잉여(115)가 기업 B(70)와 기업 C(90)보다 월등히 높으므로, 두 경쟁사의 고객들이 기업 A로 이동할 가능성이 크다. 특히 소비자 잉여 격차가 가장 큰 기업 B의 고객 이탈이 가장 심할 것으로 예상된다. 따라서 기업 A의 시장점유율은 증가하고 기업 B의 점유율은 감소할 것이다. 한편, 기업 C는 기업 A에게 일부 고객을 잃는 동시에 기업 B로부터는 일부 고객을 유치할 수도 있으므로, 전반적인 시장점유율 변화가 증가 또는 감소할 지는 소비자잉여차이의 크기에 달려 있다.

그림 4-5 철강 3사의 시장점유율 변화 예측

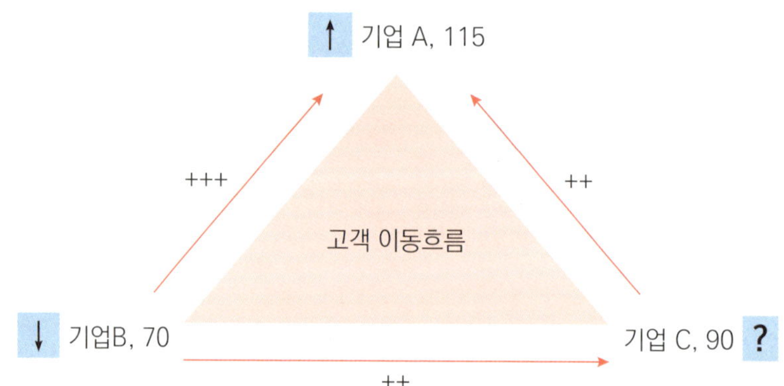

프리미엄 프라이스 인덱스(PPI)를 활용한 경쟁우위 분석: 러시아 LCD TV 시장

B와 C를 직접 측정하기 어려운 경우, 시장 데이터를 활용하여 경쟁우위를 간접적으로 분석하는 방법이 있다. 프리미엄 프라이스 인덱스(Premium Price Index, PPI)는 특히 무형적 가치가 중요한 제품의 편익(B)을 추정하는 데

유용한 도구다.

PPI는 설문조사를 통해 측정된다. 먼저, 시장에서 가장 인지도가 높은 프리미엄 제품(예 소니)을 기준점(Index=100)으로 설정한다. 그리고 소비자에게 '소니 제품의 품질과 가치를 100이라고 할 때, 제품 X의 적절한 가치는 얼마라고 생각하는가?'와 같은 질문을 한다. 이 응답들의 평균값이 제품 X의 PPI가 된다. 이렇게 얻은 PPI는 기준 제품의 편익(B)을 바탕으로 다른 제품의 편익을 추정하는 데 사용된다. 예를 들어, 소니 제품의 편익(B)이 $1,500라고 가정하고, 설문조사 결과 LG 제품의 PPI가 94.1로 나왔다면, LG 제품의 편익(B)은 $1,500 * 0.941 = $1,412로 추정할 수 있다. 이는 소비자들이 인식하는 상대적 가치를 화폐 단위로 환산하는 방법이다.

표 4-6 PPI 조사 설계 (러시아 LCD TV 시장, 2009년 1월)

항목	내용
조사 대상	21-50세 남녀
조사 지역	모스크바, 상트페테르부르크
표본 크기	1,515명 (표본오차 ±3.10)
조사 방법	CATI (Computer Aided Telephone Interview)
사업 단위	LCD TV

<표 4-6>에서와 같이 실시된 시장조사결과, 소니의 경쟁제품인 LG, 삼성, 필립스 제품의 PPI를 도출하였다. 소니를 프리미엄제품 100으로 가정했을때, PPI 는 삼성, 필립스, LG 순으로 96.1, 94.9, 94.1 과 같이 조사되었다. 2000년대 중반 러시아 LCD TV 시장의 데이터를 살펴보자.

표 4-7 **2009년 러시아 LCD TV 시장점유율 및 평균판매가격(ASP)**

구분	브랜드	2009년 1월	2009년 12월
시장점유율	삼성 (SS)	37.10%	35%
시장점유율	필립스(Phil)	19.50%	25%
시장점유율	소니 (Sony)	17.90%	15%
시장점유율	LG	10.10%	15%
평균판매가격	필립스(Phil)	$1,370	$1,200
평균판매가격	소니 (Sony)	$1,296	$1,200
평균판매가격	삼성 (SS)	$1,132	$1,250
평균판매가격	LG	$954	$980

출처: GfK Russia

- 비용 관련 정보: 삼성과 LG 는 러시아에 생산공장이 있고, 필립스와 소니는 러시아에 생산공장이 없어, 필립스는 동부유럽에서 생산한 제품을, 소니는 중국에서 생산한 제품을 러시아에서 판매하고 있다. 딜러 마진은 소매가격의 25%이며, 부가가치세는 소매가격의 18%, 관세는 15%이다, 운송물류비는 러시아 생산의 경우 소매가격의 2%, 동유럽이나 중국의 경우 소매가격의 4%, 인건비는 러시아와 동유럽의 경우 소매가격의 5%, 중국의 경우 소매가격의 3%, 생산원가는 공통적으로 소매가격의 30%로 가정한다
- 시장 상황: 소니와 필립스는 높은 가격대를 유지하며 프리미엄 전략을 구사했고, 삼성과 LG는 상대적으로 낮은 가격으로 시장점유율을 빠르게 확대했다.
- 분석 질문: 소니, 필립스, 삼성, LG 의 2009년 1월기준 B-P-C 를 추정하고 경제적 가치, 소비자 잉여, 생산자 마진을 계산하시오. 각 브랜드별로 시장점유율의 증감을 예상해 보고 어떤 전략을 추진하는 것이 바람직했을지 예상해보시오.

이 사례는 기업이 B-C라는 경제적 가치를 어떻게 소비자 잉여(B-P)와 생산자 잉여(P-C)로 배분하는지에 따라 시장 성과가 달라짐을 보여준다. 소니와 필립스는 생산자 잉여에, 삼성과 LG는 소비자 잉여에 더 큰 비중을 둔 전략적 선택을 한 것이다.

요 / 약

경쟁우위는 포터의 본원적 전략에 따라 원가 우위, 차별화 우위, 그리고 두 가지를 결합한 집중화 및 이중 우위로 나뉜다. 각 유형은 B(편익)와 C(원가)의 상대적 대소 관계로 결정된다. 경쟁우위를 판단할 때는 수익성이나 시장점유율 같은 단일 지표에 의존하기보다, 경쟁의 넓이와 깊이에 대한 착시를 경계하며 다각적으로 분석해야 한다. 현대자동차의 사례에서 보듯, 의도적인 위기 설정은 조직의 학습을 촉진하고 경쟁우위를 구축하는 강력한 동인이 될 수 있다. 원가(C)는 원가 비교 점수표로, 편익(B)은 총 사용자 비용 분석이나 헤도닉 가격 모형 등으로 객관적으로 측정하여 전략 수립의 기초로 삼는 것이 중요하다.

지금까지 경쟁우위의 유형과 측정 방법을 알아보았다. 그렇다면 이러한 분석을 통해 얻은 통찰을 어떻게 구체적인 차별화 전략으로 연결할 수 있을까? 제5장에서는 실제 시장 데이터를 활용하여 제품의 어떤 속성이 고객에게 가치를 제공하는지 계량적으로 분석하는 헤도닉 가격모형을 통해 구체적인 차별화 전략 수립 방법을 심도 있게 다룬다.

생각해 볼 문제

1 경쟁우위의 네 가지 유형(원가 우위, 차별화 우위, 이중 우위, 집중화 전략)을 설명하고, 각 유형이 편익(B)과 원가(C)의 상대적 관계에 따라 어떻게 결정되는지 논하시오. 이중 우위를 장기간 유지하기 어려운 이유와, 특정 기업들이 이를 지속할 수 있는 조건은 무엇일까?

2 경쟁우위를 분석할 때 발생하는 '경쟁의 넓이(breadth)'와 '경쟁의 깊이(depth)'에 대한 착시 현상은 무엇이며, 이들이 기업의 경쟁우위 판단에 어떤 영향을 미칠 수 있는지 설명하시오.

3 어떠한 특정 조건에서만 수익성(P-C)이나 시장점유율(B-P)이 경쟁우위(B-C)의 신뢰할 만한 지표가 될 수 있는지 설명하고, 일반적인 동적 시장에서는 왜 이러한 지표만으로 경쟁우위를 판단하기 어려운지 논하시오.

4 경제적 가치의 범위를 공급자 잉여나 다른 이해관계자의 이익까지 포함하여 확장해야 하는 상황은 무엇이며, 이러한 관점의 변화가 기업의 전략적 의사결정에 어떤 영향을 미칠지 구체적인 사례를 들어 설명해보시오.

5. 기업의 임금은 기업 차원에서 비용인가, 가치인가?

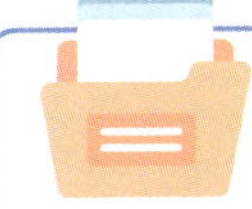

보충설명

1 제품단위당 마진이 동일하면 시장점유율의 변화로 경쟁우위를 판단할 수 있다. 마진율이 동일한 경우도 가격차이가 별로 없다면, 마진이 동일한 경우와 비슷하나 가격차이가 있는 경우는 마진의 차이도 크게나 마진율이 동일해도 가격이 높은 경우 마진이 높아, B-P 의 차이로 인해 시장점유율이 감소해도 경쟁우위가 높은 경우가 있을 수 있다.

2 레이크 워비곤 효과(Lake Wobegon effect)는 사람들이 자신의 능력이나 성취를 평균보다 높게 평가하는 심리적 경향을 말합니다. 심리학에서는 '우월성 환상(Illusory Superiority)'이라고노 부릅니다.
이 용어는 작가 개리슨 케일러(Garrison Keillor)의 소설 '레이크 워비곤의 날들(Lake Wobegon Days)'에 나오는 가상의 마을 이름에서 유래했다. 그는 이 마을을 이렇게 묘사했습니다. "모든 여자는 강인하고, 모든 남자는 잘생겼으며, 모든 아이가 평균 이상인 곳(Where all the women are strong, all the men are good-looking, and all the children are above average)."
통계적으로 모든 사람이 평균 이상이 되는 것은 불가능하지만, 사람들은 주관적으로 자신이 평균보다 낫다고 믿는 경향이 있다는 것을 풍자한 것입니다.

참고문헌

Brandenburger, A. M., & Stuart, H. W. (1996). Value-based business strategy. Journal of Economics & Management Strategy, 5(1), 5-24.

Chen, H. C., & Ritter, J. R. (2000). The seven percent solution. The Journal of Finance, 55(3), 1105-1131.

Dranove, D., & Marciano, S. (2005). *Kellogg on Strategy: Concepts, Tools, and Frameworks for Practitioners.* John Wiley & Sons.

Keillor, G. (1985). Lake Wobegon Days. New York: Viking Press.

Kim, L. (1998). Crisis construction and organizational learning: Capability building in catching-up at Hyundai Motor. *Organization Science, 9*(4), 506-521.

Lee, J., Rhee, M., & Park, K. M. (2020). Looking backward through the looking glass: Reference groups and social comparison. *Journal of Management & Organization, 26*(1), 110-131.

Porac, J. F., Wade, J. B., & Pollock, T. G. (1999). Industry categories and the politics of the comparable firm in CEO compensation. *Administrative Science Quarterly, 44*(1), 112-144.

Porter, M. E. (1985). Competitive Advantage: Creating and Sustaining Superior Performance. Free Press.

CHAPTER 05

헤도닉 가격모형을 통한 차별화 전략 수립

Chapter 5

헤도닉 가격모형을 통한 차별화 전략 수립

앞서 우리는 경쟁우위의 다양한 유형과 이를 측정하는 여러 방법을 살펴보았다. 하지만 기업이 진정으로 차별화에 성공하기 위해서는 고객이 제품의 어떤 속성에 가치를 느끼고 기꺼이 돈을 지불하는지를 구체적으로 알아야 한다. 노트북의 가격은 CPU 성능, 무게, 브랜드, 디자인 중 무엇에 가장 큰 영향을 받을까? 소비자가 실제로 체감하는 '디자인'의 가치는 얼마일까?

이번 장에서는 이러한 질문에 답을 주는 강력한 분석 도구인 헤도닉 가격모형(Hedonic Price Model, HPM)에 대해 알아본다. HPM을 통해 제품의 보이지 않는 속성별 가치를 어떻게 계량적으로 측정하고, 그 결과를 바탕으로 효과적인 차별화 전략을 수립할 수 있는지 구체적인 사례와 함께 심도 있게 탐구한다.

5-1 헤도닉 가격모형(HPM)의 이해

헤도닉 가격모형(Hedonic Price Model, HPM)은 제품이나 서비스가 가진 여러 개별 속성(attribute)의 관찰되지 않는 본질적 가치, 즉 '헤도닉 가격(hedonic price)' 또는 '암묵적 가격(implicit price)'을 추출하기 위한 통계적 방법이다.[1] 이 모형의 기본 가정은 시장에서 관찰되는 제품의 총 가격이 그 제품을 구성하는 여러 속성들이 가진 암묵적 가격들의 선형 합(linear combination)으로 표현될 수 있다는 것이다.

예를 들어 자동차나 노트북의 시장 가격은 쉽게 알 수 있지만, 디자인, 성능, 내구성, 브랜드 가치와 같은 개별 속성들이 그 가격에 얼마나 기여하는지는 직접적으로 파악하기 어렵다. HPM은 제품 가격을 이러한 여러 속성들의 함수(Price = f(속성1, 속성2,…, 속성n))로 보고 회귀분석을 통해 각 속성의 계수(coefficient)를 추정한다. 이렇게 추정된 계수 값이 바로 해당 속성값이 1단위 증가할 때, 총 가격이 얼마나 증가하는지를 나타내는 암묵적 가격이며, 이는 소비자의 한계지불의사액(marginal willingness to pay)과 동일한 의미를 가진다.

이러한 접근법은 Rosen (1974)에 의해 이론적으로 체계화되었으며, 부동산, 자동차와 같은 전통적인 제품 시장은 물론 온라인 게임 아바타의 거래 가격, 호텔 객실료, 에어비앤비 숙소 가격 등 무형의 서비스 가치를 분석하는 데까지 폭넓게 응용되고 있다.

HPM 회귀분석 추정식의 예

가상의 주택 거래를 예로 들어보자. 가격(Price, 억원)을 종속변수로 하고 면적(Size,㎡), 방 수(Bed), 도심까지 거리(Dist, km), 신축 여부(New)를 설명변수로 하는 선형 HPM 추정식은 “Price = 0.80 + 0.052 Size + 0.18 Bed - 0.04 Dist + 0.90 New”와 같이 나타낼 수 있다. 여기서 면적 1㎡ 증가는 0.052억(520만원)의 상승 효과, 방 1개 증가는 0.18억(1,800만원)의 상승 효과, 도심까지 거리 1km 증가는 0.04억(400만원)의 하락 효과, 신축은 0.90억 (9,000만원)의 프리미엄 효과가 있다. 이 계수들이 곧 속성별 암묵가격이다.

노트북 시장을 예로 들면, 가격(Price, 만원)을 CPU 성능 점수(CPU, 점수), RAM 용량(RAM, GB), 무게(Weight, g), Apple 브랜드 여부(Apple), 게이밍 여부(Gaming)로 설명하는 모형을 설정할 수 있다. 추정식은 “Price = 12 + 0.12 CPU + 3.5 RAM - 0.08 Weight + 40 Apple + 25 Gaming + 0.05(Gaming x CPU)”와 같이 나타낼 수 있다. 추정결과에 따르면, CPU 점수 10점 증가는 1.2만원 상승, RAM 8GB 증가는 28만원 상승, 무게 500g 감

소는 40만원 상승, Apple 브랜드는 40만원 프리미엄, 게이밍 모델은 고정적으로 25만원 프리미엄, 게이밍일 때 CPU 점수 10점의 추가 프리미엄은 0.5만원입니다.

또 다른 예로 HPM 에서 특정 변수의 임계치 기준으로 다른 기울기를 허용하여 추정하는 구간회귀분석(piecewise regression)을 사용하면 주택가격(Price, 억원)이 주택 면적 85㎡를 기준으로 한계가치가 달라지는 효과를 분석할 수 있다.[2] 예를 들어 “Price = 0.80 + 0.0060 Sizelow + 0.0035 Sizehigh + Controls”와 같이 모형을 설정할 수 있으며, 85㎡ 이하의 면적 1㎡ 가치는 600만원, 초과분 1㎡ 가치는 350만원으로 체감적 한계가치를 보인다. 즉, 주택면적의 경우 80㎡ 를 기준으로 암묵가격의 비대칭성이 존재함을 알 수 있다. 이러한 분석은 Kano 의 3요인 분석과 연결되며, 경쟁차원별 구매자편익 증가율의 임계치를 확인하는 데 활용되어 차별화 전략수립에 활용될 수 있다(상세한 내용은 12장의 블루오션전략 수립 방법론을 참조하시오).

학술 연구 개요 5-1

가상 세계의 신체 가격:
온라인 게임 아바타 속성의 헤도닉 분석 (Castronova, 2004)

✪ 연구 배경

이 연구는 온라인 게임 ‘에버퀘스트(EverQuest)’의 아바타(avatar) 거래 시장을 분석하여, 가상 세계에만 존재하는 자산의 가치가 어떻게 형성되는지를 탐구합니다. 현실 세계의 재화와 달리, 게임 속 아바타는 디지털 데이터에 불과하지만, 플레이어들은 이를 실제 화폐를 통해 거래합니다. 이 연구는 헤도닉 가격모형을 적용하여 아바타의 다양한 속성(레벨, 성별, 종족, 직업 등)이 실제 거래 가격에 어떤 영향을 미치는지 분석함으로써, 가상 세계의 경제적 가치 평가에 대한 새로운 시각을 제시합니다.

✪ 핵심 연구 질문

논문의 핵심 질문은 “플레이어들은 아바타의 어떤 속성에 기꺼이 돈을 지불하는가?”

입니다. 이는 단순히 게임 내 기능뿐만 아니라, 사회적, 문화적 요인이 가상 자산의 가치에 어떻게 반영되는지를 이해하려는 시도입니다.

✿ 자료 및 사례

온라인 경매 사이트에서 거래된 611개의 '에버퀘스트' 게임 아바타 데이터를 분석 대상으로 삼았습니다.

✿ 주요 연구 결과

- '레벨'의 압도적인 가치: 아바타의 전반적인 능력치를 나타내는 '레벨'은 가격에 가장 큰 영향을 미치는 요인이었습니다. 레벨이 1% 증가할 때 가격은 약 6% 이상 상승하는 것으로 나타나, 플레이어들이 아바타의 기능적 강력함에 가장 높은 가치를 부여함을 보여줍니다. 이는 시간과 노력을 절약하기 위해 기꺼이 비용을 지불하려는 수요를 반영합니다.
- 성별에 따른 가격 차별: 게임 내 기능적으로는 아무런 차이가 없음에도 불구하고, 여성 아바타는 남성 아바타보다 약 9~10% 낮은 가격에 거래되었습니다. 연구자는 이를 게임의 주 사용자층이 남성이라는 점과 연결하여, 사회적 편견이나 선호가 가상 세계의 경제적 가치 평가에도 영향을 미칠 수 있음을 시사했습니다. 이는 현실 세계의 사회적 구조가 가상 공간에 어떻게 투영되는지를 보여주는 흥미로운 지점입니다.
- 직업(Class)의 가치: 성직자(Priest)와 마법사(Magic User) 계열의 직업은 다른 직업에 비해 높은 가격 프리미엄을 가졌습니다. 이는 해당 직업들이 높은 레벨에 도달하기까지 더 많은 시간과 노력이 필요하거나, 고레벨에서 더 강력한 힘을 발휘하기 때문으로 해석됩니다.

전략적 함의

이 연구는 헤도닉 가격모형이 전통적인 재화뿐만 아니라 가상 세계의 디지털 자산 가치를 분석하는 데에도 매우 유용한 도구임을 보여주었습니다. 특히, 아바타의 가격이 단순히 기능적 효율성(레벨, 직업)뿐만 아니라, 현실 세계의 사회적 편견(성별)에 의해서도 영향을 받는다는 점을 실증적으로 밝혀냄으로써, 가상 경제와 현실 경제의 복잡한 상호작용에 대한 깊은 통찰을 제공합니다.

출처: Castronova, E. (2004). The price of bodies: A hedonic pricing model of avatar attributes in a synthetic world. Kyklos, 57(2), 173-196.

5-2 HPM 분석의 주요 고려사항

HPM을 이용해 신뢰할 수 있는 분석을 하려면 몇 가지 기술적인 사항을 신중하게 고려해야 한다. 이는 분석 결과의 신뢰성과 타당성을 확보하는 데 필수적인 과정이다.

종속변수 선택: Price or log(Price)?

HPM 분석의 첫 단계는 가격을 나타내는 종속변수(dependent variable)를 결정하는 것이다. 이때 실제 가격(Price)을 그대로 사용할 수도 있고, 가격에 자연로그를 취한 로그 가격(log Price)을 사용할 수도 있다. 실제 가격을 사용하면 회귀계수를 직관적으로 해석하기 쉽다는 장점이 있다. 하지만 많은 경우 로그 가격을 사용하는 것이 통계적으로 더 적합하다. 그 이유는 실제 가격 데이터의 분포가 정규분포를 따르지 않고 오른쪽으로 길게 꼬리를 갖는 형태(right-skewed)를 보이는 경우가 많기 때문이다. 가격에 로그를 취하면 이러한 비대칭적 분포를 정규분포에 가깝게 변환하여 회귀분석의 기본 가정을 충족시키는 데 도움이 된다.

다만 로그 가격을 종속변수로 사용할 경우, 회귀계수 해석에 주의해야 한다. 가격(단위: 원)을 종속변수로 사용했을 때 특정 속성(Xi)의 계수가 20이라면($\frac{\partial Price}{\partial Xi} = 20$), 이는 해당 속성이 1단위 증가할 때 가격이 20원 증가함을 의미한다. 그러나 로그 가격을 종속변수로 사용했을 때 계수가 0.05라면, 이는 해당 속성이 1단위 증가할 때 가격이 약 5% 증가함을 의미한다($\frac{\partial logPrice}{\partial Xi} = \frac{\partial Price}{\partial Xi} \cdot \frac{1}{Price} = 0.05$). 즉, 계수 값이 가격의 절대적 변화량이 아닌 변화율(%)과 관련되므로 해석에 유의해야 한다.

독립변수 선정 및 척도

독립변수(independent variable)는 가격에 영향을 미칠 것으로 예상되는 제품의 모든 속성을 포함하며, 이는 크게 네 가지 유형으로 분류할 수 있다. 첫째는 무게, 크기, 색상 등 제품의 외형적 특징을 나타내는 물리적 특성이다. 둘째는 자동차의 연비나 컴퓨터의 처리 속도와 같이 제품의 기능적 성능을 의미하는 성능 특성이다. 셋째는 브랜드 평판, 디자인, 사용자 리뷰 점수 등 무형적 특성이며, 마지막으로 판매 채널이나 보증 기간과 같은 부가적 특성도 고려될 수 있다.

이러한 변수들을 회귀분석에 적용하는 방식은 측정 척도에 따라 달라진다. 무게나 연비처럼 수치 간 간격이 동일하고 절대적인 영점이 존재하는 비율 척도(ratio scale)나 만족도 5점 리커트 척도(5-point Likert scale)와 같이 간격이 동일한 등간 척도(interval scale)는 연속형 변수로 간주하여 분석에 그대로 사용할 수 있다. 반면, 브랜드명이나 색상처럼 순서가 없는 명목 척도(nominal scale)나 등급처럼 순서만 있는 순위 척도(ordinal scale)[3]는 범주형 변수에 해당한다. 이러한 범주형 변수들은 회귀분석에 직접 사용할 수 없으므로, 특정 범주에 해당하면 1, 아니면 0의 값을 갖는 '더미 변수(dummy variable)'로 변환해야 한다. 예를 들어 브랜드가 'A', 'B', 'C' 세 종류라면, '브랜드B 더미(B이면 1, 아니면 0)'와 '브랜드C 더미(C이면 1, 아니면 0)' 두 개의 더미 변수를 만들어 브랜드 A 에 대비하여 브랜드 B와 브랜드 C의 효과를 각각 검증할 수 있다.

독립변수의 개수와 다중공선성

분석의 정확도를 높이기 위해 가능한대로 많은 독립변수를 모형에 넣으려고 하는 경향이 있지만, 무조건 변수를 많이 넣는 것이 좋은 것은 아니다. 특히 독립변수들 간에 강한 상관관계가 존재할 경우 다중공선성

(multicollinearity)[4] 문제가 발생할 수 있다. 예를 들어, 자동차의 엔진 크기와 연비는 서로 밀접한 관련이 있는데, 이 두 변수를 동시에 모델에 포함하면 각 변수가 가격에 미치는 독립적인 효과를 정확하게 추정하기 어려워져 회귀계수가 불안정해질 수 있다.

일반적으로 변수 간 상관계수의 절대값이 0.7 이상이거나, 분산팽창계수(Variance Inflation Factor, VIF) 값이 10을 초과하면 다중공선성을 의심해볼 수 있다. 이 경우, 변수를 통합하거나 둘 중 하나의 변수를 제거하는 등의 조치가 필요하다. 또한, 모델에 독립변수가 추가될수록 모델의 설명력을 나타내는 결정계수(R^2)는 기계적으로 증가하는 경향이 있으므로, 변수의 개수를 보정한 수정된 결정계수(adjusted R^2)를 통해 모델의 설명력을 객관적으로 평가해야 한다.

통계적 유의성 판단

회귀분석을 통해 추정된 각 속성의 계수(암묵적 가격)가 통계적으로 의미가 있는지를 판단하는 것은 매우 중요하다. 이를 위해 p-value를 확인한다. p-value는 '해당 속성이 실제로는 가격에 아무런 영향을 미치지 않는다(즉, 계수값이 0이다)'는 귀무가설[5]이 사실이라고 가정할 때, 현재의 검증통계값이 관측될 확률을 의미한다. 따라서 p-value가 매우 작다면, 귀무가설을 기각하고 해당 속성이 가격에 유의미한 영향을 미친다고 결론 내릴 수 있다.

통계적 유의성을 판단하는 기준을 유의수준(significance level)[6]이라 하며, 일반적으로 5%($p\text{-value} < 0.05$)가 널리 사용된다. 즉, p-value가 0.05보다 작을 경우 해당 계수는 통계적으로 유의하다고 판단한다. 연구 목적에 따라 10%($p\text{-value} < 0.10$)의 완화된 기준이나 1%($p\text{-value} < 0.01$)의 엄격한 기준을 사용하기도 한다.

적절한 데이터 수집과 표본 선정

분석 결과의 신뢰도는 데이터의 질과 양에 의해 결정된다. 분석에 필요한 최소한의 데이터(표본 크기, sample size)는 일반적으로 독립변수 개수의 10배 정도로 알려져 있지만, 데이터는 많을수록 통계적 결과의 안정성이 높아진다. 하지만 무조건 표본 크기가 크다고 좋은 것은 아니며, 서로 유사한 패턴의 데이터만 많이 수집하는 것보다 다양한 특성을 가진 데이터를 확보하는 것이 더 의미 있는 결과를 도출하는 데 도움이 된다.

또한, 분석에서 이상치(outlier)를 식별하고 제거하는 과정이 중요하다. 시장 가격이 제품의 내재적 가치를 제대로 반영하지 못할 가능성이 있는 데이터는 분석 결과에 왜곡을 가져올 수 있다. 예를 들어, 속성에 비해 과도하게 가격이 높거나 낮은 제품은 이상치일 가능성이 크다. 구체적으로 시장점유율이 급등하는 제품은 가격이 가치에 비해 낮게 책정되었을 수 있고, 시장점유율이 급락하거나 거의 매출 실적이 없는 제품은 가격이 제품의 질적 수준에 비해 터무니없이 높게 책정되었을 수 있다. 가장 이상적인 것은 시장점유율 변동이 거의 없는 안정적인 제품만을 표본에 포함시키는 것이지만, 이는 시계열 데이터 확보의 어려움 때문에 현실적으로 쉽지 않다. 한편 시장점유율의 변동이 큰 제품은 대체로 새로운 속성을 가진 신제품이거나 독창적인 제품일 가능성이 높다. 그러므로 HPM 의 타당성을 위해 가능하다면 데이터분석에 포함시키는 것이 바람직한 면도 있다. 따라서 일반적으로는 회귀분석을 실행한 후, 통계적으로 이상치를 식별하여 제거하는 방안을 추천하고 싶다.

학술 연구 개요 5-2

공유경제 시대의 가격 책정:
에어비앤비 리스팅에 적용된 헤도닉 가격모형 (Gibbs et al., 2018)

✿ 연구 배경

공유경제 플랫폼 에어비앤비(Airbnb)의 등장은 호텔과 같은 전통적인 숙박업과 달리, 위치, 크기, 편의시설, 호스트의 평판 등 모든 것이 제각각인 비표준화된 숙소를 시장에 공급했습니다. 이러한 상황에서 "수많은 개별 숙소의 가격은 과연 어떤 요인에 의해 결정되는가?"라는 질문은 플랫폼 운영자와 호스트 모두에게 매우 중요한 과제가 되었습니다. 이 연구는 헤도닉 가격모형을 활용하여 에어비앤비 숙소의 다양한 속성들이 가격에 미치는 영향을 계량적으로 분석합니다.

✿ 핵심 연구 질문

본 연구는 "에어비앤비 사용자는 숙소의 어떤 유형적, 무형적 속성에 더 높은 가치를 부여하고 비용을 지불하는가?"를 핵심 질문으로 삼습니다. 이를 통해 공유 경제 환경에서 가치가 어떻게 창출되고 가격으로 연결되는지를 이해하고자 합니다.

✿ 자료 및 사례

캐나다 토론토 지역의 1,500개 이상 에어비앤비 리스팅 데이터를 분석했습니다.

✿ 주요 연구 결과

- 유형적 자산의 가치: 예상대로 숙소의 크기(침실 수, 욕실 수, 최대 수용 인원)는 가격에 가장 큰 영향을 미치는 요인이었습니다. 이는 고객이 물리적 공간과 편의성에 직접적인 가치를 부여함을 보여줍니다. 또한, 도심과의 근접성 같은 자리적 위치 역시 중요한 가격 결정 요인이었습니다.
- 무형적 자산(평판)의 가치: 이 연구의 핵심적인 발견 중 하나는 호스트의 평판과 같은 무형적 자산이 가격에 미치는 상당한 영향입니다. 긍정적인 후기의 수, 높은 별점 평균, 그리고 '슈퍼호스트' 자격은 숙소 가격에 유의미한 프리미엄을 더하는 것으로 나타났습니다. 이는 정보 비대칭성이 큰 공유경제 환경에서 신뢰가 실질적인 경제적 가치로 전환됨을 의미합니다.
- 부가 편의시설의 가치: 수영장, 온수 욕조(hot tub), 무료 주차와 같은 편의시설 역시 가격을 높이는 요인이었습니다. 이는 고객들이 기본 숙박 기능 외에 추가적인 경험과 편의에 기꺼이 비용을 지불할 의사가 있음을 시사합니다.

전략적 함의

이 연구는 헤도닉 가격모형이 호텔처럼 표준화된 상품뿐만 아니라, 에어비앤비 숙소처럼 고도로 개별화된 서비스의 가격 구조를 분석하는 데에도 매우 효과적인 도구임을 입증했습니다. 호스트는 이 분석 결과를 바탕으로 자신의 숙소가 가진 강점(예 좋은 위치, 높은 평판)을 활용해 가격을 최적화하거나, 어떤 편의시설에 투자하는 것이 투자수익률(ROI)이 높을지 판단할 수 있습니다. 이는 공유경제 시대에 신뢰와 평판이라는 무형적 자산이 어떻게 실질적인 수익으로 연결되는지에 대한 구체적인 증거를 제공합니다.

출처: Gibbs, C., Guttentag, D., Gretzel, U., Morton, J., & Goodwill, A. (2018). Pricing in the sharing economy: a hedonic pricing model applied to Airbnb listings. Journal of Travel & Tourism Marketing, 35(1), 46-56.

5-3 HPM 분석 결과의 전략적 응용

헤도닉 가격모형(HPM)은 소비자가 제품의 각 속성에 대해 얼마나 가치를 부여하는지를 계량적으로 측정하는 분석 도구로, 이를 통해 기업은 어떤 속성이 고객에게 긍정적인 영향을 미치는지를 파악하고 차별화 전략 수립과 자원 배분에 활용할 수 있다. HPM의 기본 구조는 제품의 가격을 $Price = b_0 + b_1X_1 + b_2X_2 + \cdots + b_nX_n$ 와 같은 선형 회귀 모형으로 표현하는데, 여기서 X는 제품의 개별 속성을, b는 각 속성이 가격에 미치는 영향력을 나타내는 계수이다. 이 계수가 통계적으로 유의한지 여부는 회귀분석의 핵심적인 해석 포인트가 된다.

통계적 유의성은 분석된 결과가 우연히 발생했을 가능성이 낮음을 의미하며, 일반적으로 p-value가 0.05보다 작을 때 해당 계수는 통계적으로 유의하다고 판단한다. 이렇게 도출된 속성별 계수는 중요한 전략적 시사점을 제공한다. 통계적으로 유의하면서 계수가 양(+)인 속성은 고객이 가치를 인식하고 더 높은 가격을 지불할 의향이 있는 요소이므로, 해당 속성의 성능을 강화하거나 새롭게 추가하면 제품의 편익(B)을 증가시킬 수 있다. 반면,

통계적으로 유의하지 않거나 계수가 음(-)인 속성은 고객이 가치를 느끼지 못하거나 부정적으로 인식하는 것이므로,[7] 해당 속성은 축소하거나 제거하여 불필요한 비용(C)을 줄이고 절감된 자원을 다른 가치 있는 속성에 재투자하는 것이 바람직하다.

차별화 전략은 단순히 편익(B)을 높이는 것뿐만 아니라, 해당 속성을 개선하거나 제거하는 데 드는 비용(C)도 함께 고려해야 한다. 가장 효과적인 전략은 편익이 크고 비용이 작은 속성을 강화하고, 편익은 작고 비용이 큰 속성을 제거 또는 축소하는 것이다. 만약 기업이 제품 단위의 헤도닉 비용함수($Cost = c_0 + c_1X_1 + \cdots + c_nX_n$)를 추정할 수 있다면, 각 속성에 대해 순 기여도($b_i - c_i$)를 계산하여 경제적 가치(B-C)를 극대화하는 방향을 시뮬레이션할 수 있다. 또한, HPM 분석을 통해 특정 제품의 예측 가격(predicted price)을 도출하고 실제 시장 가격(actual price)과 비교하여 과대평가 또는 과소평가 여부를 판단함으로써 가격 조정이나 포지셔닝 전략에 활용할 수 있다. 이처럼 HPM은 단순한 가격 분석 도구를 넘어, 제품 전략, 자원 배분, 차별화 방향성 설정 등 전략적 의사결정에 깊이 있는 근거를 제공하는 분석 프레임워크이다.

5-4 연습문제: 헤도닉 가격모형을 통한 차별화 전략 수립 응용

최신 노트북 컴퓨터 시장에서 브랜드 간 시장점유율이 안정적인 기간의 데이터를 수집하여 다음과 같은 헤도닉 가격 회귀 방정식을 추정하였다. (단, * 표시가 있는 계수는 통계적으로 유의하다)

노트북 가격(원) = 600,000* + 150,000* x (CPU 성능 점수) + 800* x (SSD 용량) + 30,000* x (메모리 용량) - 50,000 x (무게) + 300,000* x (OLED Dummy) + 150,000* x (터치스크린 Dummy) + 150,000* x (Win11 Home Dummy) + 350,000* x (Win11 Pro Dummy)

변수 설명은 다음과 같다.

- CPU 성능 점수: 1~10 점 척도 (예 Core i3=3, i5=5, i7=7, i9=9)
- SSD 용량: GB 단위
- 메모리 용량: RAM 용량, GB 단위
- 무게: Kg 단위
- OLED Dummy: 디스플레이가 OLED 이면 1, 아니면 (LCD) 0
- 터치스크린 Dummy: 터치스크린 기능이 있으면 1, 아니면 0
- Win11 Home Dummy: OS 가 Windows 11 Home 이면 1, 아니면 0
- Win11 Pro Dummy: OS 가 Windows 11 Pro 이면 1, 아니면 0

※ Window 11 Home 과 Pro 를 동시에 사용하는 경우는 없음

문제 1

노트북 제조사 YYY의 주력 제품은 Windows 11 Home 운영체제를 탑재하고 있으며, CPU 성능 점수는 5, SSD 용량은 512GB, RAM은 16GB입니다. 또한, 무게는 1.5Kg이며, 터치스크린 기능이 없는 LCD 디스플레이를 장착하고 있습니다. 이 제품의 기대 가격은 얼마인가?

문제 2

YYY 기업은 문제 1의 제품에 대한 세 가지 개선안을 검토하고 있다. 각 대안의 제품 1대당 투자 비용은 20만원으로 동일하다. 각 대안이 노트북 한 단위의 경제적 가치(EV = Benefit - Cost)에 미치는 증감량을 계산하고, 가장 유리한 방안과 가장 불리한 방안을 선택하시오.

(1안) 디스플레이를 OLED로 업그레이드

(2안) 터치스크린 기능 추가

(3안) OS를 Windows 11 Pro로 업그레이드

요 / 약

헤도닉 가격모형(HPM)은 제품 가격을 개별 속성들의 암묵적 가치 합으로 분해하여, 각 속성이 가격에 미치는 영향을 계량적으로 측정하는 강력한 분석 도구이다. 에어비앤비와 온라인 게임 아바타 사례에서 보듯, HPM은 전통적인 재화뿐만 아니라 공유경제 서비스나 가상 자산의 가치를 분석하는 데에도 효과적으로 적용될 수 있다. 신뢰도 높은 분석을 위해서는 종속변수 선택(Price vs. log Price), 범주형 독립변수 변환(더미 변수), 다중공선성, 통계적 유의성(p-value), 데이터 정제 등 기술적 사항을 신중히 고려해야 한다. HPM 분석 결과는 어떤 속성을 강화(Raise/Create)하여 편익(B)을 높이고, 어떤 속성을 축소(Reduce/Eliminate)하여 원가(C)를 절감할지 결정하는 데 중요한 근거를 제공함으로써 효과적인 차별화 전략 수립에 기여한다.

지금까지 제품의 가치를 구성하는 개별 속성의 가격을 측정하는 방법을 배웠다. 그렇다면 이러한 미시적인 분석을 넘어, 기업이 속한 산업 전체의 구조는 기업의 수익성에 어떤 영향을 미칠까? 제6장에서는 개별 기업의 차원을 넘어 산업 전체의 경쟁 구도를 분석하는 마이클 포터의 5가지 세력 프레임워크을 통해 산업 구조 분석의 기초를 다져본다.

생각해 볼 문제

1 HPM 분석을 위한 독립변수 선정 시, 범주형 척도(예 브랜드명, 색상)를 '더미 변수'로 변환해야 하는 이유는 무엇이며, 변환 방법을 구체적인 예시를 들어 논하시오.

2 임계치 85평방미터를 기준으로 두 구간으로 나누어 기울기 계수를 추정하기 위하여 주택면적 변수 Size 를 두개의 변수 Sizelow 와 Sizehigh 로 나눈다. Sizelow 는 85평방미터 이하의 주택면적을 나타내며 85를 초과하는 주택면적은 0의 값을 갖는다. Sizehigh 는 85평방미터 초과의 주택면적을 나타내며 85를 이하의 주택면적은 0의 값을 갖는다.

3 HPM 분석 결과, 특정 제품 속성의 회귀 계수 p-value 가 0.05 보다 클 경우(유의하지 않음), 기업은 이 결과를 어떻게 해석하고 차별화 전략에 반영해야 하는가?

4 HPM 분석을 통해 제품 속성 변화가 편익(B)에 미치는 영향을 파악했다면, 이를 실제 차별화 전략에 응용할 때 반드시 '비용(C)' 측면을 함께 고려해야 하는 이유는 무엇인가?

보충설명

1 '헤도닉 가격(hedonic price)'은 본질적 가격함수로도 불리며, 시장에서 관찰되는 제품의 속성들을 반영한 총 가격을 의미하며, 암묵가격(implicit price)은 특정 속성의 한계가격(marginal price)이라고도 불린다. 헤도닉 가격은 제품의 총가격이 개별속성들의 조합에 의해 어떻게 형성되는 지를 나타내는 함수값이다. 암묵적 가격은 헤도닉 가격을 개별속성별로 편미분하여 나오는 개별속성이 총가격에 기여하는 한계효과, 가격기여도라고 해석하면 된다.

2 종속변수(dependent variable)는 피설명변수(explained variable)라고도 불린다.

3 순위척도는 각 순위(예 1등, 2등, 3등) 간의 간격이 일정하지 않으므로 등간척도와는 다르다. 따라서 회귀분석의 독립변수로 그대로 사용하기에는 통계적 제약이 따른다. 순위 자체에 의미가 있어 순위 변수를 그대로 회귀분석에 사용하는 경우도 있으나, 엄밀하게는 각 순위를 여러 등급의 더미 변수로 변환하여 처리하는 것이 통계적으로 더 타당하다.

4 다중공선성(multicollinearity)은 회귀분석에서 독립변수들 사이에 강한 선형 관계가 존재하여 회귀계수의 추정치를 불안정하게 만드는 현상을 말한다. 이 경우, 각 독립변수가 종속변수에 미치는 순수한 영향을 분리하기 어려워진다.

5 귀무가설(null hypothesis, H_0)은 통계적 가설 검정에서 연구자가 기각하고자 하는 가설이다. 회귀분석의 맥락에서 특정 독립변수의 계수(βi)에 대한 귀무가설은 보통 '해당 변수가 종속변수에 아무런 영향을 미치지 않는다(βi = 0)'로 설정된다. p-value는 이 귀무가설이 사실일 때 현재와 같은 데이터가 관찰될 확률을 의미하므로, p-value가 매우 작으면 귀무가설을 기각하고 '해당 변수가 유의미한 영향을 미친다'는 대립가설(alternative hypothesis, H_1)을 채택하게 된다.

6 유의수준(significance level)은 귀무가설을 기각하는 판단의 기준이 되는 확률값으로, 보통 α로 표기한다. 연구자가 제1종 오류(귀무가설이 사실인데도 기각하는 오류)를 범할 최대 허용 확률을 의미한다. 예를 들어 유의수준 5% (0.05)는, 100번의 판단 중 5번까지는 잘못된 기각을 할 수 있음을 감수하겠다는 의미이다.

7 계수가 유의하지 않다고 판단되면 계수의 값을 "0"으로 간주해도 된다.

참고문헌

Castronova, E. (2004). The price of bodies: A hedonic pricing model of avatar attributes in a synthetic world. *Kyklos, 57*(2), 173-196.

Gibbs, C., Guttentag, D., Gretzel, U., Morton, J., & Goodwill, A. (2018). Pricing in the sharing economy: a hedonic pricing model applied to Airbnb listings. *Journal of Travel & Tourism Marketing, 35*(1), 46-56.

Rosen, S. (2004). Hedonic prices and implicit markets: product differentiation in pure competition. *Journal of Political Economy, 82*(1), 34-55.

CHAPTER 06

환경 및 산업 분석 1: 다섯 가지 세력 프레임워크

Chapter 6

환경 및 산업 분석 1: 다섯 가지 세력 프레임워크

기업의 성과는 과연 무엇에 의해 결정되는가? 뛰어난 경영진의 역량인가, 탁월한 기업 문화인가, 아니면 기업이 속한 산업의 특성인가? 실제로 여러 연구에 따르면 기업 성과의 상당 부분은 개별 기업의 노력만으로는 설명할 수 없는 외부 환경 요인, 특히 기업이 속한 산업의 구조적 특성에 의해 결정된다. 즉, 어떤 산업에서 경쟁하느냐가 기업의 평균적인 수익성을 좌우하는 중요한 변수가 된다는 것이다.

이번 장에서는 기업전략 수립의 출발점인 외부 환경 분석, 그중에서도 산업의 수익성과 경쟁의 규칙을 결정하는 산업 구조를 체계적으로 분석하는 방법에 대해 알아본다.

6-1 일반환경분석과 산업구조분석

기업의 전략은 기업 내부 요인이나 산업 내부의 경쟁 요인만으로 설명되지 않는다. 기업은 자신을 둘러싼 더 큰 외부 환경의 영향을 받으며, 이를 체계적으로 분석하는 방법이 바로 일반환경분석(PESTEL 분석)이다.

일반환경은 여러 산업에 공통적으로 작용하는 거시적 요인을 의미하며, PESTEL 분석에서 PESTEL은 정치적(political) 환경, 경제적(economic) 환경, 사회·문화적(social) 환경, 기술적(technological) 환경, 환경·생태적(environmental) 환경, 법적(legal) 환경의 영문약자로 거시적 환경요인을 포괄하고 있다. 예를 들어, 정치적 사건으로는 중국의 해양 군사력 강화에 따른 영토 분쟁 가능성, 러시아-우크라이나 전쟁, 이스라엘과 이란과의 군사적 충돌 등이 있으며, 이는 글로벌 공급망과 에너지 가격 변동을 통해 특정 산업의 수익성에 직·간접적으로 영향을 미친다. 기술적 변화로는 인공지능의 발전에 따른 사무 생산성 향상, 로봇 및 자율주행 기술의 상용화가 있다. 인구 동향을 살펴보면 저출산에 따른 고령 인구 비중 증가, 만혼과 경제적 독립으로 인한 1인 가구의 증대가 뚜렷하다. 사회·문화적 변화 측면에서는 음주와 여가 문화의 변화, K-컬처의 세계적 확산이 중요한 사례가 될 수 있다. 경제적 환경에서는 비트코인과 같은 가상자산의 확산, 각국의 경기 과열 또는 둔화에 따른 재정·통화정책의 변화가 기업 경영에 큰 영향을 준다. 법적 환경의 경우, 로스쿨 제도의 정착과 변호사 수의 증가가 법률 서비스 시장을 소비자 중심으로 바꾸었다.

이처럼 일반환경은 다양한 방식으로 산업과 기업 활동에 영향을 미친다. 그러나 일반환경에 대한 정보와 분석은 국가기관이나 민간 경제연구소, 신문, 방송, 인터넷 등을 통해 비교적 쉽게 공유된다. 그럼에도 불구하고 기업마다 다른 해석을 내리게 되는데, 이는 경영자의 관점 차이 때문이다. 예컨대 어떤 경영자는 경제적 요인만을 중시하는 단순계적 시각에 머무르는 반면, 다른 경영자는 지정학적 요인, 기술 변화, 경제 변수를 함께 고려하는 복잡계적 시각으로 접근할 수 있다([그림 6-1]을 참조하시오). 전자의 경우 금리, 환율, 현금흐름 같은 단기적 지표에 의사결정을 집중하게 되고, 후자의 경우 정부 정책, 국제 정치의 역학, 기술 변화가 경제 변수 및 기업 가치와 상호작용하는 방식을 입체적으로 고려하게 된다. 따라서 동일한 환경 데이터를 보더라도 해석의 틀에 따라 전혀 다른 전략적 선택이 도출될 수 있다.

그림 6-1 일반환경분석에서 단순계와 복잡계의 차이

단순계 킬리만자로
(예: 경제의 일차원적 시각)

복잡계 알프스
(예: 경제, 정치, 기술의 다차원적 시각)

이와 같은 일반환경분석은 산업구조분석과 긴밀히 연결된다. 산업구조분석은 포터의 Five Forces 프레임워크에 따라 산업 내 수익성 구조를 규정하는 다섯 가지 힘—기존 경쟁자 간의 경쟁 강도, 신규 진입자의 위협, 대체재의 위협, 공급자의 교섭력, 구매자의 교섭력—을 분석한다. PESTEL 분석이 산업 외부의 거시적 변화를 포착한다면, Five Forces 프레임워크 분석은 그러한 변화가 산업 내부 경쟁구도를 어떻게 바꾸는지를 보여준다. 예를 들어, 자동차 산업에서 정부의 강력한 환경 규제와 보조금 정책은 산업 구조의 역학 관계를 근본적으로 뒤흔드는 동인이 된다. 이러한 정책 기조는 전기차 산업으로 향하는 자본과 기술의 유입을 가속화하여 신규 진입자의 장벽을 낮추는 역할을 하며, 내연기관차 중심의 전통적인 자동차 시장 입장에서는 전기차라는 강력한 대체재의 위협을 급격히 심화시킨다. 기술적 환경의 변화 역시 산업의 경쟁 지형을 재편한다. 특히 인공지능 기술의 비약적 발전과 자율주행 기능의 도입은 자동차 산업의 핵심 경쟁 요소를 단순한 기계 공학적 완성도에서 소프트웨어 역량으로 이동시키고 있다. 이는 구글이나 애플과 같은 거대 정보통신 기업들이 새로운 진입자로 등장할 수 있는 토양을 마련해주었으며, 시장 선점을 위한 기존 완성차 업체들 사이의 기술 경쟁 강도를 전례 없는 수준으로 끌어올리는 결과를 초래한다.

결국 일반환경분석은 산업구조분석의 배경 조건을 형성한다. 기업은 먼

저 PESTEL 분석을 통해 외부 환경의 충격을 읽고, 그 다음 Five Forces 프레임워 분석을 통해 그러한 충격이 산업의 수익성과 경쟁구도를 어떻게 변화시키는지 파악해야 한다. 두 분석을 결합할 때 비로소 기업은 단기적인 경쟁 상황뿐 아니라 장기적인 환경 변화를 반영한 전략을 수립할 수 있다. 요약하면, PESTEL 분석이 산업 외부의 큰 파도를 읽는 방법이라면, Five Forces 프레임워 분석은 그 파도가 산업 내부의 경쟁 물결을 어떻게 바꾸는지를 보여주는 분석 틀이라고 할 수 있다.

6-2 산업구조가 만드는 게임의 룰: 콜라와 반도체 산업

우리가 일상에서 흔히 마시는 콜라 한 병이나 손에 든 스마트폰 속 반도체 칩에는 전략경영의 핵심 원리가 숨겨져 있다. 흥미로운 사실은 동일한 생태계 내에 존재하더라도 기업이 가치사슬(value chain)의 어느 단계에 위치하느냐에 따라 수익성이 극명하게 엇갈린다는 점이다.

전 세계 콜라 시장을 분석해 보면, 원액(concentrate)을 생산하는 코카콜라와 펩시 같은 기업은 매출 대비 매출원가율이 약 17%에 불과할 정도로 압도적인 수익성을 기록한다. 반면, 이들로부터 원액을 구매하여 병입하는 업체들의 매출원가율은 60%에 육박한다(Yoffie & Kim, 2010). 이러한 수익성 격차는 개별 기업의 역량을 넘어선 산업 구조의 결과이다. 원액 산업은 독과점 구조를 통해 강력한 협상력을 행사하는 반면, 병입 산업은 자본 집약적인 장치 산업의 특성상 낮은 수익 구조에 머물게 된다.

이러한 양상은 최첨단 반도체 산업에서도 흥미로운 형태로 재현된다. 현재 인공지능 시대를 주도하는 엔비디아(NVIDIA)와 그 파트너들의 관계를 살펴보자. 가치사슬의 최상단에서 칩을 설계하는 엔비디아는 독보적인 아키텍처와 쿠다(CUDA)라는 소프트웨어 플랫폼을 무기로 압도적인 수익을 창출한다. 반면, 이들에게 메모리를 공급하는 업체들은 기술 패러다임의 전환기에 따라 수익의 핵심 지점이 빠르게 이동하는 것을 경험한다.

인공지능 기술의 초기 '학습(training)' 단계에서는 방대한 데이터를 한꺼번에 처리하기 위한 대역폭이 중요했기에 고대역폭 메모리(HBM, High Bandwidth Memory)가 가치사슬의 핵심 병목(bottleneck)이자 수익 창출원 노릇을 했다[1]. 하지만 기술의 무게중심이 실제 서비스 단계인 '추론(inference)'으로 이동하면서 상황은 변하고 있다. 추론 단계에서는 절대적인 성능 못지않게 전력 효율과 비용 경제성이 강조되기에, DDR5나 LPDDR 같은 전통적인 고성능 메모리 세그먼트의 중요성이 다시 부각되고 있다. 이에 따라 메모리반도체 산업에서 SK하이닉스에만 수익이 집중되었다가 2025년 하반기부터 삼성전자, 마이크론 등 메모리 업체에게도 수익이 급증하고 있다. 이는 특정 고부가 제품에만 쏠렸던 수익성이 다시 범용적이지만 기술적 완성도가 높은 표준 메모리 영역으로 재분배될 수 있음을 시사한다.[2]

이 과정에서 TSMC는 엔비디아의 공급자인 동시에 필수적인 보완자(complementor)로서 독보적인 지위를 유지한다. TSMC는 미세 공정의 독점적 제조 능력을 바탕으로 설계 업체인 엔비디아와 수익을 나누는 강력한 협상력을 가진다. 마이크로소프트나 구글 같은 구매자들이 엔비디아에 줄을 서는 동안, TSMC는 그 공급의 게이트키퍼로서 가치사슬 내 수익을 안정적으로 점유한다. 결국 기업이 산업 내 어떤 위치에서 어떤 자산을 통제하느냐가 이익의 크기를 결정하는 핵심 변수가 된다.

6-3 산업 분석의 이론적 토대: 구조-행위-성과(S-C-P) 모델

산업의 구조적 특성이 기업의 수익성에 미치는 영향을 체계적으로 설명하는 이론적 뿌리는 경제학의 산업조직론에서 발전한 구조-행위-성과(Structure-Conduct-Performance, S-C-P) 모델에서 찾을 수 있다. 이 모델의 핵심 논리는 다음과 같다.

- 산업 구조(Structure): 경쟁 기업의 수, 제품의 유사성, 진입 및 퇴거 장벽 등 산업의 구조적 특성이,[3]
- 기업 행위(Conduct): 가격 설정, R&D 투자, 광고 등 기업의 전략적 행동을 결정하고,
- 성과(Performance): 이러한 기업의 행동이 모여 산업 전체의 수익성, 사회후생, 또는 기술 진보와 같은 성과를 결정한다.

전통적인 산업조직론에서 출발한 S-C-P(Structure-Conduct-Performance) 모델은 본래 기업의 수익성을 높이기 위한 도구가 아니라, 사회 전체의 경제적 후생을 보호하기 위한 공공 정책의 기초로 고안되었다. 20세기 초중반 경제학자들은 소수의 거대 기업이 시장을 독점할 때 발생하는 폐해에 주목했으며, 정부가 어떻게 독과점을 규제하고 완전경쟁에 가까운 시장 구조를 유도할 것인가를 핵심 연구 과제로 삼았다. 경제학적 관점에서 완전경쟁 시장은 개별 기업의 초과 이윤이 사라지고 경제적 이윤이 '0'에 수렴하는 상태를 의미하며,[4] 이는 자원이 가장 효율적으로 배분되어 소비자 후생이 극대화되는 사회적으로 가장 바람직한 상태로 간주되었다(Mason, 1939; Bain, 1956). 따라서 초기 S-C-P 모델은 시장의 '구조'가 기업의 '행위'를 결정하고, 결과적으로 산업의 '성과'를 좌우한다는 논리 아래, 독점적 구조를 타파하여 기업의 이윤을 낮추고 사회적 후생을 높이는 데 그 목적이 있었다.

그런데 하버드 경영대학원의 마이클 포터(Michael Porter)는 이 모델을 정반대의 관점에서 활용하는 놀라운 역발상을 선보였다. 그는 사회 후생이 아닌 개별 기업의 이윤 극대화에 초점을 맞춰, "어떻게 하면 경쟁을 제한하고 독과점적 이윤을 얻을 수 있는 산업 구조를 찾거나 만들 수 있을까?"라는 질문에 답하는 도구로 S-C-P 모델을 재해석했다. 정부가 독과점을 막기 위해 개발한 이론을, 기업이 초과 이윤을 얻기 위한 전략 도구로 탈바꿈시킨 것이다.

학술 연구 개요 6-1

산업 구조와 기업 성과: 20개 제조업 산업의 수익성 분석 (Bain, 1951)

✿ 연구 배경

1950년대 이전까지 경제학계에서는 시장 구조와 기업 성과 사이의 실증적인 관계에 대한 논의가 부족했습니다. 조 베인(Joe S. Bain)은 특정 산업의 구조적 특성, 특히 시장 집중도가 기업의 이윤율에 실제로 어떤 영향을 미치는지를 데이터를 통해 증명하고자 했습니다.

✿ 핵심 연구 질문

산업집중도(market concentration)가 높을수록 해당 산업 내 기업들의 수익성(profitability)도 유의미하게 높아지는가?

✿ 자료 및 사례

1936년부터 1940년까지 미국의 20개 주요 제조업 산업을 대상으로 각 산업 내 상위 기업들의 수익률 데이터를 수집하여 분석에 활용했습니다.

✿ 주요 연구 결과

분석 결과, 상위 8개 기업의 시장 점유율 합계가 70%를 넘는 고집중 산업은 그보다 집중도가 낮은 산업에 비해 평균적으로 훨씬 높은 수익률을 기록하고 있음이 확인되었습니다. 이는 시장 구조가 개별 기업의 효율성과 관계없이 산업 전체의 평균 수익성을 결정짓는 강력한 요인임을 시사합니다. 특히 진입 장벽이 높은 산업일수록 기존 기업들이 경쟁을 제한하고 높은 이윤을 유지하기가 수월하다는 점이 드러났습니다. 베인은 이러한 높은 수익성이 기업의 혁신 결과라기보다는 산업 구조에서 기인한 독점적 이익의 성격이 강하다고 분석했습니다. 결과적으로 시장 내 기업 수가 적고 집중도가 높을수록 완전경쟁에서 멀어지며 기업의 이윤은 증가한다는 사실을 실증적으로 밝혀냈습니다.

전략적 함의

이 연구는 이후 마이클 포터의 산업 구조 분석(five-forces framework)의 이론적 토대가 되었습니다. 정부에게는 독과점 규제의 근거를 제공했지만, 경영자들에게는 높은 수익을 얻기 위해 어떤 구조적 특징을 가진 산업을 선택하거나 만들어야 하는지에 대한 역설적인 통찰을 제공했습니다.

출처: Bain, J. S. (1951). Relation of profit rate to industry concentration: American manufacturing, 1936-1940. The Quarterly Journal of Economics, 65(3), 293-324.

6-4 포터의 5가지 세력: 경쟁의 새로운 정의

포터는 S-C-P 모델을 바탕으로, 특정 산업의 평균적인 수익성을 결정하는 5가지 구조적 요인을 '5가지 경쟁 세력(five competitive forces)'이라는 프레임워크로 체계화했다. 그의 핵심 주장은 경쟁이 단순히 눈에 보이는 경쟁사와의 싸움이 아니라는 것이다. 기업의 수익성을 위협하는 경쟁 압력은 다음의 다섯 가지 방향에서 온다.

1. 신규 진입자의 위협 (Threat of New Entrants)
2. 기존 경쟁자 간의 경쟁 강도 (Rivalry among Existing Competitors)
3. 대체재의 위협 (Threat of Substitute Products or Services)
4. 구매자의 협상력 (Bargaining Power of Buyers)
5. 공급자의 협상력 (Bargaining Power of Suppliers)

이 5가지 세력의 종합적인 힘이 강할수록 해당 산업의 평균 수익성은 낮아지고, 반대로 약할수록 높아진다. 따라서 산업 분석의 핵심은 이 다섯 가지 힘의 원천을 파악하고, 그 강도를 평가하여 산업의 장기적인 매력도를 판단하는 것이다.

그림 6-2 Porter의 다섯가지 세력 (five-forces) 프레임웍

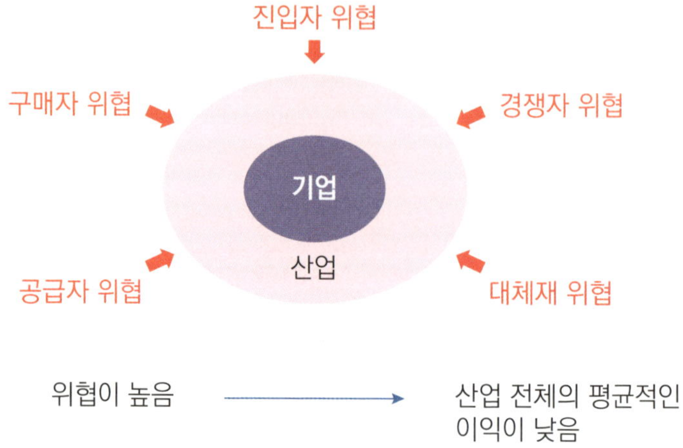

위협이 높음 → 산업 전체의 평균적인 이익이 낮음

그렇다면 단 하나의 기업이 존재하는 독점산업에서도 산업구조 분석이 필요할까? 일반적으로 독점산업에서는 산업구조 분석이 필요하지 않고 기업의 생산운영계획이 산업차원의 계획이 된다.[5] 그렇다면 산업구조 분석을 하는 이유는 무엇일까? 기업의 숫자로는 2~10개 정도의 기업이 상호경쟁하는 과점 상황에서는 상호작용에 의한 불확실성으로 인해, 분석적 모형으로 수요-공급분석이 가능하지 않다. 이러한 과점산업에서 산업의 구조가 규정하는 경쟁의 성격을 이해하는 것이 무엇보다 중요하다. 해당 산업에서 이러한 5가지 유형의 위협을 가져오는 요소가 무엇인지를 밝혀서 산업의 장기적 매력도와 함께 산업의 주요성공요인(Key Success Factor, KSF)을 파악하는 것이 중요하다. 즉, 산업의 경쟁을 주도하는 메커니즘을 파악하여 미래 산업구조 변화 방향을 살펴서 미래 수익전망과 함께 기업의 포지셔닝 전략을 수립하고, 능동적으로 산업구조를 변화시키는 전략을 도출하는 것이 다섯가지 세력 프레임웍의 주요 목표이다.

5가지 세력 분석의 적용 단계

5가지 세력 프레임워크를 효과적으로 적용하기 위해서는 다음과 같은 체계적인 단계를 따르는 것이 바람직하다.

산업의 정의와 경계 설정

분석의 가장 중요한 출발점은 분석 대상 산업의 범위를 명확히 하는 것이다. 제품의 범위와 지리적 범위를 어떻게 설정하느냐에 따라 분석 결과가 크게 달라질 수 있다. 적절한 산업의 정의는 매우 중요하다. 반도체 산업을 정의하면서 한국 반도체 산업이라고 이름 붙이는 것 자체가 잘못되었는데, 반도체 산업은 제품과 생산과정의 특성 상 글로벌 산업이므로 글로벌 반도체 산업이라고 하거나 반도체 산업이라고 하면 글로벌을 전제로 해야 한다. 금융 및 유통산업은 국가별로 다른 규제와 고객선호도로 인해 글로벌 산업이라기 보다는 국내산업이므로 일본 은행산업, 한국 신선식품유통산업, 미국 백화점 산업 등과 같이, 국가별로 정의되는 것이 적절할 것이다. 예를 들어 반도체 산업 안에는 메모리, 비메모리, 파운드리 같은 세부 산업이 존재하고 메모리에도 DRAM, 플래시메모리, SSD 등 세분제품이 존재한다. 그러면 어느 정도의 범위에서 산업을 정의하는 것이 좋을까? 가능한한 세분화하되 지나치게 세분화하면 세분시장별로 정보를 수집하기 위해 많은 시간과 노력 등 분석 자원이 투입되어야 하므로 비용-편익을 고려한 적정 산업 정의의 수준을 정해야 할 것이다. 이를 위해 여러 다양한 산업에서의 산업분석 경험이 적절한 산업 정의를 위하여 도움이 될 것이다.

때로는 공급자와 구매자가 누구인지가 명확하지 않은 경우도 많은 데 포탈과 유통플랫폼, OTT 같은 산업에서 구매자가 누구인가를 고려할 때 누가 서비스를 이용하는 그룹인지를 생각하면 된다. 또한 이러한 서비스를 가능하게 하는 생산요소를 제공하는 주체가 공급자이다. 예를 들어, 판매자와 구매자를 이어주는 온라인 유통플랫폼에서 판매자는 공급자, 구매자는 고객이라고 생각하기 쉬우나 유통플랫폼은 판매자와 구매자를 연결시켜주고 수수료를 받는, 연결 및 중개를 통해 가치를 창출하는 '가치네트워크'의 가치 구성체계를 갖는다(「학술연구개요 6-2] 를 참조하시오). 오픈 마켓 비즈니스 모델이 제공하는 본질적인 가치는 판매자와 구매자를 효율적으로 연결하는 중개 서비스에 있으며, 이 과정에서 판매자와 구매자 양측 모두가 플랫폼의 핵심적인 고객이라는 점을 명확히 인식해야 한다. 흔히 온라인 유통 플랫폼이 판매자를 단순한 공급자로 간주하여 가격 인하를 과도하게 압박하거나 불공정 행위를 일삼는 경우가 발생하곤 한다. 이러한 행위는 판매자의 이탈을 초래하며, 결과적으로 구매자가 선택할 수 있는 상품의 구색과 다양성을 감소시켜 플랫폼 전체의 서비스 수준을 저해하는 결과를 낳는다. 이러한 온라인 유통플랫폼의 중개 서비스를 가능하게 하는 유무형의 생산요소는 무엇이 있을까? 먼저, 인터넷서비스와 클라우드서비스, 데이터센터, 결제금융 시스템 제공업체 등의 서비스 제공회사가 있어야 할 것이다. 온라인 유통플랫폼 산업에서 공급자의 개념은 전통적인 제조업과 서비스업의 범위를 훨씬 넘어선다. 과거에는 원재료나 부품 또는 서비스를 가능하게 하는 시스템을 납품하는 기업 또는 서비스노동자들만을 공급자로 간주했다면, 디지털 생태계에서는 고객의 유입을 결정짓는 트래픽 제공자가 핵심적인 공급자 역할을 수행한다. 온라인 쇼핑몰이나 유통 플랫폼이 원활하게 작동하기 위해서는 고객과의 연결고리가 필수적이며, 이 과정에서 구글이나 네이버와 같은 검색 포털은 잠재적 구매자를 플랫폼으로 인도하는 관문 역할을 한다. 또한 유튜브나 인스타그램 등 대규모 이용자를 보유한 콘텐츠 제공 플랫폼들도 고객의 관심과 체류 시간을 공급함으로써 유통플랫폼의 가치를 높여준다. 결과적으로 이들은 온라인 유통플랫폼 산업의 성패를 좌우하는 강력한 협상력을 가진 공급자 집단에 해당한다(Hagiu & Wright, 2015). 보통 가치사슬 형태의 비즈니스 모델을 가진 제조업의 경우는 공급자와 구매자가 명확한 편이나 가치샵 또는 가치네트워 형태의 비즈니스 모델을 가진 경우는 누가 공급자인지 구매자인지 그리고 나아가서는 무엇이 기업의 주요한 활동인지가 가치사슬의 경우와는 달라 혼동되는 경우가 종종 있다([학술 연구 개요 6-2]를 참조하시오).

학술 연구 개요 6-2

경쟁우위를 위한 가치 구성:
가치사슬, 가치샵, 가치네트워크에 대하여 (Stabell & Fjeldstad, 1998)

✿ 연구 배경 가치사슬(value chain) 모델의 한계

마이클 포터의 가치사슬 모델은 투입물을 제품으로 변환하는 제조업의 가치 창출 방식을 분석하는 데 매우 유용합니다. 하지만 은행, 병원, 컨설팅 회사와 같은 서비스 기업에 이 모델을 적용하면, 그들의 핵심적인 가치 창출 활동을 제대로 설명하지 못하는 경우가 많습니다. 예를 들어, 은행의 '원자재'는 무엇이며, 병원의 '최종 제품'은 무엇일까요? 이처럼 가치사슬 모델만으로는 모든 산업의 경쟁우위를 분석하기 어렵다는 문제의식에서 이 연구는 출발합니다.

✿ 핵심 연구 질문

기업의 가치 창출 방식은 단일한가, 아니면 기술의 특성에 따라 다른 유형으로 나뉠 수 있는가?

✿ 자료 및 사례

이 연구는 특정 산업 데이터보다는 기존의 조직이론과 기술 분류에 대한 문헌 연구를 바탕으로 개념적 틀을 제시합니다.

✿ 주요 연구 결과

저자들은 기업의 가치 창출 방식이 단일하지 않으며, 기술의 특성에 따라 크게 세 가지 유형으로 나뉜다고 주장합니다.

표 6-1 가치사슬, 가치샵, 및 가치네트워크 비교

구분	가치사슬 (value chain)	가치샵 (value shop)	가치네트워크 (value network)
가치 창출 논리	효율적인 변환 (transformation)	문제 해결 (problem solving)	연결 및 중개 (mediation)

핵심 기술	순차연결 기술 (long-linked)	집약적 기술 (intensive)	중개 기술 (mediating)
주요 활동	원자재 입고 → 생산 → 출고 → 마케팅	문제 발견 → 해결 → 선택 → 실행 → 평가	네트워크 홍보 → 서비스 제공 → 인프라 운영
활동 관계	순차적 (sequential)	순환적/반복적 (cyclical)	동시적/병렬적 (simultaneous)
핵심 가치/비용 동인	비용: 규모, 설비가동률	가치: 평판, 추천	가치/비용: 네트워크 규모, 설비가동률
대표 산업	제조업	병원, 컨설팅	은행, 통신사

전략적 함의

이 연구는 전략 분석의 도구가 '가치사슬 분석'에서 '가치 구성 분석(value configuration analysis)'으로 확장되어야 함을 시사합니다. 기업은 자신이 속한 산업의 핵심 가치 창출 논리가 사슬, 샵, 네트워크 중 어디에 해당하는지를 먼저 파악해야 합니다. 그 후에야 각 구성 모델에 맞는 주요 활동, 비용 및 가치 동인, 전략적 포지셔닝 옵션을 제대로 분석하고 경쟁우위를 확보하는 전략을 수립할 수 있습니다. 이는 모든 기업에 획일적인 가치사슬 템플릿을 적용하는 것의 한계를 극복하고, 각 기업의 고유한 경쟁 논리를 더 깊이 있게 이해하는 새로운 분석 틀을 제공했다는 점에서 큰 의의가 있습니다.

출처: Stabell, C. B., & Fjeldstad, Ø. D. (1998). Configuring value for competitive advantage: on chains, shops, and networks. Strategic Management Journal, 19(5), 413-437.

각 세력에 영향을 미치는 요인 파악

다섯 가지 각 세력의 강도를 결정하는 구체적인 요인들을 식별한다. 그 구체적인 요인들에 대해서는 다음 절 '6-5 5가지 세력의 심층분석'에서 자세히 다루도록 한다.

세력의 강도 평가 및 산업 구조 분석

식별된 요인들을 바탕으로 각 세력의 종합적인 강도를 평가하고, 이들이 산업의 수익성에 어떤 영향을 미치는지 분석한다. 보통 5가지 세력강도가 모두 강하다면 산업의 수익성은 매우 낮을 것이다. 그 산업에 있는 모든 기업의 수익성이 낮을 필요는 없다. 평균적으로 낮다는 것이다. 5가지 세력강도가 모두 약하다면 산업의 평균 수익성은 매우 높을 것이다.

산업 구조의 변화 분석

현재뿐만 아니라 미래에 각 세력의 강도를 변화시킬 수 있는 요인(예 기술 변화, 정부 규제)을 분석하고, 산업 구조가 어떻게 진화할지 예측한다. 산업 구조가 미래에 어떻게 변화할 것인가를 예측하는 것은 매우 중요하다. 특히 어떤 환경변화가 있을 때 분석대상 산업의 구조변화의 방향을 예측하는 데에 5가지 세력 프레임워크은 매우 유용하다.

전략적 시사점 도출

분석 결과를 바탕으로, 5가지 세력의 위협으로부터 자사를 보호하고 유리한 포지션을 차지하거나, 나아가 산업 구조를 자사에 유리하게 변화시킬 수 있는 전략적 대안을 모색한다.

6-5 5가지 세력의 심층 분석

제1세력: 신규 진입자의 위협

기업들이 어느 산업에 쉽게 진입할 수 있다면 그 산업의 초과이윤은 신속하게 사라지게 된다. 현재 산업에 하나의 기업만 존재하여 외관상 독점기업이라 하더라도, 다른 기업들이 언제라도 쉽게 진입할 수 있다면 그 기업은 가격을 높게 매기지 못할 것이다. 이것이 Baumol(1986)이 이야기한 경합가능성(contestability)이다. 경합가능성이 존재하면 산업 구조가 독과점이든 아니든 상관없이 시장은 경쟁적이게 된다.

이러한 진입 가능성의 위협을 제한하는 것이 진입장벽(entry barrier)이다. 진입장벽이 높을수록 기존 기업 입장에서 진입 위협이 줄어들어 가격을 인상하여도 저항이 없으므로 그 산업은 매력적이라고 한다. 여기서 '매력적'이라는 것이 어떤 기업의 관점인지가 매우 중요하다. 이는 신규 진입을 노리는 기업이 아닌, 이미 그 산업에 진출해 있는 기존 기업의 관점이다. 이 점은 독자들이 혼동하기 쉬운 중요한 개념이다.

마치 튼튼하고 성벽이 높은 안시성이 침략군인 당나라 군대에게는 재앙이었지만, 수비군인 고구려군에게는 매력적인 요새였던 것과 같다. 전쟁에서 성벽이 높은 성 아래에 수많은 공격군의 시체가 쌓여 있듯이, 진입장벽이 높은 산업에는 수많은 스타트업이나 신규 진입 기업들이 실패하여 파산하거나 퇴출당하곤 한다. 다만 경쟁전략에서의 실패와 파산은 실제 전쟁과 달리 눈에 보이지 않을 뿐이다.

진입장벽의 주요 원천은 다음과 같다.

- 규모의 경제(economies of scale): 최소효율규모(Minimum Efficient Scale, MES)[6]에 도달해야만 경쟁력 있는 원가를 확보할 수 있는 산업에서는 신규 진입이 어렵다. 예를 들어 고로 제철소의 경우 연간 500~600만톤의 생산 규모를 갖춰야 하는데, 이는 막대한 초기 투자를 요구하므로 강력한 진입장벽으로 작용한다.
- 제품 차별화(Product Differentiation): 기존 기업들이 장기간에 걸쳐 쌓아올린 브랜드 인지도와 고객 충성도를 통해 신규 진입자에게 강력한 진입 장벽으로 작용한다. 특히 코카콜라와 펩시의 사례는 이러한 장벽이 얼마나 공고한지 명확히 보여준다. 이 두 기업은 100년이 넘는 시간 동안 천문학적인 광고비와 마케팅 자원을 투입하여 콜라라는 제품을 단순

한 탄산음료를 넘어 하나의 문화적 상징이자 라이프스타일로 각인시켰다. 이러한 세월의 축적은 소비자들에게 강력한 정서적 유대를 형성하며, 이는 새로운 경쟁자가 단순히 낮은 가격이나 유사한 맛을 내세운다고 해서 쉽게 무너지지 않는 브랜드 자산이 된다. 결과적으로 신규 진입자가 이들과 대등하게 경쟁하기 위해서는 기존 기업들이 세기를 거쳐 구축한 브랜드 효과를 상쇄할 만큼 막대한 마케팅 비용과 인내의 시간을 투자해야 하며, 이는 산업 내 수익성을 보호하는 강력한 해자 역할을 한다(Yoffie & Kim, 2010).

- 자본 소요량(capital requirements): 자본 소요량은 새로운 경쟁자가 시장에 진입하기 위해 투입해야 하는 초기 투자 비용의 크기를 의미하며, 이는 산업 내 수익성을 보호하는 강력한 진입 장벽으로 작용한다. 메모리 반도체 산업에서 최첨단 미세 공정을 갖춘 공장 하나를 건설하는 데 수십 조 원이 투입되거나, 챗GPT와 제미나이 같은 거대 언어 모델 기반의 AI 서비스를 개발하기 위해 천문학적인 연산 인프라 비용이 발생하는 것은 현대 비즈니스 환경에서 자본 장벽이 얼마나 공고한지를 보여주는 대표적 사례이다. 또한 조선 산업의 경우, 거대한 선박을 건조할 수 있는 독과 대규모 설비를 갖추는 것은 물론, 수많은 협력사 네트워크와 고도로 숙련된 노동력을 장기간에 걸쳐 확보해야 하므로 신규 진입자가 단기간에 이를 모방하거나 진입하는 것이 사실상 불가능하다. 이처럼 자동차나 철강과 같은 전통적 장치 산업뿐만 아니라 최첨단 인공지능 분야에 이르기까지, 막대한 매몰 비용과 규모의 경제를 수반하는 자본 소요량은 잠재적 진입자의 시장 진입 의지를 꺾고 기존 기업의 지배력을 유지하게 만드는 핵심적인 기제로 작동한다(Bain, 1956).
- 전환 비용(switching costs): 고객이 현재 사용 중인 제품이나 서비스를 다른 업체의 것으로 바꿀 때 지불해야 하는 유무형의 비용이나 노력을 의미한다. 이러한 비용이 클수록 고객은 더 나은 대안이 나타나도 기존 공급자에 머무르게 되는 락인(lock-in) 효과가 발생하며, 이는 신규 진입자

에게 거대한 장벽이 된다. 예를 들어 애플의 아이폰 사용자는 아이클라우드에 저장된 방대한 데이터, 유료로 구매한 앱, 그리고 맥북이나 애플워치와의 매끄러운 연동성 때문에 안드로이드 스마트폰으로 기기를 변경하는 데 상당한 심리적 및 실질적 비용을 느낀다. 또한 기업용 소프트웨어인 ERP 시스템의 경우, 한 번 도입하면 데이터 이관과 직원 재교육에 막대한 시간과 비용이 소요되므로 새로운 소프트웨어 업체가 시장을 공략하기 위해서는 단순히 제품의 우수성을 넘어 기존의 전환 비용을 상쇄할 만큼의 압도적 가치를 증명해야 한다(Burnham et al., 2003).

- 유통 채널 접근성(access to distribution channels): 기존 기업들이 시장의 주요 유통 경로를 이미 장악하고 있을 때 발생하는 강력한 진입 장벽이다. 제품이 아무리 우수하더라도 고객에게 전달될 통로가 막혀 있다면 경쟁 자체가 성립되지 않기 때문이다. 예를 들어 대형 할인점의 매대 공간은 한정되어 있으며, 코카콜라나 유니레버 같은 거대 기업들은 오랜 관계와 물량 공세를 통해 가장 눈에 잘 띄는 골든 존을 선점하고 있다. 신규 음료 업체가 이 장벽을 뚫고 제품을 진열하기 위해서는 기존 기업 이상의 수수료를 지불하거나 독자적인 유통망을 구축해야 하는 불리함을 안게 된다. 자동차 산업의 경우에도 기존 기업들이 전국적인 딜러망과 서비스 센터를 독점적으로 계약하여 운영하고 있다면, 새로운 자동차 브랜드는 고객 접점을 확보하는 데 치명적인 한계에 봉착하게 된다(Porter, 2008).
- 규모와 무관한 원가 우위(cost advantages independent of scale): 특허 기술, 우수한 원료 독점, 유리한 지리적 위치, 정부 보조금 등 규모와 상관없이 기존 기업만이 누리는 원가상의 이점도 진입장벽이 된다.
- 정부 정책(government policy): 정부의 인허가, 특허, 규제 등은 진입을 직접적으로 제한할 수 있다. 국내 프로야구나 통신서비스 산업의 경우, 새로운 구단이나 통신사가 진입하기 위해서는 정부 또는 협회에 상당한 금액의 가입금이나 발전 기금을 지불해야 한다.[7]

한편, 산업 내에서 경쟁을 지속하게 만드는 요인은 단순히 진입 단계에만 존재하는 것이 아니라, 시장을 떠나려 할 때 발목을 잡는 퇴출장벽(exit barrier)의 형태로도 존재한다. 퇴출장벽은 수익성이 낮아진 기업이 산업을 떠나는 것을 방해하는 경제적, 전략적, 혹은 감정적 요인들을 의미한다. 예를 들어 철강이나 화학 산업처럼 특정 용도 외에는 재판매가 어려운 고도의 특수 자산을 보유한 경우, 사업을 접더라도 자산 매각이 어려워 매몰 비용이 크게 발생한다. 또한 대규모 고용을 책임지는 기업의 경우 지역 경제 위축이나 실업 문제를 우려한 정부의 규제나 사회적 압박으로 인해 적자를 보면서도 철수하지 못하는 상황에 처하기도 한다. 리더의 개인적인 자부심이나 특정 사업에 대한 역사적 상징성 등 감정적 애착 역시 합리적인 퇴출 결정을 방해하는 장벽이 된다. 이러한 퇴출장벽이 높으면 산업 전체의 공급과잉이 해소되지 않아 수익성이 악화된 상태에서도 기업들이 시장에 남아 출혈 경쟁을 벌이게 되며, 이는 결국 산업 전체의 매력도를 떨어뜨리는 결과를 초래한다. 따라서 기업의 입장에서는 신규 경쟁자의 진입은 어렵고(높은 진입장벽), 수익성이 악화되었을 때는 언제든 쉽게 빠져나갈 수 있는(낮은 퇴출장벽) 산업 구조가 가장 이상적이다.(표 6-2 를 참조하시오).

표 6-2 ▸ 진입장벽과 퇴출장벽에 따른 산업 수익성 및 위험도

진입장벽	퇴출장벽 낮음	퇴출장벽 높음
진입장벽 낮음	낮은 수익, 낮은 위험	낮은 수익, 높은 위험
진입장벽 높음	높은 수익, 낮은 위험	높은 수익, 높은 위험

출처: Porter (1980, p. 22)

제2세력: 기존 경쟁자 간의 경쟁 강도

산업 내 기존 기업들 간의 경쟁이 치열할수록 가격 인하, 마케팅 비용 증가 등으로 인해 산업 전체의 수익성이 악화된다. 경쟁 강도는 다음과 같은 요인에 의해 격화된다.

- 다수의 경쟁자: 경쟁자 수가 많고 규모가 비슷할수록 경쟁이 치열해진다.
- 낮은 산업 성장률: 시장이 정체되면 기업들은 한정된 파이를 놓고 제로섬 게임을 벌이게 된다.
- 높은 고정비: 고정비 비중이 높으면 기업들은 가동률을 높이기 위해 가격을 인하할 유인이 커진다.
- 제품 차별화 부족: 제품이 비슷할수록 고객은 가격에 민감해지며 가격 경쟁이 심화된다.
- 높은 퇴출장벽: 산업을 떠나기 어려울수록 부실 기업도 시장에 남아 가격인하로 경쟁을 격화시킨다.

국내 이동통신 시장을 생각해보자. SKT, KT, LGU+라는 소수의 기업이 경쟁하지만, 시장 성장은 정체되어 있고(낮은 산업 성장률), 전국적인 통신망 유지에 막대한 고정비가 들어간다. 또한 제공하는 통화 품질이나 데이터 서비스가 크게 다르지 않아(제품 차별화 부족), 경쟁사의 고객을 뺏어오기 위한 보조금 경쟁이나 마케팅 전쟁이 치열하게 벌어지곤 한다. 이러한 현상은 산업 내 경쟁 강도가 단순히 기업의 수뿐만 아니라 산업의 성장성, 원가 구조, 제품의 동질성 등 다양한 구조적 요인에 의해 결정됨을 보여준다.

산업 내 경쟁 강도를 객관적으로 측정하는 지표로 시장집중률(Concentration Ratio, CR)과 허핀달-허쉬만 지수(Herfindahl-Hirschman Index, HHI)가 있다. CR은 시장점유율 상위 몇 개 기업의 점유율을 합산한 값으로, 계산이 간편하여 직관적인 이해를 돕는다. 예를 들어 상위 4개 기업의 점유율 합계를 나타내는 4CR, 상위 8개 기업의 합계를 나타내는 8CR 등이 사용된다. 하지만 CR은 상위 기업 간의 점유율 격차나 하위 기업들의 분포를 반영하지 못하는 한계가 있다.

반면, HHI는 산업 내 모든 기업의 시장점유율(%)을 각각 제곱하여 합산한 값으로, 시장 내 모든 기업의 규모 분포를 고려하므로 더 정교한 지표로 평가받는다. HHI 값이 높을수록 시장이 소수 기업에 집중되어 있어 독과점적 성격이 강하다고 판단한다. 미국 법무부(Department of Justice, DOJ) 등 경쟁 당국에서는 HHI를 기업결합 심사의 중요한 기준으로 활용하며, 일반적으로 다음과 같이 해석한다.[8]

- HHI < 1,500: 비집중 시장 (unconcentrated market) / 경쟁적인 시장
- 1,500 ≤ HHI < 2,500: 다소 집중된 시장 (moderately concentrated market)
- HHI ≥ 2,500: 고도로 집중된 시장 (highly concentrated market)

이러한 지표들은 실제 공정거래위원회가 기업결합(M&A)을 심사할 때 시장의 독과점 여부를 판단하는 기준으로 활용된다.

HHI는 시장을 어떻게 정의하느냐에 따라 그 값이 크게 달라질 수 있다는 점에 유의해야 한다. 시장을 넓게 정의하면 산업집중도가 과소평가되고, 반대로 너무 좁게 정의하면 과대평가될 수 있다. 예를 들어, 전체 반도체 산업으로 시장을 정의할 때와 메모리 반도체, 비메모리 반도체로 세분화하여 정의할 때 HHI 값은 달라진다. 대체로 시장을 넓게 정의하면 집중도가 낮아지는 효과가 있고, 좁게 정의하면 집중도가 높아진다.[9] 아래 표는 총 매출액이 동일한 가상의 두 시장 X와 Y를 예로 들어 시장 정의에 따른 HHI 값의 변화를 보여준다. 개별 시장으로 볼 때 X시장의 HHI는 1,600, Y시장은 2,200이지만, 두 시장을 하나의 통합된 시장 XY로 넓게 보면 HHI는 950으로 크게 감소한다. 이처럼 시장 정의의 범위는 시장의 독과점 여부 판단에 결정적인 영향을 미친다.

연습문제 허핀달-허쉬만 지수(HHI)를 이용한 시장 집중도 분석

▶ 문제 배경

허핀달-허쉬만 지수(HHI)는 시장 내 경쟁 상태를 파악하기 위한 시장 집중도 지표이다. 시장에 속한 모든 기업의 시장 점유율(%)을 각각 제곱한 뒤, 그 값을 모두 더하여 산출한다.

총 매출액이 각각 100으로 동일한 두 개의 시장 X와 Y가 있다. 각 시장은 7개의 기업으로 구성되어 있으며, 기업별 시장 점유율은 다음과 같다.

- 시장 X의 기업별 점유율: 20%, 20%, 20%, 10%, 10%, 10%, 10%
- 시장 Y의 기업별 점유율: 40%, 10%, 10%, 10%, 10%, 10%, 10%

▶ 질문

1. 시장 X와 시장 Y의 허핀달-허쉬만 지수(HHI)를 각각 계산하시오.
   - 힌트: HHI = Σ (기업별 시장 점유율 %)²
2. 시장 X와 시장 Y의 상위 4개사 시장점유율(4CR)을 각각 계산하시오.
3. 이제 두 시장 X와 Y를 하나의 전체 시장(XY)으로 간주한다. 이 통합 시장의 총 매출액은 200이 되며, 총 14개의 기업이 경쟁하게 된다. 통합된 XY 시장의 HHI와 4CR을 계산하시오.
   - 힌트: 통합 시장에서 각 기업의 점유율은 절반으로 줄어든다. (예 시장 X의 20% 점유율 기업 → 통합 시장 XY에서 10% 점유율)
4. 아래는 위 계산 결과를 정리한 표이다. 이 표를 참고하여 다음 질문에 답하시오.

표 6-3 시장 정의에 따른 HHI 변화 예시

시장	시장규모	기업 수(n)	4CR	HHI
X	100	7	70%	1600
Y	100	7	70%	2200
XY	200	14	50%	950

(4-1) 시장 X와 Y는 기업 수와 4CR이 동일함에도 불구하고 HHI 지수가 다르게 나타난다. 그 이유는 무엇이며, 두 시장의 경쟁 강도를 HHI를 기반으로 비교 설명하시오.

(4-2) 두 시장을 통합(XY)했을 때 HHI 지수가 개별 시장일 때보다 낮아지는 이유를 시장 집중도 관점에서 설명하시오.

미니 사례: 딜리버리히어로와 배달의민족의 M&A와 HHI

2019년 12월, 국내 배달 앱 2위와 3위인 '요기요'와 '배달통'을 운영하던 독일 기업 딜리버리히어로(DH)가 1위 사업자인 '배달의민족'(우아한형제들)을 인수하겠다고 발표했다. 이는 국내 배달 앱 시장의 지형을 완전히 바꾸는 거대 M&A 였다.

공정거래위원회는 이 기업결합이 시장 경쟁을 실질적으로 제한할 우려가 있다고 판단했다. 그 근거의 핵심에는 HHI 분석이 있었다. 공정위 분석에 따르면, 2019년 거래금액 기준 배달의민족(78%), 요기요 (19.6%) 등 3사의 합산 점유율은 99.2%에 달했다. 이 M&A가 성사될 경우, DH가 배달의민족, 요기요, 배달통, 푸드플라이를 모두 소유하게 되어 HHI는 최대치인 10,000에 육박하는 사실상의 완전 독점 시장이 형성될 것이었다.

공정위는 이러한 독점 구조가 음식점 수수료 인상, 소비자 혜택 감소, 배달 라이더 처우 악화 등 다양한 부작용을 낳을 수 있다고 우려했다. 결국 2020년 12월, 공정위는 DH에게 "배달의민족을 인수하려면 6개월 내에 요기요 지분 100%를 제3자에게 매각하라"는 조건부 승인 결정을 내렸다. 이는 HHI 분석을 통해 M&A로 인한 시장 집중도 심화를 예측하고, 경쟁 제한성을 해소하기 위한 구체적인 시정조치를 부과한 대표적인 사례이다.

제3세력: 대체재의 위협

대체재는 고객의 동일한 니즈를 다른 방식으로 충족시키는, 해당 산업 외부의 제품이나 서비스를 의미한다. 예를 들어 KTX의 대체재는 고속버스나 항공기가 될 수 있다. 대체재의 존재는 해당 산업의 제품 가격에 보이지 않는 상한선을 설정하는 역할을 한다. 대체재의 가격 대비 성능이 매력적일수록, 그리고 고객이 대체재로 전환하는 데 드는 비용이 낮을수록 그 위협은 커진다.

영화관 산업의 강력한 대체재는 OTT 서비스(넷플릭스, 디즈니플러스 등)이다. '영상을 통한 엔터테인먼트'라는 동일한 고객 니즈를 충족시키면서 훨씬 저렴하고 편리한 가치를 제공한다. OTT의 위협이 거세질수록 영화관은 티켓 가격을 무작정 올리기 어려워지며, 4D 상영관이나 고급 좌석 같은 차별화된 경험을 제공해야만 하는 압박을 받게 된다.

한편, 대안재(alternative)는 목적은 같지만 기능과 형태가 다른 것을 의미한다. 예를 들어, '회의'라는 목적을 달성하기 위해 KTX를 타고 출장을 가는 것과 화상회의 시스템인 줌(zoom)을 이용하는 것은 서로 대안재 관계에 있다.

제4세력: 구매자의 협상력

구매자의 힘이 강할수록 기업은 가격 인하, 품질 개선, 서비스 강화 등의 압박을 받게 되어 수익성이 낮아진다. 구매자의 협상력은 다음과 같은 상황에서 강해진다(Porter, 1980, pp. 24-26).

첫째, 구매자가 소수에 집중되어 있거나 공급업체 매출에서 차지하는 구매 비중이 압도적으로 클 때이다. 대량 구매자는 공급업체의 생사여탈권을 쥐게 되므로 강력한 가격 인하를 요구할 수 있다.

둘째, 구매 제품이 구매자의 전체 원가 구조에서 차지하는 비중이 높을 때이다. 이 경우 구매자는 작은 가격 변동에도 민감하게 반응(price sensitivity)하며, 더 나은 조건을 찾기 위해 상당한 노력을 기울이게 된다.

셋째, 제품이 표준화되어 있거나 차별화가 부족하여 전환 비용(switching cost)이 낮을 때이다. 구매자가 언제든 다른 공급자로 옮겨갈 수 있다는 사실은 공급업체 간의 가격 경쟁을 유도하는 강력한 무기가 된다.

넷째, 구매자의 수익성이 낮을 때이다. 생존의 기로에 선 구매자는 원가 절감을 위해 공급업체를 더욱 거세게 압박하며, 이는 산업 전체의 마진 하락으로 이어진다.

다섯째, 구매자가 후방 통합(backward integration)의 위협을 가할 수 있을 때이다. 구매자가 직접 제조 시설을 갖추거나 기술을 보유하여 스스로 생산할 수 있다는 신호를 보낸다면 공급업체의 협상력은 무력화된다.

여섯째, 구매 제품이 구매자의 최종 제품 품질에 큰 영향을 미치지 않을 때이다. 제품의 질적 차이가 중요하지 않다면 구매자는 오로지 가격만을 기준으로 공급업체를 선택하게 된다.

마지막으로, 구매자가 공급자의 원가 구조나 시장 상황에 대해 상세한 정보를 가지고 있을 때이다. 정보의 대칭성이 이루어질수록 공급자는 더 이상 초과 이윤을 숨기기 어려워진다

최근 전기차 산업에서 테슬라의 행보는 이러한 구매자 협상력의 요건을 완벽하게 갖춘 사례를 보여준다. 테슬라는 LG에너지솔루션, 파나소닉, CATL 등 글로벌 배터리 업체들에게 압도적인 물량을 구매하는 '큰손'이다. 특히 테슬라는 2020년 '배터리 데이(Battery Day)'를 통해 새로운 기술 표준인 4680 원통형 배터리 개발 계획과 자체 대량 생산 계획을 발표하며 강력한 후방통합의 위협을 가했다 더욱이 테슬라는 이미 텍사스 기가팩토리 등에서 자체적인 배터리 생산 시설을 갖추고 있어 제품의 원가 구조에 대한 상세한 정보를 훤히 꿰뚫고 있다(김민기, 2024). 이는 공급업체와의 협상에서 "우리가 직접 만들면 이 정도 비용인데, 너희는 왜 이 가격에 못 맞추느냐"는 식의 치명적인 압박 수단이 된다. 테슬라는 이러한 기술적 리더십과 원

가 정보 우위, 그리고 내재화(후방통합) 능력을 전략적으로 활용하여 공급업체들을 길들이고 배터리 단가를 낮추며 유리한 협상 고지를 선점하고 있다 있다(EVPOST, 2023.2.27).

미니 사례: 거대 플랫폼과 1등 제조사의 힘겨루기(쿠팡 vs. CJ제일제당)

최근 유통업계에서 발생한 쿠팡과 CJ제일제당의 갈등은 '구매자 협상력'과 '공급자 협상력'이 정면으로 충돌한 대표적인 사례이다. 2022년 말부터 약 1년 8개월간 지속된 이 갈등은 단순한 납품 단가 싸움을 넘어, 유통 패권이 플랫폼으로 넘어가는 과도기적 현상을 보여준다.

1. 갈등의 발단: "납품가 인하" vs. "마진율 보장" 2022년 11월, 국내 이커머스 1위 쿠팡은 식품업계 1위인 CJ제일제당의 '햇반', '비비고 만두' 등 주요 제품의 발주를 중단했다. 쿠팡 측은 연말 납품 단가 협상 과정에서 CJ제일제당이 약속한 물량을 공급하지 않았고, 소비자에게 더 낮은 가격으로 제품을 제공하기 위해 납품가 인하가 필요하다고 주장했다(최수지, 2022; 황규락, 2022). 반면, CJ제일제당 측은 원자재 비용 상승 등 비용 부담이 큰 상황에서 쿠팡이 무리하게 마진율을 높이려 한다고 반박했다. 이는 거대 플랫폼이 된 구매자(쿠팡)가 가격 결정권을 쥐려 하자, 강력한 브랜드 파워를 가진 공급자(CJ)가 이를 거부하며 발생한 충돌이었다.
2. 강대강 대치: "대체재 프로모션" vs. "반(反)쿠팡 연대" 협상이 결렬되자 양측은 각자의 힘을 과시하는 전략을 취했다. 구매자인 쿠팡은 CJ 제품을 뺀 자리에 오뚜기, 동원F&B 등 경쟁사 제품과 자사 브랜드(PB) 상품인 '곰곰' 등을 적극적으로 노출하고 할인 프로모션을 진행했다. 실제로 쿠팡은 "CJ 제품이 없어도 중소·중견기업 제품 판매가 급증했다"는 보도자료를 내며 플랫폼의 대체재 소싱 능력을 과시했다(백일현, 2023; 송은석, 2023). 이에 맞서 공급자인 CJ제일제당은 '반(反)쿠팡 연대'를 결성했다. 네이버, 신세계(G마켓·SSG닷컴), 컬리 등 쿠팡의

경쟁 플랫폼들과 협력을 강화하고, 자사몰(CJ더마켓)을 키우는 방식으로 유통 경로를 다변화하여 쿠팡에 대한 의존도를 낮추려 했다(이미지, 2023).

3. 갈등의 봉합: 실리를 위한 전략적 제휴 평행선을 달리던 두 기업은 2024년 8월, 전격적으로 화해하고 직거래를 재개했다. 알리익스프레스, 테무 등 중국 이커머스(C-커머스)의 공습으로 시장 경쟁이 치열해진 상황에서, 쿠팡은 '햇반'과 같은 킬러 콘텐츠가 필요했고, CJ제일제당은 국내 최대 트래픽을 가진 쿠팡을 배제하고는 매출 성장에 한계를 느꼈기 때문이다(오삼권, 2024; 양지윤, 2024).

이 사례는 압도적인 사용자 기반을 가진 구매자(쿠팡)가 강력한 협상력을 가지지만, 공급자(CJ제일제당) 역시 대체 불가능한 브랜드 파워를 가질 경우 일방적인 지배는 어렵다는 '상호 의존성(interdependence)'을 잘 보여준다.

제5세력: 공급자의 협상력

공급자의 힘이 강할수록 기업은 원자재 가격 인상, 품질 저하 등의 압박을 받게 되어 수익성이 낮아진다. 공급자의 협상력은 다음과 같은 상황에서 강해진다 (Porter, 1980, pp. 27-28).

첫째, 공급 산업이 소수의 기업에 의해 지배되고 있으며, 구매하는 기업들보다 더 집중화된 구조를 가질 때이다. 공급자가 몇 안 되는 독과점 시장이라면 기업은 대안을 찾기 어렵고, 공급자가 제시하는 가격과 조건을 수용할 수밖에 없다.

둘째, 공급자가 판매하는 제품이 차별화되어 있거나 독특한 특성을 가진 경우이다. 해당 부품이나 원자재가 제품의 성능에 결정적인 역할을 하거나 대체 불가능한 기술력을 담고 있다면, 공급업체는 강력한 주도권을 쥐게 된다.

셋째, 기업이 공급자를 바꿀 때 발생하는 전환 비용(switching cost)이 높을 때이다. 예를 들어 특정 소프트웨어나 전용 부품을 사용하던 기업이 다른 공급업체로 변경하기 위해 막대한 교육 비용이나 설비 개조 비용을 써야 한다면, 기존 공급업체에 예속될 가능성이 높다.

넷째, 해당 기업이 속한 산업이 공급자에게 중요한 고객이 아닐 때이다. 공급자가 여러 산업에 제품을 판매하고 있는데 특정 기업이 차지하는 매출 비중이 작다면, 공급자는 그 기업의 요구사항을 들어줄 유인이 적어진다.

다섯째, 공급자가 구매 기업의 사업 영역으로 직접 진출하겠다고 위협할 수 있는 전방 통합(forward integration) 능력을 갖춘 경우이다. "우리 부품을 비싸게 사지 않으면 우리가 직접 완제품을 만들어 팔겠다"라는 위협은 기업에게 큰 압박이 된다.

여섯째, 공급자가 제공하는 제품에 대한 마땅한 대체재(substitute)가 존재하지 않을 때이다. 대체할 자원이 없다면 공급자의 희소성은 극대화된다.

인공지능(AI) 시대의 엔비디아(NVIDIA)와 빅테크 기업들(MS, 구글, 아마존, 메타 등)의 관계는 공급자 협상력의 위력을 극명하게 보여준다. AI 모델을 훈련하고 운영하는 데 필수적인 고성능 GPU는 사실상 엔비디아가 독점적으로 공급하고 있다(공급자 산업의 지배력). AI 시장의 폭발적인 성장으로 빅테크 기업들은 엔비디아의 최신 GPU(예 H100, 개당 수천만 원)를 확보하기 위해 치열한 경쟁을 벌이고 있으며, 이를 대체할 만한 뾰족한 대안도 없는 상황이다(고도로 차별화된 제품). 이러한 구조 속에서 엔비디아는 막강한 가격 결정권을 쥐고 천문학적인 수익을 올리고 있으며, 이는 공급자의 강력한 협상력이 구매자(빅테크)의 수익성을 어떻게 잠식할 수 있는지를 보여주는 대표적인 사례이다.

가치사슬로 이어진 산업들의 협상력

5가지 세력은 개별 산업 내의 수익성을 결정하지만, 현실에서는 여러 산업이 가치사슬(value chain)로 연결되어 있다. 이 경우, 전체 가치사슬에서 창출된 이익을 누가 더 많이 가져가는지는 각 산업의 구조적 특성, 특히 산업 집중도에 의해 결정된다. [그림 6-3] 에서와 같은 가치사슬 구조일 때 최악의 경우와 최선의 경우가 발생한다.

그림 6-3 가치사슬의 산업집중도 배열 패턴

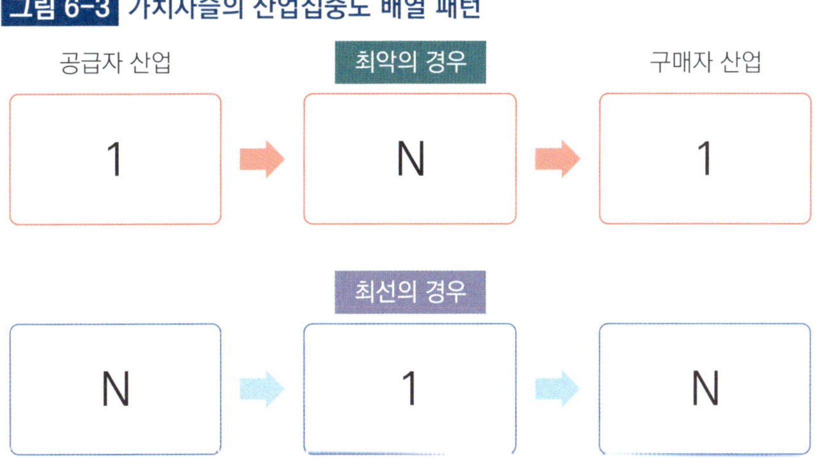

최악의 경우는 분석 대상 산업이 다수의 기업으로 이루어져 경쟁이 치열한(파편화된, N) 반면, 그 산업에 원료를 공급하는 업스트림(upstream) 산업과 제품을 구매하는 다운스트림(downstream) 산업은 소수 기업이 지배하는(집중된, 1) 구조이다. 이 경우 중간에 낀 산업은 강력한 공급자와 구매자 양쪽으로부터 압박을 받아 수익성이 매우 낮아진다([그림 6-4]참조하기 바람).

- 자동차 부품 산업: 수많은 부품 업체(N)들은 소수의 철강/반도체/배터리 업체(1)로부터 원자재를 공급받아, 소수의 완성차 업체(1)에 납품한다. 이 구조 때문에 부품 업체들은 양쪽에서 가격 압박을 받으며 낮은 수익성을 감수해야 하는 경우가 많다.
- 소규모 농업: 수많은 농민(N)들은 소수의 종자/비료 회사(1)로부터 농자재를 구매하고, 수확한 농산물은 소수의 거대 곡물 유통/식품 가공 기업(1)에 판매한다. 이로 인해 농민들은 협상력을 갖기 어려운 구조에 놓인다.

그림 6-4 최악의 가치사슬을 가진 산업 예시

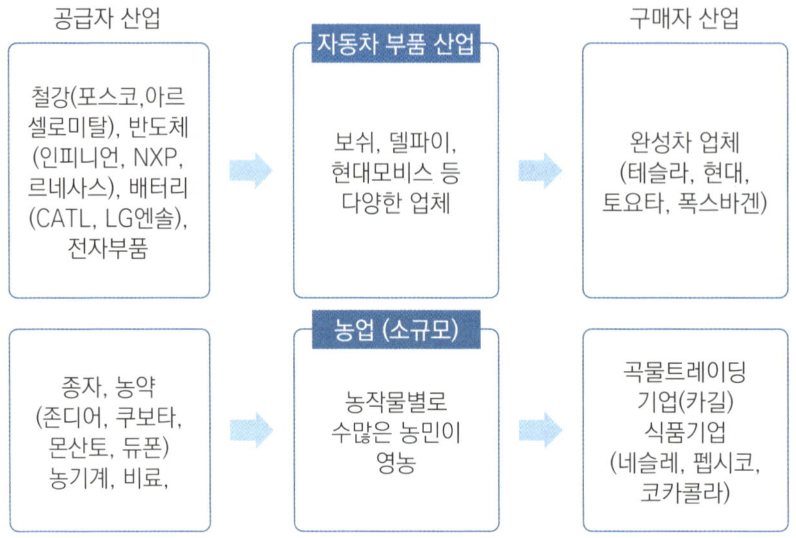

최선의 경우는 반대로 분석 대상 산업이 소수 기업에 의해 지배(집중된, 1)되고, 업스트림 공급자와 다운스트림 구매자 산업은 다수의 기업이 경쟁하는(파편화된, N) 구조이다. 이 경우, 해당 산업은 강력한 협상력을 바탕으로 가치사슬 전체의 이익 대부분을 차지할 수 있다([그림 6-5] 참조하시오).

- 반도체 파운드리 산업: TSMC와 삼성전자라는 소수의 기업(1)이 시장을 지배하며, 상대적으로 다수인 웨이퍼/장비 업체(N)로부터 공급을 받고, 수많은 팹리스 설계 업체(N)에 제품을 판매한다.
- 클라우드 서비스 산업: 아마존(AWS), 마이크로소프트(Azure), 구글(GCP) 등 소수의 기업(1)이 서버/반도체 등 다양한 공급자(N)로부터 하드웨어를 조달하여, 수많은 스타트업과 IT 기업(N)에 서비스를 제공하며 막대한 이익을 창출한다.

그림 6-5 최선의 가치사슬을 가진 산업 예시

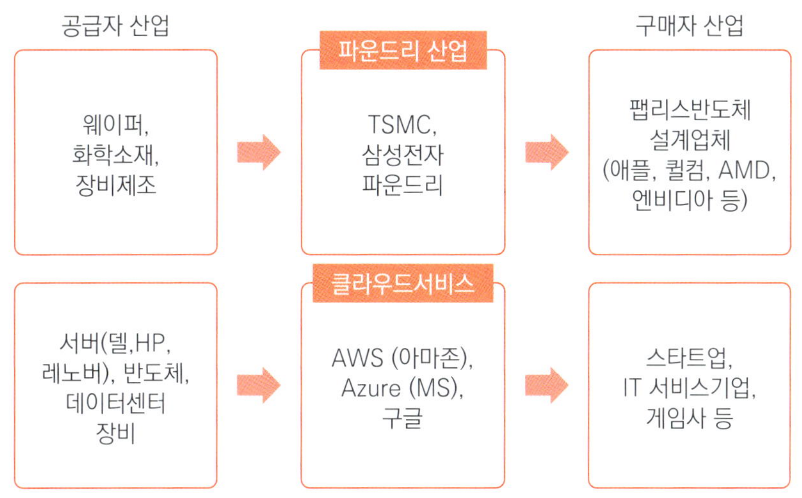

비대칭적 의존성이 인터넷 기업의 생존에 미치는 영향 (Lee, Mun, & Park, 2015)

✿ 연구 배경

공급자와 구매자 간의 힘의 불균형이 기업의 생존에 어떤 영향을 미치는지에 대한 흥미로운 연구가 있습니다. 이 연구는 한국 인터넷 산업을 배경으로, 신생 인터넷 기업(구매자)이 생존에 필수적인 웹 트래픽을 소수의 대형 포털 사이트(공급자)에 의존하는 관계를 분석했습니다.

✿ 핵심 연구 질문

이 연구는 "구매자가 소수의 공급자에게 비대칭적으로 의존하는 관계가 구매자의 생존에 어떤 영향을 미치는가?"라는 질문에 답하고자 합니다.

✿ 자료 및 사례

2000년대 초반 한국의 인터넷 기업들과 이들에게 고객 트래픽을 공급하는 검색 포털 기업들의 데이터를 분석했습니다.

✿ 주요 연구 결과

연구진은 공급자의 위협을 '비대칭적 의존도(asymmetric dependence)'라는 개념으로 측정했습니다. 이는 특정 인터넷 기업이 소수 포털에 집중적으로 의존할수록, 그리고 반대로 포털은 수많은 인터넷 기업에 트래픽을 분산 공급하여 특정 기업에 대한 의존도가 낮을수록 그 값이 커집니다. 즉, 공급자인 포털의 협상력이 극대화되는 상황을 의미합니다. 분석 결과, 이러한 비대칭적 의존도가 높을수록 인터넷 기업의 실패(파산) 확률이 유의미하게 증가하는 것으로 나타났습니다. 특히 전체 트래픽 중 포털을 통해 유입되는 비중이 높은 기업일수록 이러한 부정적 효과는 더욱 강하게 나타났습니다. 다만, 해당 분야의 시장 선도 기업인 경우에는 포털 입장에서도 중요한 파트너이므로 그 부정적 효과가 다소 완화되었습니다.

전략적 함의

이 연구는 포터의 5가지 세력 중 공급자와 구매자의 협상력 관계를 실제 데이터를 통해 실증적으로 분석했다는 점에서 의의가 있습니다. 또한, 이는 플랫폼에 의존하는 수많은 신생 기업들에게 단일 공급자에 대한 과도한 의존이 얼마나 위험한지를 경고하며, 고객트래픽 공급선 다각화의 전략적 중요성을 시사합니다.

출처: Lee, S. H., Mun, H. J., & Park, K. M. (2015). When is dependence on other organizations burdensome? The effect of asymmetric dependence on internet firm failure. Strategic Management Journal, 36(13), 2058-2074.

6-6 산업 분석의 한계와 전략적 활용

포터의 5가지 세력 프레임워크는 산업 구조를 체계적으로 분석하는 강력한 도구이지만, 몇 가지 유의할 점과 한계점을 가진다.

첫째, 이 모델은 특정 시점의 산업 구조를 분석하는 정태적인(static) 모델이다. 기술의 급격한 변화나 새로운 비즈니스 모델의 등장으로 산업 경계가 허물어지는 동태적인 변화를 포착하는 데는 한계가 있을 수 있다.

둘째, 분석 결과는 산업의 정의에 따라 크게 달라질 수 있다. 분석가가 의도적으로 산업의 범위를 넓거나 좁게 설정함으로써 특정 결론을 유도할 수도 있다.

셋째, 이 모델은 근본적으로 경쟁과 위협에 초점을 맞추고 있어, 기업 간의 협력이나 보완적인 관계의 중요성을 간과하는 경향이 있다.

넷째, 분석은 항상 기존 기업(incumbents)의 관점에서 이루어져야 한다. 앞서 설명했듯이, 진입장벽이 높아 매력적으로 보이는 산업은 신규 진입자에게는 오히려 '그림의 떡'일 수 있다. 따라서 산업 분석 결과를 다른 산업으로의 다각화나 신규 사업 진출의 직접적인 근거로 사용하는 데에는 신중을 기해야 한다.[10]

보완재: 제6의 세력인가?

5가지 세력 모델의 중요한 한계점 중 하나는 보완재(complements)의 역할을 명시적으로 다루지 않는다는 점이다. 보완재란, 고객이 특정 제품을 사용할 때 함께 사용하면 그 제품의 가치를 더욱 높여주는 다른 제품이나 서비스를 의미한다. 스마트폰(하드웨어)과 앱(소프트웨어), 게임기와 게임 타이틀, 프린터와 잉크 카트리지가 대표적인 예이다.

포터는 보완재가 산업의 수익성에 미치는 영향이 산업별 맥락에 따라 달라 일관성이 없다는 이유로 6번째 세력으로 포함하지 않았다(Argyres & McGahan, 2002). 하지만 현대 비즈니스 생태계, 특히 플랫폼 기반 산업에서는 보완재의 역할이 산업의 가치를 창출하고 분배하는 데 결정적인 영향을 미친다. 따라서 5가지 세력 분석과 더불어 보완재와의 관계를 반드시 고려해야 한다.

핵심은 단순히 협력 관계를 넘어, 보완재 생산자의 상대적 협상력을 분석하는 것이다. 전체 생태계에서 창출된 가치를 누가 더 많이 가져갈 것인가는 이 협상력에 의해 결정된다. Ghemawat(1999)는 보완재의 협상력에 영향을 미치는 주요 요인을 다음과 같이 제시했다.

- 상대적 집중도(relative concentration): 보완재 산업이 분석 대상 산업보다 더 소수 기업에 집중되어 있다면 보완재 생산자의 협상력이 더 강하다. 예를 들어, 고성능 AI 컴퓨터를 만들기 위해 GPU와 HBM(고대역폭 메모리)은 필수적인 보완재 관계에 있다. GPU 시장은 엔비디아가 사실상 독점하고 있는 반면, HBM 시장은 몇몇의 메모리 반도체 기업들이 경쟁하고 있다. 이 경우, GPU 공급자인 엔비디아가 HBM 공급자보다 더 강력한 협상력을 갖게 된다.
- 상대적 구매자/공급자 전환 비용(relative buyer/supplier switching cost): 구매자나 공급자가 우리 산업의 제품을 교체할 때 발생하는 비용과 보완재를 교체할 때 발생하는 비용 중 어느 쪽이 더 높은가에 따라 주도권이 결정된다. 일반적으로 전환 비용이 더 높은 쪽이 더 강한 힘을 갖는다. 전기차 생태계에서 하드웨어(배터리, 차체)와 소프트웨어는 상호 보완재이다. 만약 고객 입장에서 단순히 배터리나 차체와 같은 하드웨어를 다른 제품으로 바꾸는 것보다, 이미 익숙해진 특정 전기차 업체(예 테슬라)의 독자적인 소프트웨어 플랫폼 생태계를 포기하고 다른 브랜드로 전환하는 비용(학습 비용, 데이터 연동 등)이 훨씬 더 높다면, 소프트웨어 플랫폼을 장악한 전기차 업체의 협상력이 단순 하드웨어 공급업체보다 더 강해진다.
- 비대칭적 통합 위협(asymmetric integration threats): 스마트폰 생태계에서 하드웨어(삼성전자 갤럭시)와 소프트웨어 플랫폼(구글의 안드로이드 OS 및 앱 생태계)은 서로 가치를 높여주는 강력한 보완재 관계이다. 여기서 구글(소프트웨어)이 '픽셀폰'을 출시하며 하드웨어 시장에 진출하는 것은 자본과 기술 측면에서 충분히 현실적인 위협이 된다. 반면, 삼성전자(하드웨어)가 구글의 안드로이드와 유튜브, 지도 등을 대체할 독자적인 OS와 앱 생태계를 구축하여 경쟁하는 것은 이미 견고한 네트워크 효과 때문에 현실적으로 불가능에 가깝다(예 타이젠 OS의 실패). 이러한 진입 위협의 비대칭성 때문에, 대체 불가능한 소프트웨어 플랫폼을 가진 구글의 협상력이 하드웨어 제조사보다 우위에 서게 된다.

- 시장 파이의 성장률(rate of growth of the pie): 전체 시장(파이)이 빠르게 성장하고 있을 때는 가치 분배를 둘러싼 경쟁이 완화되는 경향이 있다. AI 시장의 폭발적인 성장세 속에서는 GPU 업체와 HBM 업체 모두 높은 수익을 누리며 직접적인 갈등이 덜 부각될 수 있다. 하지만 시장 성장이 둔화되면, 한정된 파이를 놓고 보완재 생산자 간의 협상력 싸움이 더욱 치열해질 수 있다.

환경 이벤트 발생에 따른 산업 구조 변화

산업 구조는 고정되어 있지 않다. 탄소중립 규제 강화, 코로나 19와 같은 팬데믹, 범용인공지능(Artifical General Intelligence, AGI)[11] 및 휴머노이드 로봇 등의 상용화, 관세 등 보호무역 확산과 같은 거시적인 환경 이벤트는 5가지 세력의 힘의 균형을 바꾸고 산업의 매력도를 근본적으로 변화시킬 수 있다. 따라서 기업은 이러한 환경 변화가 각 세력에 어떤 영향을 미치는지 분석하고 미래의 산업 구조 변화를 예측하여 선제적으로 대응해야 한다. 예를 들어 글로벌 조선산업에 대한 5가지 세력 프레임워크를 이용한 분석이 [그림 6-6]과 같은 주어져 있다고 하자.

그림 6-6 글로벌 조선산업에 대한 다섯가지세력 분석

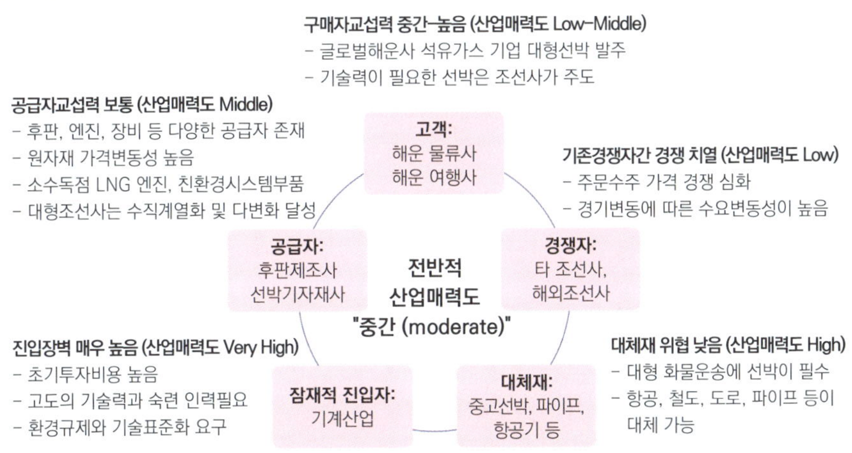

예를 들어, 글로벌 조선 산업에 영향을 미치는 몇 가지 환경 이벤트를 5가지 세력 프레임워크를 통해 분석하고 5가지 세력에 영향을 미치는 요인의 강약을 하나씩 체크하면서 개별 환경 이벤트가 산업구조에 미치는 영향을 예측해볼 수 있다. (표6-4를 참고하시오)

- 탄소중립 환경규제 강화: 친환경 선박(LNG 추진선 등)에 대한 수요를 증가시켜 기존 경쟁의 양상을 기술 경쟁으로 바꾸고(기존 경쟁자 경쟁 완화), 친환경 선박 발주 증대로 친 환경 기술을 보유한 조선소의 협상력을 높이나(구매자 협상력 약화) 반대로 친환경 연료, 설비, 기술을 보유한 핵심 기자재 공급업체 또는 원천기술 보유 공급기업의 영향력이 커지게 된다(공급자 협상력 강화). 산업내 경쟁강도나 신규진입의 위협은 오염저감 기술을 보유한 기존 국내 조선사들에게는 기존 과점구도를 강화할 수 있는 기회가 되기도 한다 (산업내 경쟁강도 및 신규진입 위협 약화)
- 보호무역주의 확산과 지정학적 역학(트럼프 2.0 시대): 미국우선주의와 지정학적 불안으로 인한 공급망 재편으로 미국 해군 MRO 및 LNG운반선 등 조선 수주 증대가 국내조선업체에게 집중되어 국내조선사들의 협상력이 강화되고 있다 (산업내 경쟁강도 및 구매자 협상력 역화). 반면 보호무역 기조로 후판, 엔진, 기자재 가격인상 추세로 원가상승 압력이 커지고 있다(공급자 협상력 강화).
- AGI(범용인공지능) 및 휴머노이드 로봇의 상용화: 선박 설계 및 생산 공정의 효율성을 획기적으로 높여 기술차별화 가능한 기존기업들의 경쟁력을 강화하여 경쟁을 완화시킬 수 있으나 (산업내 경쟁강도 약화), AGI 기술을 활용한 IT기업들의 물류최적화를 통해 선박수요가 감소 한다든지 (대체재 위협 증대), 인공지능 칩 및 로봇플랫폼 공급자의 조선산업 가치사슬내 지배력이 강화되는 현상이 나타날 수 있다 (대체재 및 공급자협상혁 강화). 신규 진입에 대한 기술 및 자본투자의 차원에서나 구매자 협상력과 관련한 조선사와 해운사들간의 힘의 균형 측면에서 AGI 와 휴머노이드 로봇 상용화는 양면성을 가지므로 경쟁위협은 중립적이라고 할 수 있다.

이처럼 5가지 세력 프레임워크는 특정 환경 이벤트가 산업 구조에 미치는 연쇄적인 파급 효과를 체계적으로 분석하고, 미래의 기회와 위협을 예측하는 데 유용한 도구가 될 수 있다.

표 6-4 환경이벤트의 글로벌 조선산업 파급효과 분석 (5가지 세력 프레임워크 활용, 국내업체 입장)

환경 이벤트	산업내 경쟁강도	신규진입 위협	대체재 위협	공급자 협상력	구매자 협상력
탄소중립 환경 규제 강화	기술중심 차별화로 국내 빅3 우위 강화 "약화"	신규기업에게 기술장벽 강화로 진입위협 검소 "약화"	"중립"	친환경 연료, 설비, 기술 공급업체의 우위 "강화"	노후선박 교체 수요 증대로 조선사의 상대적 협상력 증대 "약화"
트럼프재선 (미국 우선주의, 화석연료로의 회귀, 국방 지출 증가 등)	LNG 선박수요 증 대로 경쟁완화, 지기 중국 조선업체 견제로 경쟁완화 "약화"	미국 현지 조선소 부활 가능성 있으나 한국과 협력 구조 형성 "중립"	"중립"	보호무역 기조로 수입산 관세부과로 후판, 엔진, 기자재 가격상승 압력 증대 "강화"	미국 해군 및 LNG운반선 수주 증가루 조선소 상대적 협상력 강화 "약화"
범용인공지능 (AGI) 및 휴머노이드 로봇의 상용화	건조 효율 중심에서 지능형 공정 및 소프트웨어 경쟁으로 경쟁구도 전환. 기술차별화 가능한 기업들의 경쟁력 강화. 데이터 축적 및 플랫폼 구축의 선발주자이점이 강하게 작용 "약화"	IT기술의 숙련공 대체 및 비중증대로 IT기업 진입위협 증대와 동시에 인공지능, 휴머노이도 자본투자 증대로 진입장벽 증대 "중립"	AGI 활용을 통한 물류최적화로 선박발주량의 간접적 감소 기존 비즈니스 모델의 대체재 출현 가능성 증대 "강화"	인공지능 칩 및 로봇 플랫폼 공급자의 가치사슬 내 지배력 강화 "강화"	차별화된 휴머노이드 로봇 기반의 정밀시공과 품질관리로 조선사 협상력 강화. 반면에 해운사들의 AGI 활용으로 조선사에 선박제조와 관련 높은 품질 요구 증대 "중립"

범용인공지능(AGI) 및 휴머노이드 로봇의 상용화는 단순히 산업의 기존 경쟁 질서를 흔드는 것에 그치지 않고 산업의 경계를 더욱 확대할 가능성이 높다. 한 제품의 기능은 다른 제품과 연결되어 최적화가 가능하므로 산업의 경쟁이 단일 제품의 기능 경쟁에서 관련 제품 시스템의 성능으로 경쟁의 축

이 바뀔 수 있으며, 나아가서는 시스템의 시스템(system of systems) 간 경쟁이 전개될 수 있다.

이러한 변화의 구체적인 예로 조선 산업의 확장을 들 수 있다. 과거의 조선업은 선박이라는 물리적 제품을 건조하여 인도하는 제조 영역에 머물러 있었다. 그러나 AGI가 결합되면서 선박의 설계 단계부터 운항 데이터가 실시간으로 피드백되어 최적의 선형을 도출하는 제품 시스템(product system) 단계로 진입하게 된다. 여기서 더 나아가 선박의 제조와 해운 및 항만 물류가 하나로 연결되고, 선박 내 플랜트 장비와 육상의 에너지 공급 망이 결합되는 시스템의 시스템 단계로 진화한다. 결과적으로 조선사는 단순히 배를 파는 것이 아니라, 해상 물류 전반과 플랜트 장비 서비스를 아우르는 거대한 물류 솔루션 생태계를 관리하는 주체로 거듭나게 된다.

또 다른 예로 자동차 산업을 들 수 있다. 과거에는 개별 차량의 주행 성능이나 디자인이 주요 경쟁 요소였으나, AGI와 자율주행 기술의 발전으로 인해 차량은 스마트 홈, 지능형 교통 체계, 그리고 에너지 그리드와 연결된 제품 시스템의 일부가 되었다. 이제 경쟁은 단일 차량의 성능을 넘어 공유 모빌리티 플랫폼, 도심 교통 관리 시스템, 전기차 충전 네트워크가 통합된 스마트 시티라는 시스템의 시스템 단위에서 전개되고 있다. 이러한 환경에서 기업은 단일 제품의 점유율보다 시스템 전체의 가치를 조작하고 데이터를 통제하는 플랫폼 주도권을 확보하는 것이 더욱 중요해진다(Porter & Heppelmann, 2014).

미니 사례: 시스템의 시스템, 조선·해운·물류의 경계 붕괴와 통합

조선 산업은 이제 선박이라는 제품을 인도하는 시점에서 관계가 종료되는 전통적 제조업에서 벗어나고 있다. AGI와 사물인터넷 기술이 결합되면서 선박은 설계 단계부터 실제 운항 데이터가 실시간으로 피드백되어 최적화되는 지능형 자산으로 변모했다. 이러한 변화를 보여주는 가장 대표적인 사례는 HD현대의 자율운항 전문 회사인 아비커스(Avikus)와 스마트십 솔루션의 결합이다.

아비커스는 인공지능 기반 자율운항 시스템인 하이나스(Hyundai Intelligent Navigation Assistant System, HINAS)를 통해 대형 LNG 운반선의 대양 횡단에 성공했다. 이는 단순한 조타 자동화가 아니다. 선박에 탑재된 AI는 기상 데이터, 해류, 주변 선박의 위치 정보를 수집하고, 이를 육상의 원격 관제 센터와 실시간으로 공유하며 최적의 항로를 생성한다. 이 과정에서 선박의 제조(조선), 지능형 항해(IT), 그리고 운항 관리(해운)가 하나의 제품 시스템(product system)으로 묶이게 된다.

더 나아가 이러한 제품 시스템은 스마트 항만 및 육상 물류 시스템과 결합하여 시스템의 시스템 단계로 진화한다. 노르웨이의 야라 버클랜드(Yara Birkeland) 호 사례가 이를 잘 보여준다. 이 배는 세계 최초의 완전 전기 자율운항 컨테이너선으로, 선박 자체의 무인 운항뿐만 아니라 항만의 자동 하역 시스템, 육상의 전기차 트럭 물류망과 실시간으로 데이터를 주고받으며 최적의 물류 흐름을 창출한다. 선박이 항구에 도착하는 시간에 맞춰 하역 로봇이 준비되고, 적재된 화물은 즉시 자율주행 트럭으로 연결되는 이 거대한 네트워크는 개별 선박의 성능 경쟁을 물류 생태계 전체의 효율성 경쟁으로 전이시킨다.

결과적으로 미래의 조선사는 선박을 건조하는 하드웨어 업체에 머물지 않고, 선박의 전 생애주기 데이터를 관리하며 해상 물류의 흐름을 최적화하는 디지털 플랫폼 사업자로 거듭나게 된다. 이는 경쟁의 축이 단일 제품의 완성도에서 관련 시스템들 간의 상호운용성과 데이터 주도권 확보로 완전히 이동했음을 의미한다.

요 / 약

기업의 성과는 개별 기업의 역량뿐만 아니라, 기업이 속한 산업의 구조적 특성에 의해 큰 영향을 받는다. 산업 구조 분석의 이론적 토대는 경제학의 구조-행위-성과(S-C-P) 모델에 있으며, 마이클 포터는 이를 기업의 수익성 제고 관점에서 재해석하여 '5가지 경쟁 세력' 프레임워크를 제시했다. 5가지 세력은 신규 진입자의 위협, 기존 경쟁자 간의 경쟁, 대체재의 위협, 구매자의 협상력, 공급자의 협상력으로 구성되며, 이들의 종합적인 힘이 산업의 평균적인 수익성을 결정한다.

이 프레임워크를 활용하여 산업의 매력도를 평가하고, 진입장벽, 산업 집중도(HHI), 대체재 등 각 세력의 강도를 결정하는 요인들을 심층적으로 분석할 수 있다. 다만, 이 모델은 정태적이며 산업 정의에 따라 결과가 달라질 수 있고, 보완재와의 협력적 관계의 중요성을 간과할 수 있다는 한계점을 인지하고, 기존 기업의 관점에서 신중하게 적용해야 한다.

지금까지 산업 구조가 기업의 수익성에 미치는 영향을 살펴보았다. 그렇다면 경쟁에 대한 관점을 바꾸어, 경쟁을 기업 성장의 동력으로 활용할 수는 없을까? 제7장에서는 경쟁의 '두 얼굴'을 탐구하며, 경쟁이 언제 기업에 해가 되고 언제 약이 되는지에 대해 심도 있게 논의한다.

생각해 볼 문제

1 산업 분석에서 '산업의 정의 (industry definition)'는 왜 핵심적인 중요성을 가질까? 제품 차원과 지리적 차원에서 산업 정의를 넓거나 좁게 설정하는 것이 집중률 지표(예 HHI)나 5가지 세력 분석 결과에 어떤 영향을 미치는지 구체적인 예를 들어 설명하고, 이러한 정의의 변화가 기업의 전략적 의사결정에 어떤 함의를 가질지 논하시오.

2 진입장벽(entry barrier)과 퇴출장벽(exit barrier)의 높고 낮음이 결합하여 형성되는 4가지 산업 유형(예: 고수익-저위험, 저수익-고위험 등) 각각에 부합하는 구체적인 실제 산업 사례를 제시하고, 왜 해당 산업이 그 유형에 속하는지 설명하십시오. 또한, 기존 기업은 진입장벽을 높이려 하고 신규 진입 기업은 이를 낮추거나 우회하려 하는데, 이러한 관점의 차이가 실제 시장에서 어떤 전략적 행동(예: 특허 소송, 로비, 기술 혁신 등)으로 나타나는지 논하시오.

3 구조-행위-성과(S-C-P) 모델과 포터의 5가지 세력 프레임워크는 산업 구조를 분석하는 데 사용되지만, 근본적인 목표와 관점에서 차이가 있다. 이 두 모델이 '경쟁'과 '기업 이윤'을 어떻게 다르게 바라보는지 설명하고, 이러한 관점의 차이가 기업의 전략 수립에 어떤 영향을 미칠 수 있을지 논하시오.

4 기업의 성과에 영향을 미치는 외부 요인 중 '일반 환경(general environment)'의 주요 구성 요소들을 제시하시오. 기업 경영자가 이러한 일반 환경 변화를 분석할 때 '자료의 해석'이 왜 중요하며, '단순계적 사고'와 '복잡계적 사고'의 차이가 기업의 전략적 의사결정에 어떤 질적 차이를 가져올 수 있는지 구체적으로 설명하시오.

보충설명

1 인공지능 기술이 급격히 발전함에 따라 연산 장치인 GPU의 속도는 비약적으로 향상되었으나, 데이터를 공급하는 메모리 반도체의 속도가 이를 따라가지 못하는 이른바 '메모리 벽(memory wall)' 현상이 발생했다. 이러한 병목 지점을 해결하기 위해 등장한 것이 바로 HBM(High Bandwidth Memory)이다. HBM은 여러 개의 DRAM 칩을 수직으로 쌓아 올린 뒤, 칩 사이에 수천 개의 미세한 구멍을 뚫어 데이터를 연결하는 TSV(Through Silicon Via, 실리콘 관통 전극) 기술을 활용한다. 이는 평면적인 단층 건물을 고층 빌딩으로 올리고, 건물 내부에 수십 대의 초고속 엘리베이터를 설치하여 유동 인구의 이동 속도를 극대화한 것과 유사한 원리이다. 결과적으로 HBM은 기존의 DDR 방식보다 압도적으로 넓은 데이터 전송 통로(대역폭)를 확보함으로써 AI 연산의 효율성을 극대화한다. 전략적 관점에서 HBM의 등장은 메모리 반도체 산업의 경쟁 원리를 '범용재(commodity)' 중심에서 '특수 목적재(specialized component)' 중심으로 이동시켰다. 과거의 DRAM산업은 표준화된 제품을 누가 더 싸고 많이 생산하느냐가 핵심인 규모의 경제 싸움이었다. 그러나 HBM은 설계 단계부터 엔비디아와 같은 칩 설계 업체와의 긴밀한 협력을 필요로 하며, 이는 고객사와 공급자 사이의 결속력을 강화하는 강력한 보완적 자산(complementary assets)으로 작용한다. 이러한 변화는 메모리 업체가 단순한 부품 공급자를 넘어 인공지능 생태계의 수익 배분을 결정짓는 핵심 게이트키퍼(gatekeeper)로 부상했음을 의미한다.

2 산업 가치사슬내 수익의 흐름이 어디로 흘러가는 지를 분석한 논문은 [학술연구개요 10-2]를 참조하시오.

3 S-C-P 모델에서 구조(Structure)는 시장 내 구매자와 판매자의 수, 제품 차별화 정도, 진입 장벽 등을 의미하며, 행위(Conduct)는 가격 책정, 광고 전략, 연구 개발 투자 등을, 성과(Performance)는 이윤율, 생산 효율성, 기술 진보 등을 의미한다.

4 경제적 이윤이 '0'이라는 것은 기업이 망한다는 의미가 아니라, 자본의 기회비용을 포함한 모든 비용을 제한 후 남는 '초과 이윤'이 없다는 뜻으로, 정상 이윤은 확보하고 있는 상태를 말한다.

5 물론 독점산업에서도 산업구조에 대한 분석이 필요한 경우가 있다. 산업정책 관점에서 산업의 독점구조를 경쟁시장으로 바꾸려고 한다면 산업구조에 대한 이해가 필수불가결할 것이다. Baumol, Panzar, & Willig (1982) 은 그들의 저서에서 산업 내 소수의 기업이 존재한다고 하더라도 그 시장이 경합가능시장이라면, 즉 진입과 퇴출이 자유롭다면, 잠재적 진입자의 위협만으로도 기존 기업이 경쟁시장과 유사하게 행동(예 낮은 가격 설정)하게 됨을 주장하였다.

6 규모의 경제 효과가 대부분 실현되어, 생산량을 더 늘려도 평균 생산비용이 더 이상 의미 있게 감소하지 않기 시작하는 생산 규모를 말한다. 규모의 경제(economies of scale)를 이룬다는 표현은 생산량을 MES 에 이르기까지 증대시키는 것을 의미한다. 다른 표현으로, 기업의 생산량이 규모의 경제 구간에 있다는 것은, 생산량(Q)이 MES 보다 작을 때(Q < MES), 생산량을 증대할수록 평균비용(Average Cost, AC)이 감소하는 구간에 있음을 의미한다. 반대로 규모의 비경제(diseconomies of scale) 구간에 있다는 것은, 생산량(Q)이 MES 보다 클 때(Q > MES), 생산량을 증대할수록 평균비용(AC)이 증대하는 구간에 있음을 의미한다.

7 2013년 1월 17일, 한국야구위원회(KBO)는 총회를 열어 KT의 프로야구 10구단 창단을 최종 승인했다. KT는 가입금 30억 원, 예치금 100억 원과 함께 야구발전기금으로 200억 원을 납부하기로 했다(연합뉴스, 2013).

8 본문에 제시된 HHI 기준(1,500, 2,500)은 2010 년 미국 법무부(DOJ)와 연방거래위원회(FTC)가 발표한 '수평적 기업결합 가이드라인(Horizontal Merger Guidelines)'에 따른 것이다. 이전 가이드라인에서는 1,000 과 1,800 을 기준으로 사용했으나, 실제 시장 상황을 더 잘 반영하기 위해 기준이 상향 조정되었다.

9 Ghemawat, P. (1999). Strategy and the Business Landscape. Addison-Wesley.

10 13장 5절, "다각화 의사결정을 위한 MBC 테스트"를 참조하시오.

11 범용인공지능(artificial general intelligence, AGI)은 특정 분야의 문제 해결에 특화된 기존의 인공지능(narrow AI)을 넘어, 인간이 수행할 수 있는 모든 지적 과업을 학습하고 이해하며 실행할 수 있는 수준의 지능을 의미한다. 현재 우리가 사용하는 Chatgpt나 바둑의 알파고 등은 주어진 데이터 범위 내에서만 작동하는 협소한 인공지능에 해당하지만, AGI는 낯선 상황에서도 스스로 판단하고 지식을 전이하여 문제를 해결하는 범용성을 가진다.

참고문헌

Argyres, N., & McGahan, A. M. (2002). An Interview with Michael Porter. Academy of Management Perspectives, 16(2), 43-52.

Bain, J. S. (1956). Barriers to New Competition: Their Character and Consequences in Manufacturing Industries. Harvard University Press.

Baumol, W. J., Panzar, J. C., & Willig, R. D. (1982). *Contestable Markets and the Theory of Industry Structure*. San Diego: Harcourt Brace Jovanovich.

Besanko, D., Dranove, D., Shanley, M., & Schaefer, S. (2007). Economics of Strategy (4th ed.). Hoboken, NJ: John Wiley & Sons.

Burnham, T. A., Frels, J. K., & Mahajan, V. (2003). Consumer switching costs: A typology, antecedents, and consequences. Journal of the Academy of Marketing Science, 31(2), 109-126.

Ghemawat, P. (1999). *Strategy and the Business Landscape*. Addison-Wesley.

Goertzel, B. (2014). Artificial General Intelligence: Concept, State of the Art, and Future Prospects. Journal of Artificial General Intelligence, 5(1), 1-48.

Hagiu, A., & Wright, J. (2015). Multi-sided platforms. International Journal of Industrial Organization, 43, 162-174.

Lee, S. H., Mun, H. J., & Park, K. M. (2015). When is dependence on other organizations burdensome? The effect of asymmetric dependence on internet firm failure. *Strategic Management Journal, 36*(13), 2058-2074.

Mason, E. S. (1939). Price and production policies of large-scale enterprise. The American Economic Review, 29(1), 61-74.

Porter, M. E. (1980). *Competitive Strategy: Techniques for Analyzing Industries and Competitors*. Free Press.

Porter, M. E. (2008). The five competitive forces that shape strategy. *Harvard Business Review, 86*(1), 78-93.

Porter, M. E., & Heppelmann, J. E. (2014). How smart, connected products are transforming competition. Harvard Business Review, 92(11), 64-88.

Stabell, C. B., & Fjeldstad, Ø. D. (1998). Configuring value for competitive advantage: on chains, shops, and networks. *Strategic Management Journal, 19(5)*, 413-437.

Yoffie, D. B., & Kim, R. (2010). Cola Wars Continue: Coke and Pepsi in 2010. Harvard Business School Case 711-462.

EVPOST.(2023), "테슬라는 왜 굳이 배터리를 직접 만들까?", evpost. https://www.evpost.co.kr/wp/테슬라는-왜-굳이-배터리를-직접-만들까-2/

연합뉴스. (2013). KBO *총회, KT 프로야구 10구단 최종 승인(종합)*. https://www.yna.co.kr/view/AKR20130117078351007

김민기. (2024). "[기자수첩] 테슬라는 배터리 내재화에 성공할 수 있을까". 지디넷코리아. 2024년 8월 7일.

최수지. (2022). "이제 쿠팡서 햇반 못 산다…그 뒤엔 CJ제일제당과 '갑질' 공방전". 중앙일보. 2022년 11월 30일.

황규락. (2022). "甲과 甲이 한판 붙었다…쿠팡·CJ '햇반전쟁' 발발". 조선일보. 2022년 12월 1일.

백일현. (2023). "쿠팡, CJ '햇반' 빼자 벌어진 일…중소·중견기업 대박 터졌다". 중앙일보. 2023년 6월 10일.

송은석. (2023). "CJ '反쿠팡연대' 확장에… 쿠팡 "햇반 빠지자 中企 즉석밥 불티" 맞불". 동아일보. 2023년 6월 12일.

이미지. (2023). "햇반·화장품·OTT에서 '배달'까지 확장되나… 계속되는 쿠팡 VS CJ". 조선일보. 2023년 9월 11일.

오삼권. (2024). "쿠팡·CJ제일제당, 20개월 만의 화해…"햇반 로켓배송"". 중앙일보. 2024년 8월 14일.

양지윤. (2024). "쿠팡·CJ, 2년 만에 전격 화해". 한국경제. 2024년 8월 14일.

부록:
5가지 세력 분석을 위한 체크리스트

(출처: Besanko et al., Economics of Strategy, 2007)

1. 산업 내 경쟁강도

가격경쟁 및 비가격경쟁이 산업의 전형적 기업의 수익성을 위협하는 정도

항목	현재상태	미래추세
*판매자 집중도가 높은가?		
*산업성장률이 높은가?		
기업간 원가차이가 높은가?		
초과 생산용량이 존재하는가?		
원가구조: 원가가 설비가동률에 대해 민감한가?		
*판매자 간 제품차별화의 정도가 높고, 기존업체에 대한 브랜드 충성도가 높고, 산업 내 경쟁자간 수요의 교차 가격탄력성이 낮은가?		
*구매자의 전환비용(switching cost)이 높은가?		
*가격과 거래조건이 공개적이고 투명한가?		
기업이 가격을 신속히 조정할 수 있나?		
대규모 and/or 간헐적 판매주문		
*가격선도, 가격변화의 예고 등 업계관행이 존재하는가		
*협력적 가격설정의 역사가 있는가?		
퇴출장벽의 강도가 높은가?		
산업의 수요에 대한 가격탄력성이 높은가?		

* 부정적 답변이 수익성 위협요인인 항목

2. 진입 위협

진입의 위협 또는 발생이 산업의 전형적 기업의 수익성을 위협하는 정도

항목	현재상태	미래추세
*상당한 규모의 경제가 존재하는가?		
*구입결정에 있어 Reputation 또는 확립된 브랜드 충성도가 중요한가?		
진입자가 유통채널에 접근 가능한가?		
진입자가 원료에 접근 가능한가?		
진입자가 기술/노우하우에 접근 가능한가?		
진입자가 유리한 지리적 위치에 접근 가능한가?		
*기존업체들이 경험기반의 이점을 갖고 있는가?		
*네트웍 외부성: 기존업체들이 대규모 수요기반으로부터의 수요 측면 이점을 갖고 있는가?		
*정부의 기존업체에 대한 보호가 있는가?		
*진입 시 기존업체의 심각한 보복의 가능성은 높은가?		

* 부정적 답변이 수익성 위협요인인 항목

3. 대체재 위협

대체재로부터의 경쟁이 산업의 전형적 기업의 수익성을 위협하는 정도

항목	현재상태	미래 추세
밀접하게 가까운 대체재가 현재 이용 가능한가?		
대체재는 가격대비 높은 가치를 제공하는가?		
산업수요의 가격탄력성이 높은가?		

4. 공급자 위협

공급자들이 산업의 전형적 기업과의 거래에서 높게 가격을 협상할 수 있는 정도

항목	현재상태	미래추세
공급자 산업이 구매산업보다 더욱 집중화되어 있는가?		
산업내 전형적인 기업들의 구매량이 공급자들의 전형적인 다른 고객들에 비해 적은가?		
공급자의 제품에 대한 대체재가 거의 존재하지 않는가?		
산업내 기업들이 특정 공급자와의 거래를 지원하기 위해 관계 특유의 투자를 많이 하는가?		
공급자들은 제품시장으로 진출(전방통합)할 수 있는 가능성을 내비치고 있는가?		
공급자들은 고객간에 원료가격을 지불할 수 있는 능력과 의지의 차이에 따라 가격을 차별적으로 부과할 수 있는가?		

5. 구매자 위협

구매자들이 산업의 전형적 기업과의 거래에서 낮게 가격을 협상할 수 있는 정도

항목	현재상태	미래추세
구매자 산업이 구매산업보다 더욱 집중화되어 있는가?		
구매자들의 구매량이 대규모인가? 구매자의 구입물량이 전형적 판매자의 매출물량의 상당한 부분을 차지하는가?		
구매자가 제품에 대한 대체재를 발견할 수 있는가?		
산업내 기업들이 특정 공급자와의 거래를 지원하기 위해 관계 특유의 투자를 많이 하는가?		
구매자 제품에 대한 수요의 가격탄력성이 높은가?		
구매자들은 구입제품시장으로 진출(후방통합)할 수 있는 가능성을 내비치고 있는가?		
제품이 구매자의 사업비용에서 큰 비중을 차지하고 있는가?		
각 개별 거래별로 가격협상이 이루어지기보다 모든거래에 대해 적용되는 단일 가격으로 협상이 이루어지는가?		

CHAPTER 07

환경 및 산업 분석 2: 경쟁의 두 얼굴

7-1 5가지 세력 프레임워크는 산업의 독과점화를 위한 툴인가?

7-2 경쟁은 기업에게 좋은 것인가?

Chapter 7 환경 및 산업 분석 2: 경쟁의 두 얼굴

경쟁은 반드시 피해야만 하는 것일까? 아니면 기업을 더 강하게 만드는 약이 될 수도 있을까? 우리는 흔히 경쟁을 없애야 할 대상으로 여기지만, 때로는 강력한 경쟁자의 존재가 오히려 산업 전체를 발전시키고 개별 기업의 혁신을 촉진하는 원동력이 되기도 한다.

이번 장에서는 경쟁이 기업에 미치는 긍정적, 부정적 영향을 심층적으로 분석한다. 경쟁의 강도를 넘어, 경쟁의 '유형'이 어떻게 기업의 운명을 바꾸는지 살펴보고, 경쟁자와의 상호작용 속에서 어떻게 기회를 포착하고 위협을 관리할 수 있는지에 대한 전략적 통찰을 얻는다.

7-1 5가지 세력 프레임워크는 산업의 독과점화를 위한 툴인가?

산업 구조 분석을 위한 대표적인 전략 툴인 5가지 세력 프레임워크가 구조-행위-성과(S-C-P) 모델을 역발상하여, 기업들의 독과점적 초과이윤을 얻기 위한 산업의 구조적 조건을 지향하는 기업의 전략 방향을 도출한 것으로 앞에서 설명되었다. 그렇다면 5가지 세력 프레임워크라는 대표적 전략경영 이론은 산업의 독과점화를 위한 이론인가라는 의문을 가질 수 있다. 마이클 포터의 5가지 세력 프레임워크에서는 기본적으로 기업이 추구하는 이윤을 독과점적 이윤으로 전제하고 있고, 산업 구조로부터 오는 경쟁의 위협을 어떻게 최소화할 것인가를 추구하고 있다. 산업 구조를 경쟁의 위협을 최소화하는 독과점으로 만들기 위해서 방어적으로, 때로는 능동적으로 어떻게 행동해야 하는가에 대한 처방을 고민하는 프레임워크이긴 하다.

그런데 기업의 이윤은 독과점적 이윤(monopolistic rent)만 존재하는 것은 아니다. 자원/효율성 이윤(resource/efficiency rent), 혁신 이윤(innovation/Schumpeterian rent)도 존재한다.[1] 독과점적 이윤을 지나치게 추구하다 보면 지나친 가격 상승으로 소비자의 불만을 산다든지, 납품업체에 대한 지나친 가격인하 압력등으로 사회적 후생을 저하시킬 가능성이 있어 공정거래 관련 규제 당국의 제지를 받을 가능성이 높으므로, 기업의 독과점적 이윤만을 추구하는 방법 외에 기업이 가진 역량, 자원의 가치를 높여서 또는 혁신을 일으켜서 이윤을 획득하는 방법이 사회적으로 지지도 받으면서 기업성을 추구하는 바람직한 방향이라고 할 수 있다. 독과점적 이윤 추구를 지나치게 추구하는 것이 아니라면, 5가지 세력 프레임워크는 경쟁적 산업 환경에서 필요한 관점이라고 할 수 있다.

또한, 독과점적 이윤을 추구하는 산업 내 기존 기업들을 상대해야 하는 스타트업이나 시장 진입을 하고자 하는 후발주자 등, 1등 기업이 아닌 기업들은 혁신과 차별화를 통하여 선도기업을 따라잡을 수밖에 없다. 기존 기업들은 진입장벽을 높이거나, 가격 정책을 조정하거나, 공급망을 통제하는 등의 방법을 통해 지배력을 강화하고자 한다. 후발주자나 신규 업체는 이러한 기존 기업의 전략을 이해하지 못하면 시장에 효과적으로 진입하기 어렵고, 지속적인 성장을 이루기 힘들다. 예를 들어, 신규 업체가 시장에 진입하려고 할 때 기존 기업이 가격 인하를 통해 시장 점유율을 유지하려고 한다면, 신규 업체는 이를 예측하고 저비용 전략이나 차별화된 제품을 준비하여 대응해야 한다.

기존의 IT 대기업이 강력한 진입 장벽을 구축하고 있을 경우, 테크 스타트업은 5가지 세력 프레임워크를 통해 대기업의 진입 장벽(예 특허, 네트워크 효과, 고객 락인)을 분석하고, 기술 혁신이나 새로운 고객 가치 제안을 통해 진입할 수 있는 전략을 모색해야 한다. 예를 들어, 기존 클라우드 서비스 시장에서 AWS, Microsoft Azure 등이 지배적 위치를 차지하고 있을 때, 신규 클라우드 서비스 업체는 특정 산업군을 겨냥한 맞춤형 클라우드 서비스를 제공하여 진입 장벽을 우회할 수 있다. 또한 전통적인 소비재 산업에서 이미 기존의 강력한 브랜드가 시장을 지배하고 있을 경우, 후발주자는 5가지 세력 프레임워크를 통해 기존 브랜드들이 사용하고 있는 광고 전략, 유통망 통제, 공급자 관계 등을 분석하고, 후발주자만의 새로운 유통 경로(예 온라인 채널)나 친환경 제품 판매 등의 차별화된 접근 전략을 수립할 수 있다.

따라서 후발주자나 신규 업체가 5가지 세력 프레임워크를 필요로 하는 이유는 기존 업체가 독과점적 이윤을 추구하면서 구축한 경쟁전략과 산업 구조를 이해하고 이에 맞춰 효과적으로 대응하기 위해서이다. 5가지 세력 프레임워크는 후발주자가 단순히 기존 기업의 방어 전략에 굴복하지 않고, 산업 내 경쟁 구도를 분석하여 자신만의 전략적 입지를 마련할 수 있는 중요한 도구이다. 이를 통해 후발주자도 시장 내에서 경쟁력을 유지하고 성공할 수 있는 기반을 다질 수 있다.

그러므로 5가지 세력 프레임워크가 산업 내 독과점적 지위를 추구하는 전략적 도구로 사용될 수 있는 것은 사실이지만, 이는 기업이 이 프레임워크를 어떤 방식으로 해석하고 활용하는가에 따라 다르다. 스타트업 및 신생 기업이 기존 기업에게 도전하기 위해서 5가지 세력 프레임워크를 사용할 수도 있다. 기업이 혁신과 자원을 활용하여 지속 가능성을 높이는 전략을 선택한다면, 오히려 산업 내 건전한 경쟁과 발전을 촉진하는 도구로 사용될 수 있다.

따라서 5가지 세력 프레임워크가 반드시 산업의 독과점화를 위한 이론은 아니며, 기업이 경쟁 위협을 관리하고 더 나은 전략적 선택을 할 수 있도록 돕는 중립적인 분석 도구라고 보는 것이 더 정확할 것이다. 기업은 이를 통해 독과점적 이윤뿐만 아니라 다양한 형태의 이윤을 추구할 수 있으며, 결과적으로 더 나은 산업 환경을 조성할 수도 있다.

7-2 경쟁은 기업에게 좋은 것인가?

일반적으로 경제학에서는 경쟁은 사회 후생을 위해서, 산업 차원에서 바람직한 것으로 항상 묘사되어 왔다. 시장의 구조가 완전경쟁 상태일 때, 시장의 배분적 효율성(allocative efficiency)을 달성하여 사회적 후생(social welfare)을 최대화한다는 것이 일반적인 상식이었고, 기술 혁신을 고려한 측면에서도 경쟁이 혁신을 유발하여 산업 차원에서 좋은 것으로 여겨져 왔다. 사회적 후생을 중시하는 경제학이나 그 분과인 산업조직론에서도 완전경쟁은 항상 자본주의 경제의 최선의 산업 구조로 여겨졌고, 산업 구조와 관련해서는 경쟁은 항상 촉진시켜야 하는 것으로 여겨져 왔다. 그렇다면, 산업차원이 아니라 개별 기업 차원에서는 경쟁이 좋은 것일까? 이 주제에 대해 마이클 포터와 토마스의 경쟁과 혁신에 관한 3편의 논문을 중심으로 설명한다.

첫 번째 논문은 1979년 HBR에 실린 마이클 포터의 논문(Porter, 1979)으로, 5가지 세력 프레임워크에 대한 관점을 직접적으로 접할 수 있다. 이 논문의 가장 큰 기여점은, 경쟁이 어디에서 발생하는가에 대한 해답을 제공하면서 경쟁의 범위를 확대했다는 점에 있다. 삼성전자 갤럭시의 경쟁자는 애플의 아이폰이고, 이마트의 경쟁자는 홈플러스이듯이 경쟁은 경쟁자로부터만 온다는 협소한 사고를 뛰어넘어, 경쟁은 더욱 넓은 범위에서 발생한다는 점이 5가지 세력 프레임워크의 핵심이다. 고객과 공급자, 잠재적 진입자, 대체재와의 경쟁이 고객에게 청구할 수 있는 가격의 한계를 직간접적으로 제한하기 때문이다. 그리고 이러한 경쟁은 기업이 가능한 한 회피해야 하고, 피할 수 없다면 경쟁으로부터 오는 위협을 최소화할 수 있도록 대비책을 세워야 한다는 것이다.

논문에는 기업이 할 수 있는 전략적 행동 중 방어적 행동으로, 기업의 수직적·수평적 범위의 조정, 원가 절감/편익 증대 중 어느 것에 초점을 둘 것인가와 같은 기업의 산업 내 포지셔닝을 제안하고 있다. 다음으로는 공격적인 행동으로 다섯 가지 힘 자체의 균형에 영향을 주는 혁신, 자본 투자, 수직통합 같은 행동들이다. 혁신은 특별한 제품이나 서비스를 만드는 것이므로 경쟁자로부터의 위협을 완화시킨다. 그러면서 동시에 독특한 제품/서비스로 구매자나 공급자의 협상력을 약화시킨다. 또한 혁신에 소용되는 시간과 자금을 고려할 때 진입장벽이 높아지게 될 것이다. 기업 입장에서 혁신은 경쟁의 폐해를 없애는 만병통치약과 같다. 자본 투자는 대개 진입장벽을 높이는 역할을 하여 잠재적 진입자로부터 오는 위협을 감소시킨다. 수직통합은 그 방향에 따라 공급자 쪽에 대한 수직통합은 공급자 협상력으로부터 나오는 위협을, 구매자 쪽에 대한 수직통합은 구매자 협상력으로부터 나오는 위협을 줄이게 된다.

결론적으로 경쟁, 특히 5가지 세력으로부터 나오는 위협들은 모두 기업의 성과를 해치거나 낮추는 좋지 않은 요소이다. 기업 입장에서는 피할 수 있다면 피하고 싶은 전염병과 같은 것이다.

그림 7-1 국가적 경쟁우위의 결정요소 (다이아몬드 모델)

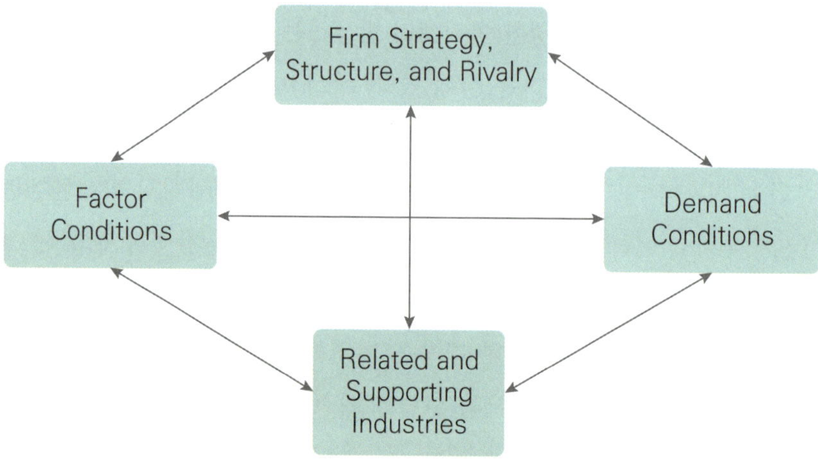

그 다음으로 마이클 포터의 1990년 논문(Porter, 1990b)은 자신의 책(Porter, 1990a)을 요약한 글로, '국가 경쟁력'이라는 키워드를 유행시켰다. "경쟁우위의 진정한 근원은 무엇인가? 왜 특정 국가에 위치한 어떤 기업들

은 끊임없이 혁신할 수 있는가?"라는 물음에 대한 답이 이 논문에 담겨 있다. 국가의 경쟁우위를 결정하는 모델로 다이아몬드 모양 같다고 해서 '다이아몬드 모델'이라고도 불리는데, 4가지 요소가 상호작용하며 국가적 경쟁우위를 결정하는 형태이다([그림 7-1]을 참조하시오).

이 다이아몬드 모델의 핵심은 새로운 전략적 자산의 창출을 통한 혁신이며, 이를 추동하는 근본적인 동력은 바로 경쟁기업 간의 치열한 경쟁이다. 특정 국가나 지역에 집적된 관련 기업들(산업 클러스터) 사이의 강력한 상호경쟁은 산업의 경쟁우위를 결정짓는 가장 중요한 요소이다.

물론 경쟁자뿐만 아니라 강력한 공급자와 까다로운 구매자, 능동적인 정부, 그리고 강한 노동조합 또한 기업의 성공에 필수적인 역할을 한다. 이들은 기업에게 안주하지 말라고 끊임없이 도전하며, 한층 더 높은 수준의 기술과 생산 방식을 요구함으로써 기업의 발전을 견인한다. 즉, 치열한 내수경쟁은 기업들이 서로를 자극하여 원가는 낮추고 품질은 높이도록 유도하며, 까다로운 구매자와 강력한 공급자가 가하는 압력은 기업이 생산 방식을 혁신하고 품질을 개선하게 만드는 강력한 촉매제가 된다.

포터는 그의 초기 저작(Porter, 1979; 1980)에서 경쟁자들과 구매자들의 위협으로부터 안전한 곳으로 포지셔닝하라는 방어적 행동을 처방했다. 이는 그가 1990년에 주장한 내용(Porter, 1990a,1990b)과 서로 모순되는 것처럼 보인다. 한쪽에서는 경쟁을 피해야 할 '전염병'과 같이 취급하는 반면, 다른 쪽에서는 핵심적인 기업 성공의 요소로 간주하고 있기 때문이다.

이러한 겉보기의 모순에 대해 토마스(Thomas, 1996)는 '경쟁의 두 얼굴(The Two Faces of Competition)'이라는 논문을 통해 통합적인 관점을 제시한다. 그는 "경쟁은 기업에게 좋은 것인가?"라는 근본적인 질문에 답하기 위해서는 '정적 경쟁(static competition)'과 '동적 경쟁(dynamic competition)'의 차이를 이해해야 한다고 주장한다. 즉, 포터의 1979년 5가지 세력 프레임워크는 정적인 경쟁을, 1990년 다이아몬드 모델은 동적인 경쟁을 다루고 있다는 것이다.

정적 경쟁은 기반 기술이 외부에서 주어져 있어 산업의 전체 가치가 고정된 상황을 말한다. 이때 경쟁의 증가는 기업이 가져갈 몫을 줄이므로 기업에게 불리하며, 강력한 수요자나 공급자 또한 위협 요소가 된다. 따라서 기업은 '독과점적 이윤(monopolistic rent)'을 추구하며, 방어적인 포지셔닝을 통해 가격을 높이거나 비용을 절감하는 것이 주된 전략이 된다(<표 7-1>을 참조하시오).

반면, 동적 경쟁에서는 기업이 혁신을 통해 기반 기술을 변화시키고 산업 전체의 가치를 증대시킬 수 있다. 이러한 상황에서 강력한 경쟁자나 까다로운 수요자의 존재는 혁신을 자극하는 촉매제가 되어 기업에게 필수적이고 유리한 요소로 작용한다. 이때 기업은 '혁신 이윤(Schumpeterian rent 또는 innovation rent)'을 추구하며, 전략적 과제는 단순한 방어가 아니라, 새로운 AI 기술 표준이나 수소 연료전지 생태계 구축과 같이 산업의 혁신을 주도하는 리더십을 발휘하는 것이다.

표 7-1 정적 경쟁 vs. 동적 경쟁

구분	정적 경쟁 (Five-forces Model)	동적 경쟁 (Diamond Model)
경쟁	해로움(damaging)	필수적(essential)
경쟁 수단	가격 & 원가(price & cost)	혁신(innovation)
강력한 관련 거래자	해로움(damaging)	도움이 됨(helpful)
추구하는 이윤	독과점 이윤(monopoly rent)	혁신 이윤(Schumpeterian rent)
기반 기술	외생적(exogenous)	내생적(endogenous)
전략 과제	위치 선정(finding positions)	리더십 제공(providing leadership)

출처: Thomas(1996)의 논문내용을 표로 재구성하여 요약함.

산업 관점에서 경쟁은 항상 유익한 것이었다. 기업 관점에서 경쟁은 항상 유익한 것은 아니었고 오히려 해로운 것이라는 관점이 우세하였다. 포터의 5가지 세력 프레임워크 관점이 대표적 관점이었고 단기적 관점에서 현실적인 관점이기도 하다. 하지만 기술 표준이 정립되지 않고 기술 발전 속도가 빠른 초기 신성장 산업에서는 경쟁은 기업에게 어느 정도 필수불가결한 것이고, 기업차원에서 유익하다는 관점을 토마스(1996)는 제시하고 있다.

그림 7-2 정적 경쟁과 동적 경쟁의 효과

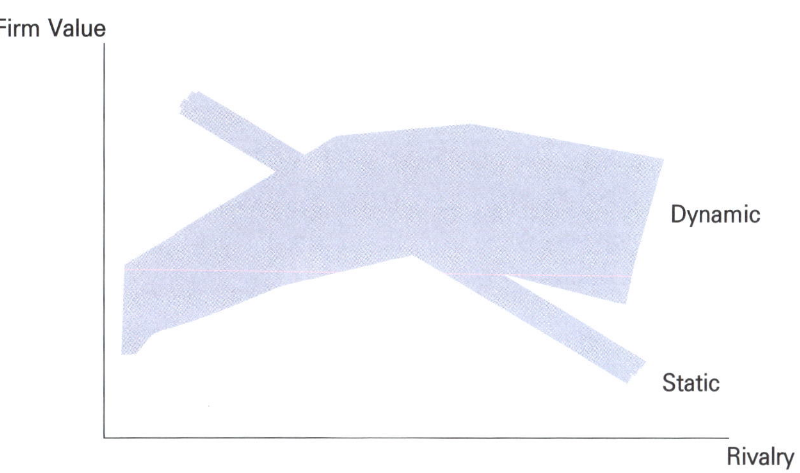

출처: Thomas(1996, p. 225, Figure 4)

[그림 7-2]에서는 정적 경쟁과 동적 경쟁이 기업 가치에 미치는 대조적인 효과를 보여준다. 정적인 경쟁 상황에서는 경쟁(rivalry)이 심화될수록 기업 가치(firm value)가 직선적으로 하락하는 부정적 효과를 가진다. 반대로 동적인 경쟁 상황에서는 경쟁이 일정 수준까지는 기업 가치를 높이다가 그 수준을 넘어서면 다시 하락하는 역-U자형의 효과를 가진다. 또한, 동적 경쟁 곡선의 변동 폭이 매우 큰데, 이는 동적인 경쟁 환경 자체의 높은 위험성을 시사한다.

이러한 경쟁의 정태성과 동태성을 결정하는 요소는 산업 차원의 '동적 자원풍부성(dynamic resourcefulness)'이다. 동적 자원풍부성은 "새로운 전략 자산을 창출하는 산업의 경향성(the innate propensity of an industry to create new strategic assets)"으로 정의되는데, 산업별로 차이가 있다. 낮은 동적 자원풍부성을 가진 산업에서 경쟁은 정적이고, 반면 높은 동적 자원풍부성이 있는 산업에서는 경쟁은 동적이다(Thomas, 1996, pp. 225-226).

학술 연구 개요 7-1

경쟁의 두 얼굴: 동적 자원풍부성과 초경쟁 전환 (Thomas, 1996)

✿ 연구 배경: 포터 이론의 모순, 경쟁은 약인가 독인가?

마이클 포터의 전략 이론은 현대 경영학의 초석을 다졌지만, 그의 저작들 사이에는 '경쟁'에 대한 상충된 관점이 존재합니다. 1980년의 『경쟁전략』(5가지 세력 프레임워크)에서는 경쟁을 기업의 수익성을 갉아먹는 위협으로 규정하고, 이를 회피하거나 방어하는 전략을 강조합니다. 반면, 1990년의 『국가의 경쟁우위』(다이아몬드 프레임워크)에서는 치열한 내수 시장의 경쟁이 오히려 혁신을 촉진하고 국가적 경쟁우위를 창출하는 핵심 동력이라고 주장합니다. 이처럼 동일한 학자의 이론 안에서 경쟁이 '독'으로도, '약'으로도 묘사되는 모순은 많은 학자와 실무자들에게 혼란을 주었습니다. 이 연구는 바로 이 모순을 해결하고, 경쟁이 기업에 미치는 이중적 효과를 통합적으로 설명하려는 시도에서 출발합니다.

✿ 핵심 연구 질문

- 포터의 상반된 두 경쟁 관점을 어떻게 통합적으로 이해할 수 있는가?
- 경쟁은 언제 기업에 해가 되고, 언제 이득이 되는가? 그 조건을 결정하는 요인은 무엇인가?
- 지난 수십 년간 미국 제조업의 경쟁 환경은 어떻게 변화해왔는가?

✿ 핵심 개념: 정적 경쟁 vs. 동적 경쟁

이 논문은 경쟁을 두 가지 유형으로 명확히 구분함으로써 포터의 모순을 해결합니다.

- 정적 경쟁(static competition): 이는 포터의 5가지 세력 프레임워크의 기반이 되는 경쟁입니다. 기술과 산업가치가 고정되어 있다는 전제하에, 기업들은 주어진 파이를 차지하기 위해 가격과 비용으로 싸웁니다. 이 환경에서 경쟁 심화는 곧 수익성 악화로 이어지므로, 기업은 경쟁을 피하고 방어적 위치를 찾는 것이 최선입니다.
- 동적 경쟁(dynamic competition): 이는 포터의 다이아몬드 프레임워크의 기반이 되는 경쟁입니다. 기술이 끊임없이 변화하고 산업의 가치 총량이 확장될 수 있다는 전제하에, 기업들은 혁신을 통해 새로운 가치를 창출하며 경쟁합니다. 이 환경에서 강력한

경쟁자, 까다로운 고객, 유능한 공급자는 오히려 기업이 혁신하도록 자극하는 긍정적 요인이 됩니다. 경쟁은 기업의 성장을 위한 필수 요소입니다.

✿ 연구 결과 및 시사점: '초경쟁 전환'의 발견

저자는 1958년부터 1991년까지 미국 제조업 200개 산업의 데이터를 분석하여 다음과 같은 중요한 사실을 발견했습니다.

- 초경쟁 전환(hypercompetitive shift): 시간이 흐름에 따라 미국 제조업의 경쟁 양상이 정적 경쟁에서 동적 경쟁으로 근본적으로 전환되었음을 실증적으로 보여주었습니다. 과거에는 안정적인 시장에서 비용과 가격으로 경쟁하는 것이 중요했다면, 점차 기술 변화와 혁신이 경쟁의 핵심이 되었습니다.
- 경쟁과 성과의 역-U자 관계: 정적 경쟁 환경에서는 경쟁(rivalry)이 심화될수록 기업 가치가 하락하는 음(-)의 관계를 보였습니다. 하지만 동적 경쟁 환경에서는 경쟁이 일정 수준까지는 기업 가치를 높이다가, 그 수준을 넘어서면 다시 하락하는 역-U자(inverted-U) 관계를 보였습니다. 이는 적절한 수준의 경쟁은 혁신을 촉진하여 기업에 이득이 되지만, 과도한 경쟁은 다시 수익성을 해칠 수 있음을 의미합니다.
- 동적 자원풍부성(dynamic resourcefulness): 어떤 산업이 정적 경쟁 또는 동적 경쟁의 특징을 보이는지를 결정하는 핵심 요인으로 '동적 자원풍부성', 즉 "새로운 전략적 자산을 얼마나 쉽게 창출할 수 있는가"를 제시했습니다. 고객과 공급자의 역동성, 산업의 지식 기반, 시장진입의 용이성 등이 높은 산업일수록 동적 경쟁의 특징을 보였습니다.

전략적 함의

이 연구는 경쟁을 단일한 현상으로 보던 기존의 관점에서 벗어나, '정태적 경쟁'과 '동태적 경쟁'이라는 두 얼굴을 가지고 있음을 명확히 보여주었습니다. 경영자는 자신이 속한 산업의 '동적 자원풍부성'을 진단하여, 현재 경쟁의 성격이 정적인지 동적인지를 파악해야 합니다. 만약 정적인 경쟁 환경에 있다면 5가지 세력 모델을 활용하여 방어적 포지셔닝을 구축하는 것이 중요하고, 동적인 경쟁 환경에 있다면 다이아몬드 모델의 시사점처럼 혁신을 통해 새로운 가치를 창출하는 데 집중해야 합니다. 이처럼 경쟁의 성격에 따라 전혀 다른 전략적 처방이 필요함을 일깨워준다는 점에서 이 연구는 매우 중요한 실무적 함의를 가집니다.

출처: Thomas III, L. G. (1996). The Two Faces of Competition: Dynamic resourcefulness and the hypercompetitive shift. Organization Science, 7(3), 221-242.

요 / 약

마이클 포터의 5가지 세력 프레임워크는 기업의 독과점적 이윤 추구를 위한 산업 구조 분석 도구로 볼 수 있지만, 후발주자나 신규 업체가 기존 기업의 전략에 대응하는 데도 유용하게 활용될 수 있는 중립적 분석 도구이다. 포터의 1979년 5가지 세력 논문은 경쟁을 기업 성과를 해치는 부정적 요소로 보며 회피하거나 최소화할 것을 강조하는 반면, 1990년 국가 경쟁 우위에 대한 논문은 치열한 국내 경쟁이 혁신을 추동하는 동인이라고 주장한다. 이러한 관점 차이는 정적 경쟁(고정된 산업 가치)과 동적 경쟁(변화 가능한 산업 가치)의 차이로 설명된다. 결론적으로 산업 관점에서 경쟁은 유익하지만, 기업 관점에서는 항상 유익하지 않을 수 있다. 하지만 동적 자원풍부성이 높은 동적 경쟁 상태에 있는 신성장 산업에서는 기업관점에서도 경쟁이 유익할 수 있으며, 5가지 세력 프레임워크는 건전한 경쟁을 위한 도구로도 활용될 수 있다.

생각해 볼 문제

1 마이클 포터의 '5가지 세력 프레임워크'가 산업의 독과점화를 위한 도구라는 비판에 대해 논하고, 이 프레임워크가 기존 기업과 신규 진입 기업 또는 후발 주자 각각에게 어떻게 다르게 활용될 수 있는지 설명하십시오. 특히, 후발 주자가 진입 장벽을 이해하고 효과적으로 시장에 진입하기 위해 이 프레임워크를 어떻게 적용할 수 있을까요?

2 마이클 포터의 초기 연구(1979년 '5가지 세력 프레임워크')와 후기 연구(1990년 '다이아몬드 프레임워크')에서 '경쟁'에 대한 관점이 상이해 보이는 이유를 설명하십시오. 토마스(Thomas, 1996)는 '정적 경쟁(static competition)'과 '동적 경쟁(dynamic competition)'의 개념을 통해 이러한 포터의 관점 차이를 어떻게 조화시키는가요?

3 정적 경쟁과 동적 경쟁 환경의 주요 특징을 각각 제시하고, 기업이 자신이 속한 산업이 어떤 유형의 경쟁 환경에 놓여 있는지를 어떻게 판단할 수 있을지 논하십시오. 이러한 판단이 기업의 혁신 투자, 가격 전략, 그리고 전반적인 경쟁 방식에 어떤 영향을 미칠까요?

4 동적 경쟁 환경에서 '강력한 공급자', '까다로운 구매자', 심지어 '강한 노동조합'과 같은 존재들이 기업의 혁신과 성공에 어떻게 긍정적으로 기여할 수 있는지 포터의 '다이아몬드 프레임워크' 관점에서 구체적인 메커니즘을 설명하십시오. 이러한 이해가 기업의 이해관계자 관리 방식에 어떤 시사점을 제공할까요?

5 '5가지 세력 프레임워크'가 "중립적인 분석 도구"라고 설명된 자료의 주장이 의미하는 바는 무엇입니까? 기업 경영자가 이 도구를 활용하여 '독과점적 이윤 추구'와 '산업 내 건전한 경쟁 및 발전'이라는 상반된 목표를 동시에 고려하거나 선택적으로 추구하기 위해 어떤 윤리적, 전략적 책임을 가져야 할지 논하십시오.

생각해 볼 문제

1 리카도적 이윤(Ricardian rent)은 고전 경제학자 데이비드 리카도가 비옥한 토지의 희소성에서 발생하는 지대를 설명하며 도입한 개념이다. 경영학에서는 이를 기업이 가진 독특한 자원과 역량에서 나오는 효율성 수익으로 해석한다. 혁신 이윤(innovation rent) 또는 슘페터적 이윤(Schumpeterian rent)은 조셉 슘페터가 주창한 개념으로, 기술 혁신이나 새로운 시장 개척 등 '창조적 파괴'를 수행한 기업이 불확실성을 감수한 대가로 얻는 위험 프리미엄 성격의 이윤을 의미한다.

참고문헌

Porter, M. E. (1979). How Competitive Forces Shape Strategy. *Harvard Business Review, March-April,* 137-145.

Porter, M. E. (1980). *Competitive Strategy: Techniques for Analyzing Industries and Competitors*. New York: Free Press.

Porter, M. E. (1985). *Competitive Advantage: Creating and sustaining superior performance.* New York, Division of Macmillan.

Porter, M. E. (1990a). *Competitive Advantage of Nations.* New York: The Free Press.

Porter, M. E. (1990b). The Competitive Advantage of Nations. *Harvard Business Review, March-April,* 73-93.

Thomas III, L. G. (1996). The two faces of competition: Dynamic resourcefulness and the hypercompetitive shift. *Organization Science, 7*(3), 221-242.

CHAPTER 08

기초 전략 툴 (SWOT, BCG 매트릭스)

8-1 SWOT 분석

8-2 BCG 매트릭스 분석

8-3 BCG 매트릭스의 한계점

8-4 GE/맥킨지 매트릭스

8-5 H그룹을 위한 비즈니스 포트폴리오 매트릭스 분석(예시)

Chapter 8 기초 전략 툴(SWOT, BCG 매트릭스)

현대자동차는 내연기관차에서 벌어들인 막대한 수익을 어디에 투자해야 할까? 전기차, 수소차, 아니면 자율주행 기술? 한정된 자원을 가진 기업은 어떻게 미래를 위한 최적의 선택을 내릴 수 있을까? 이번 장에서는 기업의 내부 상황을 진단하고 사업 포트폴리오를 조정하는 가장 기본적인 전략 도구인 SWOT 분석과 BCG 매트릭스를 통해 그 해답의 실마리를 찾아본다.

전략에는 다양한 툴이 있다(<표8-1> 참고하시오). 일반적으로 전략과제의 도출을 위해서 SWOT 분석이 있다. 사업포트폴리오 또는 제품포트폴리오의 조정을 위해서는 BCG 매트릭스 또는 맥킨지 GE 매트릭스 분석 방법이 있고, 자원 및 역량을 분석해서 핵심역량을 파악하기 위해서는 VRIO 프레임웍이 있다. 현재의 경쟁우위를 파악하여 사업전략 수립을 위해서는 B-C 분석이 있다. 산업구조를 분석하여 기회와 위협을 확인하고 산업변화 방향을 예측하기 위해서는 5가지 세력 프레임워크(five-forces framework)가 있다. 또한 차별화 및 혁신 방향 도출을 위해서 블루오션 전략이 있다. 이번 장에서는 매우 기초적인 전략 툴인 SWOT 분석과 BCG 매트릭스 분석에 대해 학습하도록 한다.

표 8-1 적용과제 별 전략 툴

구분	적용 과제	전략 툴
기업/사업전략	전략과제 도출	SWOT분석
기업/사업전략	사업포트폴리오의 조정 제품포트폴리오의 조정	BCG 매트릭스 분석 맥킨지 매트릭스 분석

기업/사업전략	핵심역량 파악, 자원/역량 분석	VRIO framework
사업전략	현재 경쟁우위 파악, 사업전략 수립	B-C 분석
사업전략	산업구조 분석, 기회와 위협 확인 및 산업변화 방향 예측	Five-forces framework
사업전략	차별화 방향, 혁신방향	블루오션전략 (전략캔버스, ERRC 구성표)

8-1 SWOT 분석

SWOT 분석의 역사를 살펴보면 1960년대 전략 학문 분야가 시작되면서 기업이 보유한 독보적 역량(distinctive competence), 즉 강점/약점과 시장의 위험, 즉 기회/위협을 연결하는 데 초점을 맞추는 프레임웍이 SWOT이라는 명칭을 갖게 되었다.[1] 이는 "전략의 선택적 정의(matching definition of strategy)", 즉 전략은 환경기회와 내부역량의 최적 조합의 선택이라는 관점과 일치하는 분석기법이다.

SWOT 분석을 수행하는 절차는 먼저 분석할 기업을 선정한 후, 해당 기업에 전략적으로 중요한 외부 환경요인들을 도출하여 이를 기회와 위협 요인으로 구분하는 것에서 시작한다. 다음으로 기업 내부적으로 전략적 중요성을 갖는 역량들을 도출하고, 이를 다시 강점과 약점으로 분류하는 과정을 거친다.

각 SO-ST-WO-WT 조합 셀에 적합한 전략과제를 도출할 때 MECE의 원칙(Mutually Exclusive, Comprehensive, and Equivalent-level)을 지켜주어야 한다. MECE는 각 환경요인과 역량이 상호배타적이고, 포괄적이고, 동등 수준에서 선정되어야 한다는 원칙이다.

첫 번째 원칙인 상호배타성은 예를 들어 환경의 기회요인을 이야기할 때 '아시아 지역의 경제성장으로 인한 에너지 수요증대'라고 했을 때, 또 다른 기회요인에서 '태평양 연안 국가들의 경제성장으로 인한 에너지 수요증대'

를 이야기하면 안 된다는 것이다. 태평양 연안에 있는 국가들은 아시아, 중남미, 북미 대륙에 속한 국가들인데, 태평양 연안에 있는 아시아 나라들은 아시아에도 속하고 태평양 연안에도 속하여 양 기회요인에 중복적으로 분석되기 때문이다.

두 번째 원칙인 포괄성은 예를 들어 기업의 약점을 열거할 때 기업의 품질관리 능력이 많이 부족한데 이를 생략하면 안 된다는 것이다. 이 원칙은 가장 지키기 어려운 원칙이기도 하다.

세 번째 원칙인 동등 수준유지의 원칙은 예를 들어 태양광 발전장비 산업의 기회요인을 이야기할 때, '동북아시아의 태양광 발전 투자 증대'를 이야기하면서 또 다른 위협요인으로 '독일의 태양광 발전 투자 증대'를 이야기하는 것은 지역의 수준이 단일국가와 경제 지역으로 서로 맞지 않다는 것이다. 독일이 아니라, EU 또는 중부유럽이 분석의 대상이 되어야 한다는 것이다.

표 8-2 S-W-O-T에 따른 전략과제 유형

구분	Opportunities	Threats
Strengths	SO actions	ST actions
Weaknesses	WO actions	WT actions

환경의 기회와 위협, 강점과 약점을 확인하였으면 그 다음으로 <표 8-2>와 같이 환경과 내부능력을 잘 매칭시키는 전략행동 또는 전략과제를 도출해야 한다. 강점과 기회를 매칭시키는 SO action에는 설비확대, M&A 같은 적극적 투자 전략이 들어간다. 강점과 위협을 매칭시키는 ST action에는 강점으로 위협을 무력화시키거나 기회로 바꾸는 전략이 필요하다. 약점과 기회를 매칭시키는 WO action에는 약점을 보완하는 합작투자, 기술력 또는 경영자원 확보를 위한 M&A 등이 적합하다. 약점과 위협을 매칭시키는 WT action에는 전략적 후퇴를 위한 사업매각 등이 적합하다. SWOT 각각의 확

인뿐 아니라 환경요소와 내부능력을 조합한 전략적 방향을 결론으로서 제시해 주어야 SWOT 분석이 완결되는 것이다(SWOT 분석의 예시로 <표8-3,4>를 참고하시오).

표 8-3 삼성전자 반도체 사업부 S-W-O-T 확인 예시

구분	주요내용
강점 (Strengths)	• 세계적 브랜드 인지도와 신뢰성 • 막대한 R&D 투자와 기술 혁신 역량 • 반도체, 스마트폰 등 다양한 포트폴리오 • 글로벌 유통망과 공급망 관리 능력
약점 (Weaknesses)	• 소프트웨어·플랫폼 경쟁력 부족 (애플 대비) • 기술 중심 연구환경 미흡 → 글로벌 인재 확보·유지 어려움 • 공정기술 경쟁력 부족 → 파운드리 적자 및 HBM 수율 문제
기회 (Opportunities)	• AI 반도체 수요 폭발 (엔비디아·미국 빅테크의 HBM·파운드리 수요 급증) • 5G, IoT, 자율주행 등 신기술 시장 성장 • 신흥시장(인도, 동남아 등) 수요 확대 • ESG, 친환경·저전력 반도체 및 제품 수요 증가
위협 (Threats)	• 애플, 화웨이, 샤오미 등 글로벌 경쟁 심화 • 중국 기업의 저가 공세 및 기술 추격 • 미·중 무역 갈등, 지정학적 리스크 • 원자재 가격 변동 및 공급망 불안정

표 8-4 삼성전자 반도체 사업부 SWOT 대응 전략 예시

전략 유형	전략 방향	삼성전자 적용 예시
S-O 전략	기술혁신과 생산능력을 활용한 시장확대	• HBM 고도화 및 수율 향상 • 엔비디아, 구글, 아마존 등 빅테크 기업과의 파트너십 확대 • 인제 유치 및 관리 강화
W-O 전략	연구환경 개선과 공정 최적화	• 파운드리·HBM 생산성 향상 • 공급망 다변화 및 미국 현지 생산확대
S-T 전략	강점을 활용해 글로벌 위험요소 대응	• 초격차 공정기술 개발 • 품질관리·지적재산권 보호강화
W-T전략	약점을 보완해 외부 위협에 대응	• 불확실성 높은 시장에서의 리스크 관리 • 경쟁력 강화를 통한 시장점유율 방어

SWOT 분석은 기업수준에서나, 사업부 차원에서나, 제품 차원에서나 어느 수준에서 사용해도 좋은 유연한 툴이다. 여러 사업을 영위하는 다각화 기업의 경우 '어느 수준에서 SWOT 분석을 하는 것이 좋은가?'라는 질문이 있을 수 있다. 기업 수준(corporate level)과 사업부 수준(business level) 어느 수준에서 해도 좋겠으나, 먼저 1차로 사업부 수준에서 각 사업부별로 SWOT 분석을 실시하고 2차로 기업수준에서 기획인력 중심으로 SWOT 분석을 실시한 후 그 결과를 놓고 사업부와 기업본부 간 입장을 통합적으로 상호 조정하여 최종 SWOT 분석 결과를 확정하는 것이 좋을 것이다.

'어느 한 환경요소가 기회도 되고 위협도 되는 경우 어떻게 하는가?'라는 질문이 있을 수 있다. 원화의 환율 상승이라는 환경요소는 어느 수출 기업에게 수출경쟁력 향상이라는 차원에서 기회도 되지만 동시에 원료의 수입단가 상승으로 원가에 부담이 되는 위협이 되기도 한다. 이때 원화 환율 상승을 기회로 보아야 할 것인가 위협으로 보아야 할 것인가? 물론 수출을 많이 하되 수입을 많이 하지 않는 기업은 기회일 테고, 수출을 거의 하지 않고 수입만 하는 기업은 위협일 것이다. 그렇지만 수입과 수출을 동시에 하는 기업에게는 이 한 가지 환경요인을 구체적인 두 가지 환경요인으로 분리하는 것이 좋을 것이다. 예를 들어 '환율상승으로 인한 수출경쟁력 강화'를 기회요인으로, '환율 상승으로 인한 수입원가 상승 압력 강화'를 위협요인으로 구체적으로 기술하여 분리시키는 것이 바람직할 것이다. 마찬가지로, 최근 강화되는 탄소중립 관련 환경규제 추세는 관련 신사업 진출의 기회가 되기도 하지만 기존 사업의 원가를 높이는 위협이 되기도 하므로, 이 또한 구체적인 기회와 위협 요인으로 나누어 기술하는 것이 좋다.

마지막으로 SWOT 분석에서 유의할 점은 다음과 같다.

① 같은 요소가 2개의 category에 동시에 속하는 경우는 회피해야 한다. 즉 앞의 예에서와 같이 환율상승이 기회에도 속하고 위협에도 속하는 모순적인 상황을 회피해야 한다는 것이다.
② 내적요소(SW)와 외적요소(OT)의 구별이 필요하다. 예를 들어, 경기 침체는 모든 기업에 영향을 미치는 외부 '위협'이지, 특정 기업만의 내부 '약점'이 아니다. 반대로, 자사의 강

력한 브랜드 파워는 내부 '강점'이며, 이로 인해 발생하는 높은 고객 충성도는 강점의 결과이지 모든 기업이 누릴 수 있는 외부 '기회'는 아니다.

③ 일반적인 경우와 부분적으로 해당하는 것을 구별해야 한다. 예를 들어, AI 기술의 발전이 특정 전자 사업부에는 큰 '기회'일 수 있지만, 이를 식품 사업부까지 포함하는 회사 전체의 기회로 과대평가해서는 안 된다. 마찬가지로, 특정 분야에서의 기술력 취약을 회사 전반의 기술력 부족이라는 '약점'으로 침소봉대하는 것도 피해야 한다.

④ SWOT 각 카테고리에서 요소별로 가능하면 우선순위를 두는 것이 좋다. 환경의 기회, 위협, 내부의 강약점 별로 우선순위 없이 열거해 둘 때 어느 것이 더 심각한지 또는 중요한지를 판단하기 어렵기에 우선순위를 평가해 둘 필요가 있다. 예를 들어, 위협 요인을 나열할 때 '1. 거대 경쟁사의 시장 진입(가능성 중간, 파급력 높음)', '2. 원자재 가격 10% 상승(가능성 높음, 파급력 중간)'과 같이 중요도 순으로 정리하면 전략 수립의 초점을 명확히 할 수 있다.

8-2 BCG 매트릭스 분석

가상의 GL전자 2020년 사업부별 자료를 활용하여 BCG 매트릭스 분석을 연습해보자.

표 8-5 GL전자 사업부별 기초 자료 (2020년 기준)

사업부	매출액 (2020)	영업이익 (2020)	시장 성장률	GL 전자 점유율	주요 경쟁사 점유율	상대적 점유율 (GL전자/경쟁사)	비고
생활 가전 (H&A)	22조 원	2.3조 원	2% (성숙기)	25%	20% (경쟁사 A)	1.25	안정적 현금창출 사업
전장부품(VS)	6조 원	-0.1조 원 (적자)	15% (성장기)	5%	20% (경쟁사 B)	0.25	전기차 확산으로 성장 기대

디스플레이/TV(HE)	12조 원	0.9조 원	4% (성장둔화)	16%	30% (경쟁사 C)	0.53	OLED 강세지만 전체 점유율은 낮음
모바일 (MC)	5조 원	-0.8조 원 (적자)	-3% (쇠퇴기)	2%	25% (경쟁사D	0.08	시장 철수 논의 중

BCG매트릭스 분석의 이론적 기초가 되는 것이 제품수명주기론과 경험곡선효과이다.[2] S-curve의 제품 수명주기에서 시장성장률이 높을 때 시장은 가장 매력적이다. 또한 경험곡선(experience curve)은 누적 생산의 배가가 20-30%의 단위비용감소효과를 가져오므로 기업 간 경쟁에서 시장점유율은 매우 중요한 경쟁요소로 수익성과 직결된다.

BCG 매트릭스를 이루는 두개의 차원은 시장매력도와 경쟁우위인데, 시장매력도는 현재 또는 미래의 시장성장률로 측정하고, 경쟁우위는 상대적 시장 점유율 = (자사의 시장 점유율)/(가장 강력한 경쟁사의 시장 점유율)로 측정한다.

그림 8-1 BCG 매트릭스상의 사업/제품 분류

	상대적 시장 점유율 Low	상대적 시장 점유율 High
시장성장률 High	? (Problem Child)	★ (star)
시장성장률 Low	Dogs	$ (cash cow)

*10%와 1.0을 High/Low 판단기준으로 일반적으로 사용 (Hambrick, 1982)

이러한 2가지 기준에 따라 시장성장률이 높고 상대적 시장점유율이 높은 사업을 '스타(star)'라고 하고, 시장성장률이 높으나 상대적 시장 점유율이 낮은 사업을 '물음표(question mark)' 또는 '문제아(Problem Child)'라고 한다. 시장성장률이 낮으나 상대적 시장점유율이 높은 사업을 '현금젖소(cash cow)', 둘 다 낮은 사업을 '도그(dog)'라고 한다([그림 8-1]을 참조하시오).

GL전자의 사례를 분석해보면, 시장성장률의 고저의 기준은 10%, 상대

적 시장점유율 고저의 기준은 1.0으로 하는데, 생활가전(H&A) 사업은 낮은 시장 성장률(2%)과 높은 상대적 시장 점유율(1.25)을 보이므로 Cash Cow($)에 해당한다. 안정적인 현금 창출원으로서 다른 사업에 투자할 재원을 마련하는 역할을 한다. 전장부품(VS) 사업은 높은 시장 성장률(15%)에도 불구하고 상대적 시장 점유율(0.25)이 낮아 Question Mark(? 또는 Problem Child)로 분류된다. 미래 성장 잠재력은 크지만, 현재는 적자를 기록하고 있어 시장 지위를 끌어올리기 위한 대규모 투자가 필요한 사업이다. 디스플레이/TV(HE) 사업과 모바일(MC) 사업은 모두 낮은 시장 성장률과 낮은 상대적 시장 점유율을 보이므로 Dogs로 분류된다([그림 8-2]를 참조하시오).

그림 8-2 GL전자 사업 포트폴리오 BCG 매트릭스 (예시)

바람직한 자금의 흐름은, Cash Cow인 생활가전 사업에서 창출된 현금을 Question Mark인 전장부품 사업에 집중적으로 투자하여 Star사업으로 육성하는 것이다. Dogs로 분류된 두 사업부는 전략적 판단이 필요하다. 특히 모바일(MC) 사업은 시장이 쇠퇴하고 있고 막대한 적자를 기록하고 있어, 자원을 소모시키는 'Bad Dog'로 볼 수 있다. 따라서 사업 철수를 통해 자원을 회수하는 것이 합리적인 선택이다. 반면, 디스플레이/TV(HE) 사업은 비록 저성장, 저점유율 시장에 있지만 안정적인 수익을 내고 있고 'OLED 강세'라는 기술적 강점을 보유하고 있어 'Good Dog'로 볼 여지가 있다. 이 경우 무조건적인 철수보다는, 안정적인 현금흐름을 유지하면서 OLED 등 특정 틈새시장에 집중하거나 다른 사업부와의 시너지를 모색하는 전략이 더 효과적일 수 있다. 이처럼 같은 'Dog'라도 그 성격에 따라 다른 전략적 처방이 필요하다.[3] 사업부별 전략방향과 세부 추진 전략을 총정리하면 <표 8-6>과 같다.

표 8-6 GL전자 사업부별 추진 전략 (예시)

사업부	BCG 분류	전략 방향	세부 추진 전략
생활가전 (H&A)	Cash Cow	수확 (Harvest)	• 안정적 수익 창출 극대화 • 프리미엄 라인업 강화로 수익성 방어 • R&D 투자는 현상 유지 또는 소폭 축소
전장부품(VS)	Question Mark	육성 또는 철수 (Build or Divest)	• (육성 시) Cash Cow사업부의 현금을 집중 투자하여 시장 점유율 확대 • 핵심 기술 확보를 위한 M&A 또는 전략적 제휴 추진 • (철수 시) 성장 잠재력에도 불구하고 지속적 적자 시 매각 검토
디스플레이/TV(HE)	Dog (Good Dog)	선별적 유지/수확 (Selective Hold/Harvest)	• 수익성 중심의 사업운영 • OLED 등 고수익 틈새시장에 집중 • 저수익 제품 라인업 구조조정
모바일(MC)	Dog (Bad Dog)	철수 (Divest)	• 적자 사업부의 신속한 매각 또는 청산 • 핵심 인력 및 특허는 타 사업부로 재배치하여 자원 손실 최소화

8-3 BCG 매트릭스의 한계점

BCG 매트릭스 분석 방법은 그 단순성과 명쾌함으로 인해 한때 많은 기업에서 활용되었지만, 여러 가지 본질적인 한계점을 가지고 있다.

첫째, 분석의 결과가 시장이나 제품을 어떻게 정의하는지에 따라 크게 달라질 수 있다. 예를 들어, 코카콜라의 사업을 '탄산음료 시장'으로 좁게 정의하면 압도적인 '현금젖소(cash cow)'이지만, '전체 음료 시장'으로 넓게 보면 생수나 주스 시장의 높은 성장률 속에서 상대적 점유율이 낮은 사업으로 보일 수 있다. 이처럼 분석 단위를 지나치게 광범위하게 정의할 경우 잠재력 있는 사업이 잘못 분류될 위험이 있다.

둘째, 상대적 시장 점유율이 곧 경쟁 우위라는 가정은 항상 타당하지는 않다. 2000년대 후반 스마트폰 시장에서 노키아는 압도적인 시장 점유율을 가졌지만, 혁신적인 소프트웨어 생태계를 구축한 애플에게 경쟁우위를 내주었다. 이는 시장 점유율이라는 양적 지표가 기술력, 브랜드 가치, 생태계 지배력과 같은 질적 경쟁우위를 제대로 반영하지 못함을 보여준다.

그림 8-3 1957년 월트 디즈니의 기업전략 지도(The Walt Disney Company, 1957)

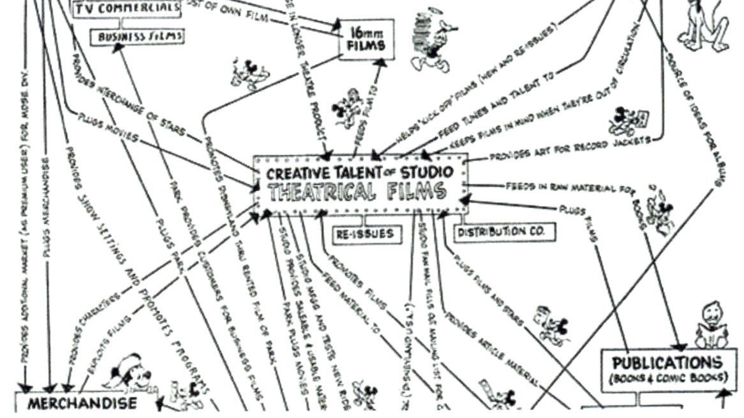

(월트 디즈니가 1957년에 직접 그린 디즈니의 시너지 맵(The Disney Recipe), 중심의 영화 스튜디오로부터 테마파크, 상품화, 음악 등으로 가치가 흐르는 유기적 연결망이 묘사됨)

셋째, 시장 성장률을 사업 매력도의 유일한 척도로 삼는 것은 미래를 예측하지 못하는 정태적 분석에 그칠 수 있다. 과거 PC 시장은 높은 성장률을 보이는 '스타(star)' 사업이었지만, 시장이 성숙하면서 '현금젖소'나 '도그(dog)'로 변모했다. BCG 매트릭스는 이러한 시장의 진화나 태블릿PC와 같은 와해성 혁신의 등장을 예측하지 못한다.

넷째, BCG 매트릭스의 결정적인 한계는 각 사업부를 독립적인 개체로 평가함으로써 사업부 간의 유기적인 시너지 효과를 간과한다는 점이다. 현실의 기업 경영에서 특정 사업부는 홀로 존재하지 않으며, 다른 사업부와 밀접하게 연결되어 가치를 창출하는 경우가 많다. 월트 디즈니(Walt Disney)의 사례를 살펴보자([그림 8-3]을 참조하시오). 디즈니의 영화 스튜디오 사업은 시장 성장률과 점유율이라는 단순 지표로만 본다면 성숙기에 접어든 '자금젖소(cash cow)'로 분류될 수 있다. 하지만 영화 사업의 진정한 가치는 해당 사업부의 재무적 성과에만 국한되지 않는다. 성공한 영화 콘텐츠와 지식재산권은 테마파크 방문객을 늘리고, 캐릭터 상품 판매를 촉진하며, OTT 서비스인 디즈니플러스(Disney+)의 구독자 유입을 견인하는 핵심 동력이 된다. 이처럼 한 사업부가 다른 사업부의 성장을 이끄는 막대한 파급 효과와 상호 연결성을 BCG 매트릭스는 구조적으로 반영하지 못한다는 약점이 있다.

다섯째, 시장 성장률과 점유율이 모두 낮은 도그(dog) 사업부라 할지라도 실제로는 매우 안정적인 수익을 창출하는 경우가 존재한다. 전통적인 BCG 매트릭스의 관점에서는 이러한 사업부를 즉시 처분하거나 철수해야 할 대상으로 분류하지만, 실질적인 재무 성과 측면에서는 다른 평가가 가능하다. 대표적인 사례로 마이크로소프트(Microsoft)의 구형 운영체제(OS)를 들 수 있다. 새로운 버전이 출시됨에 따라 과거의 운영체제는 시장 성장성을 상실하고 점유율 또한 급감하지만, 특정 산업용 장비나 구식 시스템을 유지해야 하는 기업 고객들에게는 여전히 필수적인 자산으로 남는다. 마이크로소프트는 이러한 소수의 충성 고객을 대상으로 고가의 연장 지원 서비스를 제공하며, 추가적인 R&D 투자 없이도 꾸준한 수익을 올린다. 이처럼 겉보기에는 쇠퇴한 사업처럼 보이지만 실질적으로는 기업의 현금 흐름에 기여하는 사업군을 '수익성 있는 도그(profitable dogs)'라고 부른다. 따라서 경영자는 매트릭스상의 위치만으로 사업의 존폐를 결정하기보다, 해당 사업이 창출하는 실질 가치를 면밀히 분석해야 한다(Hambrick & MacMillan, 1982).

여섯째, 자원 배분의 기준을 재무적 자본에만 두는 것도 비판의 대상이 된다. 테슬라(Tesla)의 경쟁우위는 단순히 전기차 판매 대수나 점유율이라는 외형적 지표에서만 비롯되지 않는다. 오히려 강력한 브랜드 충성도, 방대한 자율주행 데이터, 독보적인 배터리 기술과 같은 무형자산이 그 본질이다. 자원기반관점(RBV)에서는 이러한 핵심 역량 중심으로 자원을 배분하는 것이 기업의 장기적인 생존과 경쟁 우위 확보에 더 합리적이라고 본다(Barney, 1991).

일곱째, BCG 매트릭스는 내부 자본 시장만을 가정하여 외부 자금 조달 가능성을 충분히 반영하지 못한다. 이 도구는 자금젖소 사업부의 자금으로 물음표 사업을 키워야 한다고 제안한다. 하지만 오늘날 수많은 기술 스타트업이나 물음표 단계의 혁신 사업들은 기업 내부의 자본 수혈을 기다리기보다 벤처캐피털로부터 막대한 투자금을 유치하여 성장을 가속화한다. 즉, 현대 비즈니스 생태계에서 기업의 성장은 내부적 자산 배분을 넘어 외부 자본 시장과의 활발한 상호작용을 통해 이루어진다.

마지막으로, 단순한 분석 도구에 대한 과도한 의존은 경영자의 전략적 통찰을 저해할 수 있다. 1970년대 미국 자동차 회사들은 포트폴리오 분석에 의존하여 수익성 높은 대형차를 자금젖소로 간주하고 역량을 집중했다. 반면 당시 낮은 수익성을 보였던 소형차 사업은 도그로 분류하여 등한시했다. 그러나 오일 쇼크 이후 시장의 수요는 연비 좋은 소형차로 급격히 옮겨갔고, 이에 대비하지 못했던 미국 기업들은 일본 소형차에 시장 주도권을 잠식당했다.[4] 이는 분석 도구의 기계적 활용이 장기적인 시장 변화에 대한 통찰을 대체할 수 없음을 보여준다(Gryta & Mann, 2020). 이는 분석 툴이 장기적인 시장 변화에 대한 통찰을 대체할 수 없음을 보여주는 사례이다.

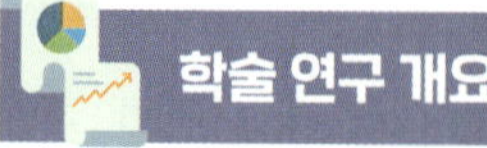

학술 연구 개요 8-1

도그 사업의 수익성: 저점유율 사업의 가치 재발견 (Hambrick & MacMillan, 1982)

✿ 연구 배경

시장 점유율이 낮은 사업은 수익성이 낮으므로 철수해야 한다는 기존 포트폴리오 이론의 가설을 검증하기 위해 시작되었습니다.

✿ 핵심 연구 질문

저점유율 사업(Dogs) 중에서도 높은 수익성을 기록하는 사업들의 전략적 특징은 무엇입니까?

✿ 자료 및 사례

PIMS(Profit Impact of Market Strategy)[5] 데이터를 활용하여 제조 기업 내 1,000개 이상의 전략 사업 단위(SBU)를 분석했습니다.

✿ 주요 연구 결과

분석 결과, 도그 사업부로 분류된 조직 중 약 20% 이상이 평균 이상의 높은 자본수익률(ROI)을 기록하고 있음이 밝혀졌습니다. 이러한 수익성 있는 도그 사업들은 공통적으로 제품 라인을 단순화하여 운영 복잡성을 낮추고, 대규모 마케팅이나 R&D 투자 대신 기존 고객 유지에 집중하는 경향을 보였습니다. 또한 가격 경쟁이 치열한 주류 시장보다는 경쟁이 적은 틈새시장에서 지배력을 유지하며 비용 구조를 효율적으로 관리했습니다. 이들은 신규 자산 투자를 최소화하면서 이미 상각이 완료된 설비를 활용하여 현금 흐름을 극대화하는 전략을 취했습니다. 결국 점유율 그 자체보다 해당 점유율을 유지하는 데 들어가는 비용과 가치 창출의 효율성이 수익성을 결정짓는 핵심 요인임이 입증되었습니다.

전략적 함의

경영자는 낮은 점유율을 가진 사업부를 무조건 퇴출 대상으로 여기기보다, 비용 효율화를 통해 현금 창출원으로 전환할 수 있는 가능성을 먼저 검토해야 합니다.

출처: Hambrick, D. C., & MacMillan, I. C. (1982). The product portfolio and profitability - A PIMS-based analysis of industrial-product businesses. Academy of Management Journal, 25(4), 733-755.

8-4 GE/맥킨지 매트릭스

BCG 매트릭스의 한계를 보완하기 위해 맥킨지 컨설팅은 GE와 함께 더 정교한 포트폴리오 분석 툴인 GE/맥킨지 매트릭스를 개발했다. 이 모델은 BCG 매트릭스의 두 축을 '산업 매력도'와 '사업 경쟁력'이라는 다차원적인 개념으로 확장했다. 단순히 시장 성장률과 상대적 시장 점유율이라는 두 가지 지표만 보는 대신, 다양한 내외부 요인을 종합적으로 평가하여 각 사업부의 위치를 3x3 격자 위에 표시한다([그림8-3]을 참조하시오).

각 축을 평가하는 요소들은 기업과 산업의 특성에 따라 유연하게 선택될 수 있으며, 일반적으로 다음과 같은 요소들이 고려된다.[6]

- 산업 매력도(Industry Attractiveness) 평가 요소
  - 시장 규모 및 성장률
  - 산업의 장기적 수익성 (예 산업 평균 ROIC)
  - 경쟁 강도 (포터의 5가지 세력 분석 활용)
  - 산업의 주기성 및 변동성
  - 기술 및 자본 요구사항
  - 규제, 환경, 사회적 요인 등 외부 환경의 영향
- 사업 경쟁력(Business Strength) 평가 요소
  - 상대적 시장 점유율
  - 브랜드 자산 및 평판
  - 원가 구조 및 수익성
  - 제품 및 서비스의 품질과 차별성
  - 고객 충성도 및 유통 채널 접근성
  - 기술 및 R&D 역량
  - 경영진의 역량 및 조직 문화

분석가는 이러한 요소들에 대해 가중치를 부여하고 점수를 매겨 각 사업부의 종합적인 위치를 판단한다. GE/맥킨지 매트릭스는 산업 매력도와 사업 경쟁력이 모두 높은 우상단 영역에 위치한 사업부에는 '투자 및 성장' 전략을, 반대로 모두 낮은 좌하단 영역의 사업부에는 '수확 또는 철수' 전략을 권고한다. 중간의 대각선 영역에 위치한 사업부들은 '선별적 유지 및 투자' 대상으로, 신중한 접근이 필요하다. BCG 매트릭스 상의 '?' 사업인 우하단의 경우 투자우선순위가 낮아' 수확 또는 철수' 전략을 권고한다. 그러므로 GE/맥킨지 매트릭스의 경우 사업매력도가 높더라도 사업경쟁력이 없다고 판단되면 투자우선순위가 낮고, 사업매력도가 낮더라도 사업경쟁력이 있으면 '선별적 유지'라는 점에서 사업매력도 보다는 기업이 보유한 사업경쟁력을 중요시하는 관점이라는 것을 알 수 있다.

그림 8-3 GE/맥킨지 매트릭스

	시장매력도 저	시장매력도 중	시장매력도 고
사업경쟁력 고	선별적 유지	선별적 성장	투자 및 성장
사업경쟁력 중	수확/철수	선별적 유지	선별적 성장
사업경쟁력 저	수확/철수	수확/철수	수확/철수

8-5 H그룹을 위한 비즈니스 포트폴리오 매트릭스 분석(예시)

사업 포트폴리오 매트릭스 분석은 전략적 사고를 위한 가이드에 불과하며, 전략적 사고를 대체할 수는 없다. 특히 BCG나 GE/맥킨지 매트릭스는 일반적인 프레임워크이므로, 각 기업은 자신의 고유한 상황과 전략적 우선순위에 맞게 분석의 축과 가중치를 조절하여 자신만의 포트폴리오 매트릭스를 만들 필요가 있다.

예를 들어, 미래 성장 동력 확보를 최우선 과제로 삼는 H그룹의 사례를 살펴보자. H그룹은 현재의 수익성(profitability)보다는 미래 성장성(growth)에 더 높은 가치를 부여하며, '성장성 2: 수익성 1'의 가중치로 각 사업의 투자 우선순위를 결정한다고 가정한다.

▶ H그룹 사업 포트폴리오의 수익성-성장성 분석

- A(방위산업), B(태양광): 두 사업 모두 글로벌 시장의 구조적 변화 속에서 매우 높은 성장성을 보이며, 수익성 또한 양호하다.
- C(조선/해양), D(우주항공): 친환경 선박 수요, 뉴스페이스 시대 개막 등 높은 성장 잠재력을 가지고 있으나, 대규모 선행 투자가 필요하여 현재 수익성은 상대적으로 낮다.
- E(금융), F(기초소재): 성숙 시장에 속해 있어 성장성은 낮지만, 안정적인 시장 지위를 바탕으로 꾸준한 수익을 창출하고 있다.
- G(유통/리조트): 내수 시장 포화와 경쟁 심화로 성장성과 수익성 모두 낮은 수준에 머물러 있다.

▶ 투자 우선순위 분석

H그룹의 목적함수(총점 = 1 * 수익성 + 2 * 성장성)에 따라 각 사업의 투자 우선순위를 평가하면, 방위산업(A)이 가장 높은 점수를 받게 된다 (표 8-7 을 참조). 비록 현재 수익성만 보면 금융(E)이나 기초소재(F)가 더 안정적일 수 있지만, 성장성에 두 배의 가중치를 부여하는 H그룹의 전략적 관점에서는 방위산업이 최우선 투자 대상이 된다. 그 뒤를 이어 태양광(B), 조선/해양(C) 등이 높은 우선순위를 차지하게 된다.

표 8-7 H그룹 사업별 수익성, 성장성, 투자 우선순위 점수

사업부	사업 내용	수익성 (P)	성장성 (G)	투자 우선순위 점수 (1P + 2G)
A	방위산업	7	9	25
B	태양광	7	8.5	24

C	조선/해양	3	8	19
D	우주항공	3	7.5	18
E	금융	9	3	15
F	기초소재	8	3	14
G	유통/리조트	2	2	6

이처럼 기업의 전략적 목표(수익성 중심 vs. 성장성 중심)에 따라 최적의 사업포트폴리오와 자원 배분 우선순위는 달라질 수 있다. [그림 8-4]를 보면 동일한 사업포트폴리오를 가진 기업이라 하더라도, 기업의 전략적 목표가 수익성이 우선일 경우는 (성장성에 비해 3배) 사업 D에 우선순위를 두어야 하고, 성장성이 우선일 경우는 (수익성에 비해 3배) 사업B 에 우선순위를 두어야 한다. 경영자는 기존의 분석 툴을 맹목적으로 적용하기보다, 그 원리를 이해하고 자사의 상황에 맞게 유연하게 변형하여 활용하는 지혜가 필요하다.

그림 8-4 기업의 특성에 따라 수익성-성장성 포트폴리오에서 우선순위 변화

기업특유의 비즈니스 포트폴리오 매트릭스 분석이 필요함
(수익성(P)-성장성(G) 포트폴리오에서)

• 수익성 개선이 필요한 기업
• 목적함수: 3*P+1*G

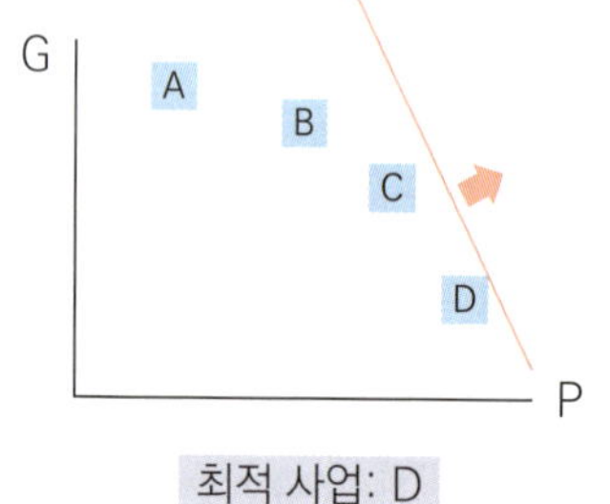

최적 사업: D

• 성장성 개선이 필요한 기업
• 목적함수 : 1*P+3*G

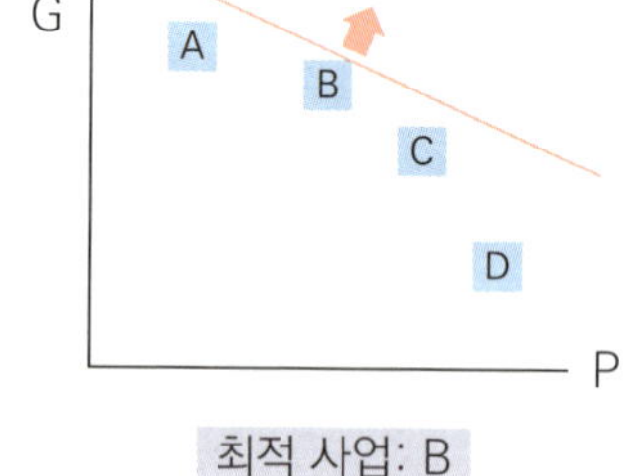

최적 사업: B

요 / 약

이번 장에서는 기업의 내부와 외부 환경을 연결하여 전략적 방향을 모색하는 두 가지 기초적인 분석 도구를 살펴보았다. SWOT 분석은 기업의 강점, 약점, 기회, 위협을 체계적으로 정리하고, 이를 교차하여 SO, ST, WO, WT라는 네 가지 유형의 전략적 대안을 도출하는 프레임워크이다. BCG 매트릭스는 상대적 시장점유율과 시장 성장률을 기준으로 사업 포트폴리오의 사업부들을 스타, 현금젖소, 물음표, 도그로 분류하고, 이를 바탕으로 자원 배분의 우선순위를 결정하는 데 도움을 준다. 이 두 도구는 직관적이고 적용하기 쉽다는 장점이 있지만, 현실을 지나치게 단순화하고 동태적인 변화를 반영하기 어렵다는 명백한 한계 또한 가지고 있다. 따라서 이들을 전략 수립의 최종 결론이 아닌, 전략적 사고를 위한 출발점으로 활용하는 지혜가 필요하다.

지금까지 우리는 외부 환경과 내부 환경을 분석하는 기초적인 도구들을 살펴보았다. 하지만 기업의 진정한 경쟁우위는 단순히 강점과 약점을 나열하는 것을 넘어, 기업이 보유한 고유한 자원과 역량의 깊이 있는 이해에서 비롯된다. 제9장에서는 지속 가능한 경쟁우위의 원천을 기업 내부에서 찾는 자원기반관점(RBV)과 VRIO 프레임워크에 대해 심도 있게 알아본다.

생각해 볼 문제

1 SWOT 분석이 '요인의 나열'에 그치지 않고 실질적인 전략 수립으로 이어지기 위해 분석 과정에서 유의해야 할 점은 무엇이라고 생각하는가?

2 BCG 매트릭스의 가장 큰 한계점은 무엇이라고 생각하며, 이러한 한계점을 보완하기 위해 어떤 추가적인 분석이 필요할지 설명하시오.

3 'Question Mark' 사업부는 높은 성장 잠재력에도 불구하고 낮은 시장 점유율로 인해 많은 투자를 필요로 합니다. 만약 당신이 GL전자 전장부품(VS) 사업부의 책임자라면, 'Cash Cow'인 생활가전 사업부로부터 대규모 투자를 유치하기 위해 어떤 논리를 펼치겠습니까?

4 GE/맥킨지 매트릭스는 BCG 매트릭스보다 더 많은 요인을 고려하여 정교하지만, 그만큼 분석가의 주관이 개입될 여지가 큽니다. '산업 매력도'와 '사업 경쟁력'을 평가할 때 발생할 수 있는 주관적 편향(bias)에는 어떤 것들이 있으며, 이를 최소화하기 위한 방안은 무엇일까요?

보충설명

1 SWOT 분석의 기원은 1960년대 스탠포드 연구소의 Albert Humphrey가 이끈 연구 프로젝트로 거슬러 올라간다. 이 연구는 포춘 500대 기업들의 장기 계획 실패 원인을 규명하기 위해 시작되었으며, 그 과정에서 조직의 내부(강점/약점)와 외부(기회/위협) 요인을 체계적으로 분석하는 틀이 개발되었다.

2 제품수명주기(Product Life Cycle)는 제품이 시장에 도입되어 성장, 성숙, 쇠퇴의 단계를 거치는 과정을 설명하는 이론이다. BCG 매트릭스는 도입기/성장기를 '물음표'와 '스타'로, 성숙기를 '현금젖소'로, 쇠퇴기를 '도그'로 연결하여 사업의 현금 흐름과 투자 필요성을 설명한다.

3 'Good Dog'는 낮은 성장률과 점유율에도 불구하고 특정 틈새시장에서 안정적인 수익을 내거나, 다른 핵심 사업과 중요한 시너지를 창출하는 사업부를 의미할 수 있다. 반면 'Bad Dog'는 수익성도 낮고 미래 전망도 불투명하여 기업 자원을 소모시키는 사업부를 의미한다.

4 1970년대 미국 자동차 'Big 3'(GM, Ford, Chrysler)는 BCG 매트릭스와 같은 포트폴리오 분석 기법의 영향을 받아, 수익성이 높은 대형차 세그먼트를 '현금젖소'로 보고 자원을 집중했다. 반면, 수익성이 낮은 소형차 부문은 '도그'로 분류하여 투자를 소홀히 했다. 이러한 전략은 1973년과 1979년의 오일 쇼크로 유가가 급등하면서 치명적인 약점으로 작용했다. 소비자들은 급격히 연비가 좋은 소형차를 선호하게 되었고, 이 시장을 미리 준비하고 있던 일본 자동차 회사들이 미국 시장을 빠르게 잠식했다. 이는 분석 툴에 의존한 단기적 수익성 추구가 거시적인 환경 변화에 대한 대응력을 어떻게 약화시키는지를 보여주는 대표적인 사례이다. (출처: Hayes, R. H., & Abernathy, W. J. (1980). Managing our way to economic decline. Harvard Business Review, 58(4), 67-77.)

5. PIMS(Profit Impact of Market Strategy) 데이터: 시장 점유율, 품질, 자본 집약도 등 다양한 전략적 변수가 수익성에 미치는 영향을 분석하기 위해 구축된 세계적인 기업 경영 데이터베이스이다.

6. Hax, A. C., & Majluf, N. S. (1983). The use of the industry attractiveness-business strength matrix in strategic planning. Interfaces, 13(2), 54-71.

참고문헌

Barney, J. (1991). Firm resources and sustained competitive advantage. Journal of Management, 17(1), 99-120.

Gryta, T., & Mann, T. (2020). Lights Out: Pride, Delusion, and the Fall of General Electric. Houghton Mifflin Harcourt.

Hambrick, D. C., MacMillan, I. C., & Day, D. L. (1982). Strategic attributes and performance in the BCG matrix—A PIMS-based analysis of industrial product businesses. *Academy of Management Journal, 25*(3), 510 531.

Hax, A. C., & Majluf, N. S. (1983). The use of the industry attractiveness-business strength matrix in strategic planning. *Interfaces, 13*(2), 54-71.

Hayes, R. H., & Abernathy, W. J. (1980). Managing our way to economic decline. *Harvard Business Review, 58*(4), 67-77.

Hedley, B. (1977). Strategy and the "Business Portfolio". *Long Range Planning, 10*(1), 9-15.

The Walt Disney Company (1957). Walt Disney's Corporate Strategy Chart. Disney Archives.

미츠코시 유타카. (2005). *BCG 6가지 성공 전략.* 이지북.

CHAPTER 09

자원 및 역량 분석

9 - 1 자원기반관점의 기초

9 - 2 VRIO 프레임워크를 통한 자원 및 역량 분석

9 - 2 전략적 의도와 미래 역량 구축

Chapter 9

자원 및 역량 분석

한때 컴퓨터의 그래픽카드 부품을 만들던 엔비디아는 이제 인공지능(AI) 시대를 이끄는 핵심 기업으로 거듭났다. 2025년 8월 기준, 엔비디아는 마이크로소프트, 애플과 함께 세계에서 가장 가치 있는 기업 중 하나로 평가받으며, AI 혁명의 중심에 서 있다. 엔비디아의 이러한 경이로운 성공은 과연 어디에서 비롯된 것일까?

이 질문에 답하기 위해 우리는 기업 성과의 근원을 산업구조와 기업역량이라는 두 가지 관점에서 바라볼 필요가 있다. 이는 사회심리학에서 한 개인의 행동을 설명할 때 타고난 특성이 중요한지, 아니면 처한 상황이 중요한지를 따지는 사람-상황(person-situation) 논쟁과 그 맥을 같이 한다. 전략경영에서도 기업의 성과가 외부 산업 환경에 의해 결정되는지(산업구조 관점), 아니면 기업이 보유한 독보적인 내적 자원과 역량에 의해 결정되는지(자원기반관점)를 두고 오랜 논쟁이 이어져 왔다.

엔비디아의 성장을 산업구조 관점에서 본다면, AI 기술의 비약적 발전과 데이터 센터 수요의 폭증이라는 거대한 외부 환경의 변화가 그들을 성공으로 이끈 결정적 요인이 된다. 반면, 기업역량 관점에서는 병렬 연산에 최적화된 그래픽 처리 장치(GPU) 아키텍처와 이를 소프트웨어적으로 뒷받침하는 쿠다(CUDA)[1] 생태계와 같은 엔비디아만의 독보적인 내부 자원에서 원인을 찾는다.

일반적으로 경영자들은 성공의 원인을 자신의 전략적 선택과 같은 내부 요인으로 돌리고, 실패의 원인은 예측 불가능했던 외부 환경 탓으로 돌리는 경향이 있다. 하지만 이러한 주관적 관점에서 벗어나 객관적으로 분석할 때, 기업의 성과는 산업 구조와 기업의 역량이라는 두 톱니바퀴가 맞물린 결과이다. 이 장에서는 특히 기업 성과의 근본 동인을 내부에서 찾으려는 자원기반관점(RBV)과 이를 분석하는 핵심 틀인 VRIO 프레임워크에 대해 깊이 있게 탐구하고자 한다.

9-1 자원기반관점의 기초

기업의 성과(X)를 "산업평균 성과(Y) + [기업성과(X) - 산업평균 성과(Y)]"라고 할 때, 기업의 '산업평균성과(Y)' 대비 '상대적 성과(X-Y)'인 경쟁우위는 무엇이 결정하는 것인가? 그 해답은 기업의 자원 및 역량 그 자체 및 자원 및 역량의 특성에 달려있다. 이러한 기업 내부의 자원 및 역량을 중시하는 관점을 자원기반관점(Resource-Based View, RBV)이라고 하는데, 자원기반관점은 "왜 어떤 기업들은 다른 기업들보다 높은 경제적 가치를 지속적으로 창출하는가?"라는 질문에 답하기 위한 이론으로, 기업이 보유한 내부 자원의 속성을 통해 경쟁우위의 원천을 규명한다(Barney, 1991). 리처드 루멜트(Richard Rumelt, 1991)는 방대한 데이터를 통한 실증 분석으로 이러한 관점에 강력한 근거를 제시했다. 그는 기업 간 수익성 차이가 어떤 산업에 속해 있는지보다 기업이 어떤 고유한 자원을 가졌는지에 의해 더 크게 좌우된다는 점을 주장했다. 결국 지속적인 경쟁우위의 원동력은 외부 환경보다는 기업 내부의 차별화된 자원과 역량에서 비롯된다.

기업들의 성공과 실패의 기록을 살펴볼 때, 한때 시장을 지배했던 노키아나 블랙베리가 왜 스마트폰 시대에 경쟁우위를 잃었는지, 또한 코카콜라가 100년이 넘는 시간 동안 음료 시장의 최강자로 군림하며 수많은 경쟁자들의 도전을 물리칠 수 있었던 이유를 살펴보면, 기업들의 경쟁우위와 경쟁열위 이면에는 기업의 내부 능력이 근본적 동인으로 자리 잡고 있었음을 알 수 있다. SWOT 분석의 강점과 약점 분석에 기반하는 내부 자원 및 역량 분석, 혹은 내부 환경 분석은 기업으로 하여금 그가 가진 자원과 역량이 경쟁우위의 원천이 될 수 있는지 판단하게 하고, 경쟁우위의 원천들을 이용할 수 있는 전략을 세울 수 있게 한다. 자원과 역량을 분석하는 이론으로는 자원기반관점이 있는데, 1980년대와 90년대를 거쳐 형성되었고, "어떤 기업들은 왜 다른 기업들보다 더 높은 경제적 가치를 창출하는가?"라는 질문에 답하기 위하여 개발되었다. 즉, 자원기반관점은 경쟁우위 획득의 근본적 원천에 대해 검토하기 위한 목적을 가진 이론이라고 볼 수 있다.

학술 연구 개요 9-1

산업인가 기업인가?:
기업 수익성 차이의 근원에 대한 실증 연구 (Rumelt, 1991)

✿ 연구 배경

기업의 성과가 외부 산업 구조에 의해 결정되는지, 아니면 내부의 독특한 자원에 의해 결정되는지를 확인하기 위해 수행되었습니다.

✿ 핵심 연구 질문

전체 수익성의 변동성 중에서 산업 효과와 개별 기업의 특화된 자원 효과가 차지하는 비중은 각각 어느 정도입니까?

✿ 자료 및 사례

미국 연방거래위원회(FTC)의 데이터를 바탕으로 수천 개의 사업 단위를 대상으로 다년간의 재무 성과를 분석했습니다.

✿ 주요 연구 결과

분석 결과, 기업의 수익성 차이를 설명하는 데 있어 산업 효과는 약 8~16% 수준에 그친 반면, 개별 기업 고유의 요인이 미치는 영향은 45% 이상으로 나타났습니다. 이는 매력적인 산업을 선택하는 것보다 해당 산업 내에서 경쟁사와 차별화되는 자신만의 독자적인 역량을 구축하는 것이 훨씬 중요하다는 사실을 보여줍니다. 또한 이러한 기업 효과는 단기에 사라지지 않고 장기간 지속되는 경향을 보였는데, 이는 경쟁자가 쉽게 따라 할 수 없는 내부 자원이 지속 가능한 경쟁우위의 핵심임을 뒷받침합니다. 결국 루멜트의 연구는 전략의 초점이 외부 환경 분석에서 내부 자원과 역량 분석으로 이동하는 데 결정적인 계기가 되었습니다.

전략적 함의

경영자는 산업 평균 수익성에 안주하기보다, 자사만의 독특한 자원을 식별하고 이를 경쟁 우위로 연결하는 내부 역량 강화에 집중해야 합니다.

출처: Rumelt, R. P. (1991). How much does industry matter?. Strategic Management Journal, 12(3), 167-185.

표 9-1 자원기반관점(RBV)과 산업 포지셔닝 관점 비교

구분	산업 포지셔닝 관점	자원기반관점
핵심 성공요인	산업 또는 산업 내 위치	자원 또는 핵심역량
자원 및 역량차이	동질적 (homogeneous)	이질적 (heterogeneous)
전략적 요소시장[2]	완전경쟁 (perfect competition)	불완전, 존재 않음 (imperfect or incomplete)

자원기반관점을 산업 포지셔닝 관점과 비교하면([표 9-1]을 참조하시오), 산업 포지셔닝 관점은 핵심 성과 요인을 산업 그 자체나 기업의 산업 내 위치로 보는 반면, 자원기반관점은 자원 또는 핵심 역량으로 본다. 기업 간 자원 및 역량 차이에 대해 산업 포지셔닝 관점에서는 차이가 없이 동질적이라고 가정하지만, 자원기반관점에서는 자원 및 역량이 기업 간에 이질적이라는 것이 기본적인 가정이다. 기업의 자원과 역량을 거래할 수 있는 시장을 전략적 요소 시장(strategic factor market)이라고 하는데, 산업 포지셔닝 관점에서는 이러한 시장이 완전 경쟁 상태로 존재한다고 보지만, 자원기반관점에서는 불완전하거나 존재하지 않는다고 전제한다. 즉, 스티브 잡스나 일론 머스크와 같은 혁신적 CEO에 대한 시장은 존재하지 않을 것이라는 가정이다. 이러한 자원기반관점은 리카도의 토지 경제 이론에서 그 뿌리를 찾을 수 있다.

밀에 대한 수요와 공급 곡선이 만나는 지점에서 밀의 가격이 결정되고, 개별 농부들은 한계 수입과 한계비용이 만나는 점에서 밀을 생산하게 된다. 이때 비옥도가 높은 토지를 가진 농부는 낮은 평균 총원가로 생산하여 보통 이상의 경제적 이익을 얻게 된다. 이는 독과점에 의한 이윤이라기보다는 효율성에 의한 이윤, 즉 '효율성 렌트(efficiency rent)'이며, 고유의 우수한 자원 보유로 인해 발생한다. 이러한 효율성 렌트를 가져오는 자원은 토지 외에도 기업의 브랜드, 기술력 등에서 찾을 수 있다(Peteraf, 1993).

그러나 이러한 렌트는 모방이 가능하다. 낮은 원가로 생산하는 기업을 모방하는 기업이 많아지면, 산업 전체의 공급 곡선이 이동하여 가격이 하락한다. 이로 인해 비효율적인 기업들은 퇴출되고, 효율적인 기업들도 더 이상 효율성 렌트를 누릴 수 없게 된다. 이렇게 모방에 의해 산업 차원의 원가 하락과 공급 증대로 성장이 이루어지지만, 기업들은 동질성이 높아지고 정상 이익만을 거두게 된다.

자원과 역량은 무엇을 말하는 것인가? 자원(resources)은 기업이 통제하는 유형 및 무형 자산을 말하며, 역량(capabilities)은 자원의 부분 집합으로 기업이 다른 자원을 조정하여 생산적으로 이용할 수 있도록 하는 스킬이다. 자원기반관점의 핵심 가정은 두 가지 기본적 특성, 즉 이질성(heterogeneity, 기업들은 상이한 자원 및 역량 꾸러미를 가짐)과 비이동성(immobility, 자원과 능력을 개발하거나 획득하는 데 상당한 비용 및 시간이 소요됨)이다. 이러한 두 가지 가정은 기업의 지속적 경쟁우위 또는 성과 차이가 지속되는 것을 설명하는 기반이 된다.

자원 및 역량 중심으로 기업의 사업을 바라볼 때, 기존의 전략적 사업부는 기업의 핵심 역량 중심으로 재편될 수 있다. 이러한 관점은 특히 1970~80년대 기술 역량 구축에 뛰어났던 일본 기업들의 부상과 함께 주목받았다. 기업을 역량의 집합으로 보는 관점은 나무에 비유할 수 있다(Hamel & Prahalad, 1990). 최종 제품은 잎과 꽃, 과일이고, 사업부는 작은 가지, 핵심 제품은 나무줄기나 큰 가지이며, 뿌리는 핵심 역량에 해당한다([그림 9-1]을 참조하시오). 경쟁우위를 최종 제품의 성과로만 보는 것은 단기적 시각이며,

핵심 제품과 핵심 역량의 수준을 함께 검토해야 한다.

그림 9-1 기업이라는 나무 - 핵심역량은 최종재와 사업부 경쟁력의 원천

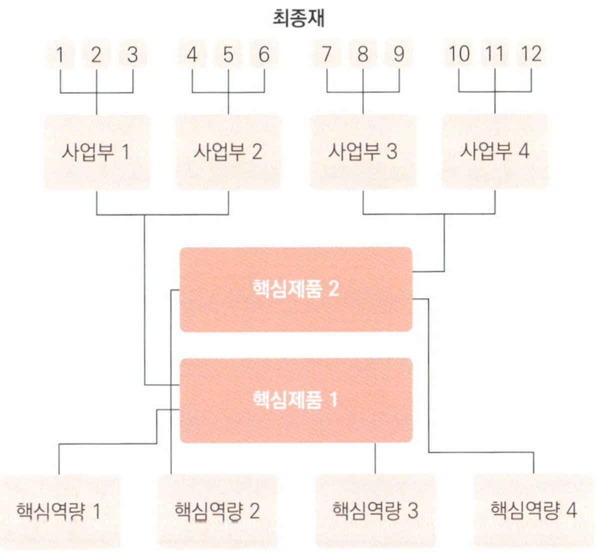

출처: Hamel and Prahalad (1990, p.82)

9-2 VRIO 프레임워크를 통한 자원 및 역량 분석

VRIO의 평가

자원 및 역량 분석 기법으로는 VRIO 프레임워크가 있다 (Barney, 1991). 이는 자원 및 역량의 경쟁우위 잠재력을 가늠할 수 있는 가치(Value), 희소성(Rarity), 모방 가능성(Imitability), 조직화(Oganization)의 네 가지 질문으로 이루어져 있다.

- 가치(value): 첫 번째 질문은 어떤 자원이 기업으로 하여금 외부의 기회를 이용하거나 위협을 중화시켜 경제적 가치를 만들어낼 수 있는가에 대한 것이다. 보다 구체적으로, 어떤 자원이 창출하는 고객 편익(B)

의 증가분이 그 자원을 획득하거나 개발하는 데 드는 비용(C)보다 클 때 (B-C > 0), 그 자원은 가치가 있다고 할 수 있다. 예를 들어, 애플의 강력한 브랜드 평판이 아이폰이나 비전 프로와 같은 신제품에 높은 가격을 매길 수 있게 할 때, 그 브랜드는 가치 있는 자원이다.

- 희소성(rarity): 두 번째 질문은 특정 자원이 소수의 기업에만 존재하여 경쟁 원리가 지배하지 않는 상태를 의미하는가에 대한 것이다. 가치는 있지만 희소하지 않은 자원은 경쟁 등위를 가져오며, 가치 있고 희소한 자원은 적어도 임시적인 경쟁우위를 창출한다. 예를 들어, 현재 로봇이나 AI 기술의 도입은 소수의 선도 기업만이 가진 희소한 역량일 수 있지만, 미래에 모든 기업이 이 기술을 도입하게 된다면 더 이상 희소한 자원이 아니게 될 것이다.
- 모방 가능성(imitability): 세 번째 질문은 경쟁 기업들이 특정 자원을 모방하기 어려운가에 대한 것이다. 무형자원은 유형자원보다 모방하기 힘든 경우가 많다. 모방이 어려운 이유는 여러 메커니즘으로 설명할 수 있다. 첫째, 고유한 역사적 상황(unique historical conditions)과 그로 인한 경로 의존성(path-dependence)은 후발 기업이 모방하기 어렵다. 1980년대 말 4메가 D램 칩 개발 당시, 칩 위에 셀을 집적시키는 방식으로 삼성전자는 '스태킹(stacking)' 방식을, IBM, 도시바, NEC 등은 '트렌칭(trenching)' 방식을 선택했다. 곧 트렌칭 방식은 문제 발생 시 원인 파악이 어렵다는 단점이 드러났지만, 이미 막대한 자금을 투자한 기업들은 기술 경로를 바꾸지 못하는 경로 의존성에 빠졌다. 이들이 스태킹 방식으로 전환하려 했을 때는 이미 시장의 타이밍을 놓친 후였다(송재용 & 이경묵, 2017). 둘째, 인과적 모호성(causal ambiguity)이다. 자원과 경쟁우위 사이의 인과관계가 불분명할 경우, 어느 것이 진정한 원인인지 알 수 없어 모방이 어렵다. 넷플릭스의 콘텐츠 추천 알고리즘이 대표적이다. 경쟁사들은 넷플릭스가 정교한 알고리즘을 사용한다는 사실은 알지만, 방대한 사용자 데이터, 독특한 UI, 머신러닝 모델, 그리고 이를 뒷받침하

는 조직 문화가 정확히 어떻게 결합하여 높은 사용자 만족도를 이끌어 내는지는 완벽히 파악하고 복제하기 어렵다(McCorduck, 2004). 셋째, 사회적 복잡성(social complexity)이다. 경영진 간의 신뢰 관계, 기업 문화, 기업 평판 등 사회적 관계는 다른 기업이 복제하기 매우 어렵다. 픽사(Pixar) 애니메이션 스튜디오의 '브레인트러스트(braintrust)'로 대표되는 창의적 문화가 좋은 예다. 솔직한 피드백을 주고받는 수평적 문화와 오랜 기간 함께 일해온 핵심 인재들 간의 깊은 신뢰는 다른 스튜디오가 쉽게 모방할 수 없는 사회적으로 복잡한 자산이다(Catmull, 2008). 또한 시간 압축 비경제성(time compression diseconomies)은 R&D 역량처럼 축적에 시간이 필요한 자원은 단기간에 집중 투자해도 따라잡기 어렵다는 것을 의미하며, 자산 잠식(asset erosion)은 시간이 지남에 따라 자산의 가치가 자연적으로 감소하는 현상을 설명한다(Dierickx & Cool, 1989). 마지막으로 특허는 법적으로 일정 기간 모방을 차단하지만, 특허정보 공개를 통하여 경쟁자에게 정보가 유출된다는 단점도 있다. 종합하면, 자원과 역량의 경로의존성, 인과적 모호성, 사회적 복잡성, 시간압축 비경제성 등이 높을 수록, 자산 잠식은 낮을 수록 경쟁기업들의 자원과 역량에 대한 모방이 어려워진다. 후발주자들이 선도기업을 추격하여 따라잡기 위해서는 이러한 조건들을 극복하거나, 아니면 모방이 용이한 자원/역량에 집중하여 모방할 필요가 있다.

- 조직화(oganization): 네 번째 질문은 가치 있고, 희소하며, 모방하기 어려운 자원이라 할지라도 이를 활용할 수 있는 조직구조, 통제 시스템, 보상 정책 등이 뒷받침되어 있는가에 대한 것이다. 기업의 조직과 통제 메커니즘은 사람들이 그 기업의 자원을 충분히 이용할 동기를 갖도록 조율되어야 한다. 그 예로는 공식적 또는 비공식적인 보고 구조, 경영 통제 시스템, 보상 정책 등이 있으며, 이러한 구조와 통제 메커니즘은 기업의 자원과 상호 보완적으로 작용해야 한다. 이러한 보완 작용이 잘 이루어질 때 기업은 지속적인 경쟁 우위를 가질 수 있다. 이는 전략의 실

행과 관련된 것으로, 아무리 뛰어난 자원과 역량을 갖고 있더라도 실행되지 않으면 쓸모없음을 뜻한다.

학술 연구 개요 9-2

집단 창의성의 메커니즘:
픽사의 브레인트러스트와 심리적 안전감[3] (Catmull, 2008)

✿ 연구 배경

픽사가 수많은 흥행작을 연속적으로 내놓을 수 있었던 비결인 독특한 조직 문화와 피드백 시스템을 분석하기 위해 수행되었습니다.

✿ 핵심 연구 질문

어떻게 하면 창의적인 전문가들이 서로의 아이디어를 비판하면서도 감정적인 갈등 없이 작품의 완성도를 높일 수 있는가?

✿ 자료 및 사례

픽사의 공동 창업자인 에드 캣멀(Ed Catmull)이 현장에서 경험한 제작 사례와 브레인트러스트 운영 과정을 바탕으로 기술되었습니다.

✿ 주요 연구 결과

브레인트러스트의 핵심은 권위가 배제된 솔직함(candor)에 있습니다. 이 회의체는 감독에게 지시를 내리는 기구가 아니라, 작품의 문제점을 발견하고 대안을 제안하는 조력자의 역할을 수행합니다. 연구에 따르면, 브레인트러스트가 성공적으로 작동하기 위해서는 두 가지 조건이 필요합니다. 첫째, 피드백을 주는 사람과 받는 사람 사이에 강력한 심리적 안전감이 형성되어야 합니다. 둘째, 피드백의 목적이 상대방을 비난하는 것이 아니라 오직 작품의 수준을 높이는 데 있다는 공감대가 있어야 합니다. 이러한 집단 지성 시스템은 한 명의 천재적 감독이 저지를 수 있는 오류를 방지하고, 평범한 아이디어를 위대한 작품으로 진화시키는 픽사만의 핵심 역량으로 분석되었습니다.

전략적 함의

현대의 경영 환경에서 리더는 모든 해답을 가질 수 없으므로, 조직 내에 자유롭고 솔직한 피드백이 오갈 수 있는 제도적 장치를 마련하여 집단 지성을 활용해야 합니다.

출처: Catmull, E. (2008). How Pixar fosters collective creativity. Harvard Business Review, 86(9), 64-72.

제록스(Xerox)의 사례는 조직화 실패의 고전적인 예이다. 1970년대 제록스의 팔로알토 연구소(PARC)는 개인용 컴퓨터, 마우스, 그래픽 사용자 인터페이스(GUI) 등 시대를 앞서가는 혁신적인 기술들을 개발했다. 스티브 잡스는 이곳을 방문한 후 "그 사람들은 자기네들이 무엇을 가졌는지도 모른다"고 말할 정도였다(Isaacson, 2011). 제록스는 컴퓨터 산업을 지배할 수 있는 VRI 조건을 모두 갖춘 자원을 보유하고 있었지만, 관료적인 조직구조와 현재의 복사기 사업 수익에만 안주하는 보상 시스템 때문에 이 혁신 기술들을 상업화하는 데 실패했다. 보다 최근의 사례로 노키아는 스마트폰 시대 초기에 세계적인 브랜드, 뛰어난 하드웨어 기술, 막강한 유통망(VRI)을 보유하고 있었다. 하지만 심비안(Symbian)과 미고(MeeGo) 등 내부 소프트웨어 플랫폼 간의 경쟁과 파편화된 조직구조는 이러한 강력한 자원들을 효과적으로 통합하여 아이폰에 대응하는 것을 불가능하게 만들었다. 이 두 사례는 VRI가 충족되더라도 조직화(O)의 실패가 어떻게 기회를 놓치고 경쟁에서 뒤처지게 만드는지를 명확히 보여준다.

VRIO와 경쟁우위의 지속성

VRIO의 네 가지 질문에 대한 답에 따라 자원 및 역량의 경쟁적 시사점이 달라지며, 이를 통해 경쟁우위의 지속성을 가늠할 수 있다. 아래 <표 9-2>는 VRIO 각 조건의 충족 여부에 따른 경쟁적 결과를 보여준다.

표 9-2 VRIO 프레임워크와 경쟁우위

가치 (Valuable?)	희소성 (Rare?)	모방 비용 (Costly to Imitate?)	조직화 (Exploited by Organization?)	경쟁적 시사점
No	–	–	–	경쟁 열위
Yes	No	–	Yes	경쟁 등위

Yes	Yes	No	Yes	임시적 경쟁우위
Yes	Yes	Yes	Yes	지속적 경쟁우위
Yes	Yes	No/Yes	No	활용되지 못한 경쟁우위 (경쟁 열위 가능)

표에서 볼 수 있듯이, 자원의 가치가 없다면 경쟁 열위를 면하기 어렵다. 가치가 있더라도 희소하지 않다면 경쟁 등위 수준에 머무른다. 가치 있고 희소한 자원은 임시적 경쟁우위를 가져다주며, 여기에 모방하기 어려운 특성까지 갖추면 지속적 경쟁우위의 '잠재력'을 갖게 된다.

하지만 이 모든 것은 '제대로 된 적절한 조직이 뒷받침된다는 조건 하에서' 가능하다. 조직화(O)는 VRIO 분석의 가장 중요한 요소라고 볼 수 있다. 만약 V, R, I 세 조건이 모두 충족되더라도, 기업이 그 자원을 효과적으로 활용할 조직구조나 시스템을 갖추지 못하면(O=No), 그 잠재력은 실현되지 못하고 '활용되지 못한 경쟁우위' 상태에 머무르거나, 심지어 자원을 제대로 관리하지 못해 비용만 발생하는 '경쟁 열위'로 전락할 수도 있다. 즉, 조직화(O)는 다른 조건들의 효과를 결정짓는 최종적인 관문 역할을 하며, 때로는 다른 조건들을 무력화(overriding)할 수도 있다.

학술 연구 개요 9-3

대리 학습, 실패 사례의 과소 표본추출, 그리고 경영의 신화 (Denrell, 2003)

✿ 연구 배경

이 연구는 『초우량 기업의 조건(In Search of Excellence)』이나 『좋은 기업을 넘어 위대한 기업으로(Good to Great)』와 같은 대중 경영 서적에서 제시하는 성공 공식들이 통계적 오류에 기반한 '신화'일 수 있음을 주장합니다. 우리는 성공한 기업의 사례를 관찰하고 학습(대리 학습)하지만, 실패한 기업의 사례는 잘 관찰되지 않거나 무시되는 경향이 있습니다. 이처럼 실패 사례를 충분히 고려하지 않는 '실패의 과소 표본추출(undersampling of failure)' 때문에 특정 경영 활동과 성과 사이의 관계를 잘못 인식하게 된다는 것입니다.

✿ 핵심 연구 질문

- 성공 사례에만 의존하는 대리 학습은 왜 경영의 신화를 만들어내는가?
- 실패 사례를 분석하는 것이 왜 중요한가?

✿ 자료 및 사례

본 연구는 특정 데이터를 분석하기보다, 통계적 시뮬레이션과 논리적 추론을 통해 '실패의 과소 표본추출'이 어떻게 잘못된 인과관계 추론으로 이어지는지를 개념적으로 설명합니다.

✿ 주요 연구 결과

실제로는 리스크가 클수록 성과가 좋을 수도 있고 나쁠 수도 있는 관계가 존재하지만, 우리는 성공한 사례(높은 리스크, 높은 성과)에만 주목하고 실패한 사례(높은 리스크, 낮은 성과)는 간과하기 쉽습니다. 그 결과, 우리는 마치 리스크가 크면 성과도 항상 좋을 것이라는 왜곡된 관계를 관찰하게 됩니다. 혁신과 성과의 관계도 마찬가지입니다. 모든 혁신이 성공으로 이어지는 것은 아니지만, 우리는 성공한 혁신 사례에만 집중하여 '혁신=성공'이라는 신화를 만들어낸다는 것입니다.

전략적 함의

이 연구는 성공 사례 분석에만 의존하는 경영 학습의 맹점을 지적하며, 실패 사례에 대한 깊이 있는 분석의 중요성을 강조합니다. 성공의 원인을 제대로 파악하기 위해서는 '성공한 기업들이 공통적으로 한 것'뿐만 아니라, '실패한 기업들이 하지 않은 것' 또는 '실패한 기업들도 똑같이 했지만 결과가 달랐던 것'을 함께 비교 분석해야 합니다.

출처: Denrell, J. (2003). Vicarious learning, undersampling of failure, and the myths of management. Organization Science, 14(3), 227-243.

학술 연구 개요 9-4

경쟁우위 지속성의 결정요인: 자산 축적의 동학 (Dierickx & Cool, 1989)

✿ 연구 배경

자원기반관점(RBV)은 모방하기 어려운 자원이 지속적 경쟁우위의 원천이라고 설명하지만, 어떤 조건들이 자원의 모방을 어렵게 만드는지에 대한 구체적인 메커니즘을 제시할 필요가 있었습니다. 이 연구는 자산(자원)의 축적 과정에 초점을 맞춰 경쟁우위의 지속성을 결정하는 요인들을 체계적으로 분석합니다.

✿ 핵심 연구 질문

어떤 메커니즘이 경쟁자의 자원 모방을 어렵게 만들어 경쟁우위를 지속시키는가?

✿ 자료 및 사례

특정 데이터를 분석하기보다는, 경제학 및 전략 이론에 기반한 개념적 모델을 통해 자산 축적의 동학(dynamics)을 설명합니다.

✿ 주요 연구 결과

저자들은 자원의 모방 가능성을 낮추는 다섯 가지 요인을 제시했습니다. 시간 압축 비경제(time compression diseconomies)는 R&D 역량처럼 축적에 시간이 필요한 자원은 단기간에 집중 투자해도 따라잡기 어렵다는 것을 의미합니다. 자산 규모 효율성(asset mass efficiencies)은 "성공이 성공을 낳는" 현상으로, 이미 자산을 많이 보유할수록 추가 자산 축적이 더 쉬워진다는 것입니다. 자산 상호연결성(interconnectedness of asset stocks)은 서비스 네트워크와 기술 노하우처럼 여러 자산이 서로의 가치를 높여주는 효과를 말합니다. 인과적 모호성(causal ambiguity)는 성공의 원인이 불분명할 때 모방이 어려워지는 것을 의미합니다. 마지막으로 자산 잠식(asset erosion)은 시간이 지남에 따라 자산의 가치가 자연적으로 감소하는 현상을 설명합니다.

전략적 함의

이 연구는 경쟁우위가 단순히 '좋은 자원'을 보유하는 것만으로 유지되지 않으며, 시간이 지남에 따라 자산을 어떻게 '축적'하고 '보호'하는가의 동적인 과정이 중요함을 강조합니다. 또한, 모방이 어렵더라도 기술 발전으로 인해 기존 자산이 무력화되는 '대체

(substitution)'의 위협을 항상 경계해야 함을 시사합니다. 넷플릭스가 블록버스터의 오프라인 매장 네트워크를 모방하지 않고 이를 디지털 스트리밍 서비스를 통해 대체한 사례가 이를 잘 보여줍니다.

출처: Dierickx, I., & Cool, K. (1989). Asset stock accumulation and sustainability of competitive advantage. Management Science, 35(12), 1504-1511.

9-3 전략적 의도와 미래 역량 구축

자원 및 역량 분석의 시사점은 기업이 가진 자원의 강점과 약점으로부터 전략적 과제를 도출하게 한다는 점이다. 그러나 현재 보유한 자원과 역량에만 매몰되어서는 안 된다. 만약 1960~70년대 한국 대기업들의 자원과 역량을 기계적으로 분석했다면, 대부분 핵심 역량이 부족하다는 결론에 이르렀을 것이다. 당시의 잣대로는 "모든 사업을 접고 은행에 돈을 맡기는 것이 낫다"는 조언이 나왔을지도 모른다.

하지만 한국의 창업가들은 현재의 부족함이 아닌 미래의 가능성을 보았다. 그들에게는 "글로벌 시장에서 1등이 되겠다", "우리나라를 경제 대국으로 만들겠다"는 원대한 전략적 의도(strategic intent)가 있었다 (Hamel & Prahalad, 1989). 현대그룹 창업자 정주영 회장은 조선소 부지를 찍은 사진 한 장과 거북선이 그려진 지폐만으로 영국 은행에서 차관을 얻어냈다. 그는 "배를 만드는 것도 건설공사를 육지에서 수상으로 옮기는 것일 뿐"이라며 기존 건설업 역량을 조선업에 적용할 수 있다는 믿음을 가졌다(정주영, 1991). 삼성 창업자 이병철 회장은 주변의 극심한 반대에도 불구하고 "반도체 사업은 내게 주어진 사명"이라며 불모지에서 반도체 사업을 시작했다. 이건희 회장은 1993년 "마누라와 자식 빼고 다 바꾸라"는 '신경영 선언'을 통해 양적 성장에 머물러 있던 조직의 체질을 질적 성장으로 완전히 바꾸어 놓았다(이건희, 1997).

이처럼 그들은 현재의 자원 부족을 탓하지 않고, 강력한 전략적 의도를 바탕으로 미래에 필요한 역량을 과감하게 구축해 나갔다. 이들의 사례는 기업 성장의 진정한 원천이 현재 보유한 자원이 아니라, 미래를 내다보고 원대한 목표를 설정하며 현재와 미래의 격차를 메워나가는 리더의 의지에 있음을 명확히 보여준다.

요 / 약

이번 장에서는 기업의 성과를 내부의 자원과 역량에서 찾는 자원기반관점(RBV)에 대해 알아보았다. RBV는 기업 간 자원의 이질성과 비이동성을 기본 가정으로 하며, 지속 가능한 경쟁우위의 원천을 설명한다. 기업의 자원과 역량이 경쟁우위가 될 수 있는지를 판단하는 도구로 VRIO 프레임워크를 소개했다. 어떤 자원이 가치(value), 희소성(rarity), 모방 불가능성(imitability), 그리고 조직화(oganization)의 네 가지 조건을 모두 충족할 때, 비로소 지속 가능한 경쟁우위의 원천이 될 수 있다. 특히 모방이 어려운 이유는 고유한 역사적 상황, 인과적 모호성, 사회적 복잡성 때문이다. 그러나 현재의 자원 분석에만 머무는 것은 한계가 있으며, 한국 기업들의 사례처럼 미래를 향한 강력한 '전략적 의도'를 통해 필요한 역량을 구축해나가는 것이 중요함을 확인했다.

지금까지 우리는 기업 내부의 자원과 역량이 어떻게 경쟁우위의 원천이 되는지를 살펴보았다. 그렇다면 이러한 내부 역량을 바탕으로, 기업은 어떻게 기존 시장의 규칙을 깨고 새로운 시장을 창출하는 '혁신'을 이룰 수 있을까? 다음 10장에서는 성공한 기업을 한순간에 무너뜨릴 수 있는 강력한 힘, '와해성 혁신'의 이론과 사례에 대해 심도 있게 탐구한다.

생각해 볼 문제

1 자원기반관점(RBV)과 산업 포지셔닝 관점(예 포터의 5 Forces 모델)은 기업의 성과를 설명하는 데 있어 어떤 근본적인 차이를 보이는가? 두 관점의 핵심 가정(자원의 동질성/이질성, 전략적 요소시장 등)을 비교하여 설명하시오.

2 VRIO 프레임워크의 네 가지 조건(가치, 희소성, 모방 가능성, 조직화)을 사용하여 특정 기업(예 애플, 테슬라, 넷플릭스)의 핵심 자원이나 역량 중 하나를 분석하고, 그것이 왜 지속 가능한 경쟁우위의 원천이 되는지(또는 되지 못하는지) 논하시오.

3 자원의 '모방 불가능성'을 만드는 세 가지 메커니즘(고유한 역사적 상황, 인과적 모호성, 사회적 복잡성) 각각에 대해 구체적인 기업 사례를 들어 설명하시오.

4 VRIO의 네 가지 조건 중 '조직화(oganization)'가 중요한 이유는 무엇인가? 가치 있고, 희소하며, 모방하기 어려운 자원을 보유하고 있음에도 불구하고 조직화의 실패로 어려움을 겪은 기업의 사례를 찾아 설명하시오.

5 1960~70년대 한국 대기업들의 사례는 '전략적 의도(strategic intent)'의 중요성을 보여준다. 현재 보유한 자원이 부족한 스타트업이나 후발 기업이 강력한 전략적 의도를 바탕으로 미래에 필요한 핵심 역량을 어떻게 구축해 나갈 수 있을지 전략적 방향을 제시해보시오.

보충설명

1 엔비디아가 개발한 병렬 컴퓨팅 플랫폼 및 프로그래밍 모델로, 개발자들이 GPU를 활용해 복잡한 연산을 효율적으로 처리할 수 있게 돕는 핵심 소프트웨어 역량이다.

2 전략적 요소시장(strategic factor market)의 대표적인 예가 경영능력(managerial skill)이라면, 전략적 요소시장은 CEO급 인력이 구직하고 기업이 구인할 수 있는 시장을 의미한다.

3 심리적 안전감(psychological safety)이란 조직 구성원이 자신의 의견을 제시하거나 실수를 공개했을 때 처벌받거나 무시당하지 않을 것이라는 믿음을 뜻하며, 혁신적인 조직 문화를 구축하는 데 필수적인 요소이다.

참고문헌

Barney, J. (1991). Firm resources and sustained competitive advantage. *Journal of Management, 17*(1), 99-120.

Catmull, E. (2008). How Pixar fosters collective creativity. Harvard Business Review, 86(9), 64-72.

Catmull, E. (2014). *Creativity, Inc.: Overcoming the Unseen Forces That Stand in the Way of True Inspiration.* Random House.

Denrell, J. (2003). Vicarious learning, undersampling of failure, and the myths of management. *Organization Science, 14*(3), 227-243.

Dierickx, I., & Cool, K. (1989). Asset stock accumulation and sustainability of competitive advantage. *Management Science, 35*(12), 1504-1511.

Hamel, G., & Prahalad, C. K. (1989). Strategic Intent. *Harvard Business Review, 67*(3), 63-76.

Hamel, G., & Prahalad, C. K. (1990). The core competence of the corporation. *Harvard Business Review, 68*(3), 79-91.

Isaacson, W. (2011). *Steve Jobs.* Simon and Schuster.

McCorduck, P. (2004). *Machines who think: a personal inquiry into the history and prospects of artificial intelligence.* CRC Press.

Peteraf, M. A. (1993). The Cornerstones of Competitive Advantage: A resource-based view. Strategic Management Journal, 14(3), 179-191.

Rumelt, R. P. (1991). How much does industry matter?. Strategic Management Journal, 12(3), 167-185.

송재용, & 이경묵. (2017). *삼성웨이*. 21세기북스.

정주영. (1991). *시련은 있어도 실패는 없다.* 제삼기획.

이건희. (1997). *생각 좀 하며 세상을 보자.* 동아일보사.

CHAPTER 10

와해성 혁신 전략

와해성 혁신 전략

왜 한때 시장을 지배했던 거대 기업들이 무명의 신생 기업에게 속수무책으로 무너지는가? 코닥은 왜 디지털카메라의 등장을 외면했으며, 노키아는 어떻게 스마트폰 혁명의 흐름을 놓쳤을까? 성공한 기업을 실패로 이끄는 보이지 않는 힘, '혁신가의 딜렘마'는 어디에서 비롯되는 것일까?

이번 장에서는 와해성 혁신 전략 이론을 통해 이 질문에 대한 답을 찾아본다. 와해성 혁신은 이미 수천 년 전부터 인류 역사 속에 존재해 왔을 것으로 생각된다. 이러한 현상을 파악하고 인지함으로써 의도성 있는 전략의 영역으로 이를 가져온 것에 와해성 혁신 이론의 기여가 있으며, 이에 대한 인지와 이해를 통해 한 차원 높게 경영의 질이 제고될 것으로 기대된다.

10-1 와해성 혁신 전략 이론의 탄생과 배경

와해성 혁신이론(disruptive innovation theory)의 태동은 크리스텐센(Clayton Magleby Christensen)의 『혁신기업의 딜렘마(The Innovator's Dilemma, 1997)』 책의 발간과 함께 시작했다. 두 번째로 출간된 『혁신기업의 해답(The Innovator's Solution, 2003)』과 세 번째 출간된 책, 『미래기업의 조건(Seeing What's Next, 2004)』에 의하여 이론적 체계가 완성되었다고 볼 수 있다. 크리스텐센은 하버드 비즈니스스쿨 박사학위 논문에서 "와해성 혁신(disruptive innovation)" 개념을 하드디스크 드라이버 산업의 발전 진화 과정을 통하여 제시하였고, 이러한 와해성 혁신이 다른 산업에서도 반복적으로 발생함을 주장하였다.

10-2 와해성 혁신과 지속성 혁신

와해성 혁신이론에서 산업에는 기업들에 의해 실행되는 두 가지 혁신 유형이 존재한다. 바로 지속성 혁신(sustaining innovation)과 와해성 혁신(disruptive innovation)이다.

지속성 혁신은 이미 존재하는 기술 궤적을 유지하고 발전시키는 혁신 유형으로, 기존 기업들이 이러한 혁신에 최적화되어 있고 잘 수행하는 경향이 있다. 반대로 와해성 혁신은 이미 존재하고 있는 기술 궤적을 와해시키고 재정의하는 혁신 유형이다. 이는 시장에서 역사적으로 중요하다고 간주되었던 적어도 하나의 성과 차원에서는 낮은 성과를 제공하는 대신, 다른 차원에서 우수한 제품을 제공하는 것을 뜻한다. 이러한 와해성 혁신은 기존 기업보다는 신생 기업들이 더욱 잘 수행하는 경향을 보인다(<표 10-1>참조하시오).

기존 고객이 중시하는 성능에서는 지속성 혁신이 우월하고 와해성 혁신이 열등하지만, 새로운 고객이 중시하는 성능에서는 와해성 혁신이 우월하고 지속성 혁신이 오히려 열등한 경향을 보인다. 기존 기업의 관점에서 와해성 혁신은 매출 성장이 불확실하고 시장 규모도 작으며 저가 시장으로 매력도가 떨어진다. 그러나 지속성 혁신은 시장 규모가 크고 위험도 낮으며 고가 시장이라는 장점이 있다. 시장 조사의 수단 역시 다르다. 지속성 혁신의 경우 잘 정비된 시장 조사 기관이 존재하여 체계적인 자료를 얻고 설문조사를 쉽게 할 수 있는 반면, 와해성 혁신의 경우 고객이 어디에 있는지 체계적인 정보가 존재하지 않아 개인적인 네트워크를 활용해야 하는 경우가 많다. 시장 전략 수립 방법도 차이가 있다. 지속성 혁신의 경우는 계획을 세우는 것이 가능하고 의미가 있으나, 와해성 혁신의 경우 불확실성이 높아 학습과 실험의 방법을 사용하는 것이 좋고 계획이 의미가 없을 수 있다.

기존 기업에게 지속성 혁신은 기존 고객에 기반하므로 기존의 조직 루틴에 따라 사업을 하면 되는 저위험 고마진의 안정적인 사업이다. 반면 와해성 혁신은 신규 고객을 공략해야 하므로 고위험-저마진의 사업으로 비춰져 무시하거나 거부할 가능성이 많은 기술-사업이다. 신규 진입 기업에게 와해성 혁신 기술 시장은 저가 시장이기는 하지만, 미래 전망에 기초해 볼 때는 매력적인 시장이라고 볼 수 있다. 즉, 신규 진입 기업이 기존 기업보다 와해성 혁신의 장기적 사업 가치에 대해 보다 합리적인 판단을 내릴 가능성이 높다.

표 10-1 와해성 혁신과 지속성 혁신의 비교

구분	와해성 혁신	지속성 혁신
기존 고객이 중시하는 성능	낮음	높음
신 고객이 중시하는 성능	높음	낮음
기존 기업 관점 매출 성장	불확실, 리스크 높음	확실, 리스크 낮음
기존 기업 관점 시장 규모	작음	큼
시장 특성	저가 시장 (저비용)	고가 시장 (고비용)
시장 조사 수단	어려움 / 개인적 네트워크 활용	가능 / 체계적 / 전통적
시장 전략 수립 방법	학습 / 실험	계획

학술 연구 개요 10-1

고객의 힘, 전략적 투자, 그리고 선도 기업의 실패 (Christensen & Bower, 1996)

연구 배경

이 연구는 "왜 한때 성공적이었던 기업들이 기술 변화에 직면했을 때 시장 선도적 지위를 잃게 되는가?"라는 근본적인 질문에서 출발합니다. 기존의 설명들이 경영진의 무능이나 조직의 경직성 등을 원인으로 지목했던 것과 달리, 이 연구는 오히려 '고객의 목소리를 너무 잘 듣는 것'이 실패의 원인이 될 수 있다는 역설적인 주장을 펼칩니다.

✿ 핵심 연구 질문

선도 기업들이 급진적인 기술 변화에 대응하는 데 실패하는 근본적인 원인은 무엇인가?

✿ 자료 및 사례

이 연구는 1975년부터 1990년까지 전 세계 하드디스크 드라이브(HDD) 산업의 모든 기업과 제품 데이터를 분석하고, 21개 기업 70여 명의 임원들과의 심층 인터뷰를 통해 이론을 구축했습니다.

✿ 주요 연구 결과

연구진은 혁신을 '지속성 혁신'과 '와해성 혁신'으로 구분하고, 선도 기업들이 두 유형의 혁신에 다르게 반응함을 발견했습니다. 선도 기업들은 기존 고객이 요구하는 성능을 개선하는 지속성 혁신에서는 매우 뛰어난 성과를 보였으나, 성능은 낮지만 더 작고 저렴한 와해성 혁신 기술을 상용화하는 데에는 반복적으로 실패했습니다. 그 이유는 합리적인 자원 배분 프로세스에 있었습니다. 와해성 기술의 초기 프로토타입을 기존의 핵심 고객에게 보여주면, 그들은 당장 자신들의 요구를 충족시키지 못하는 낮은 성능 때문에 이를 외면합니다. 마케팅 부서는 고객의 부정적인 반응을 바탕으로 비관적인 매출 전망을 내놓고, 이는 결국 와해성 기술 프로젝트가 자원을 배분받지 못하고 사장되는 결과로 이어집니다. 이때 신생 기업들이 이 와해성 기술을 가지고 아직 존재하지 않거나 무시되었던 새로운 시장(예 미니컴퓨터, PC, 노트북)을 공략합니다. 이 신생 기업들은 새로운 시장에서 기술을 발전시켜, 결국 주류 시장이 요구하는 성능까지 따라잡게 되면, 더 작고 저렴하다는 장점을 무기로 기존의 선도 기업들을 시장에서 몰아냅니다.

전략적 함의

이 연구는 선도 기업의 실패가 기술적 무능이 아니라, 합리적인 의사결정 시스템이 낳은 비극임을 보여줍니다. '고객에게 집중하라'는 경영의 금과옥조가 오히려 기업을 함정에 빠뜨릴 수 있다는 것입니다. 따라서 경영진은 기존 고객의 목소리뿐만 아니라, 아직 존재하지 않는 미래 시장의 신호에도 귀를 기울여야 합니다. 와해성 기술의 위협에 대응하기 위해서는 기존 조직의 자원 배분 프로세스로부터 독립된 별도의 조직을 만들어 새로운 시장을 개척하도록 하는 전략적 결단이 필요함을 이 연구는 강력하게 시사합니다.

출처: Christensen, C. M., & Bower, J. L. (1996). Customer power, strategic investment, and the failure of leading firms. Strategic Management Journal, 17(3), 197-218.

10-3 저가 와해와 신시장 와해

와해성 이론이 던지는 근본적인 의문은 “왜 잘나가는 기존 기업이 갑자기 추락하는가?”이다. 이 질문에 대하여 와해성 이론은 기존 기업이 고객을 지나치게 존중하기 때문이라고 답한다. 이는 고객을 왕으로 간주하는 기존 마케팅 전문가들을 당황하게 만드는 것으로, 와해성 혁신 이론은 기존 기업들의 고객에 대한 지나친 존중이라는 태도에 의하여 기업이 추락과 몰락의 길로 빠진다고 주장한다.

와해성 이론의 기본 모형은 ‘저가 와해(Low-End Disruption, LED)’이다[그림 10-1]에서와 같이. 저가 와해 모형에서는 고객이 사용하고 소화할 수 있는 성과 수준을 나타내는 고객 선호 추세선과, 기술 발전에 따른 성능 향상 추세선 사이의 기울기 차이에서 비롯되는 ‘과잉 제공(overshooting)’ 현상이 기존 기업의 몰락을 일으킨다.

그림 10-1 저가 와해성 혁신 모형

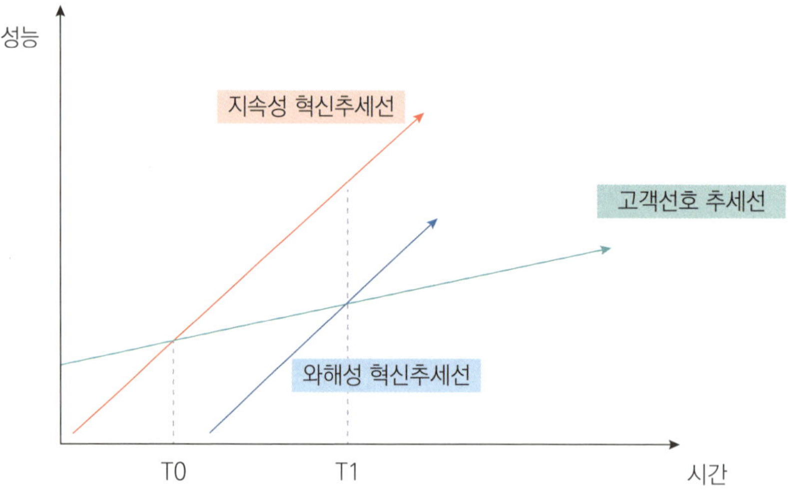

[그림 10-1]에서 고객 선호 추세선은 시간의 흐름에 따라 완만하게 상승하고 있다. 즉, 고객이 소화할 수 있는 성능 수준은 점진적으로 높아진다. 반면, 두 가지 혁신 추세선(지속성, 와해성)은 출발점은 다르지만 고객 선호 추세선보다 훨씬 가파르게 상승한다. 이러한 기술 발전 속도의 가속화는 산업혁명 이후 지속된 현상으로 추정된다.

T_0 시점에서 지속성 혁신 기술 제품은 대중 시장의 요구를 충족시키며 시장을 장악한다. 그러나 기존 기업은 자신들이 잘하는 지속성 혁신 궤적을 따라 계속해서 제품 성능을 향상시킨다. 이들은 주로 고성능-고가격 제품을 선호하는 하이엔드 시장 고객의 목소리에 귀를 기울인다. 그 결과 T_1 시점에 이르면, 이들의 제품 성능은 평균적인 고객이 원하는 수준을 훨씬 뛰어넘는 과잉 제공 상태가 된다.

반면, T_0 시점에서는 성능이 너무 낮아 고객의 선택을 받지 못했던 와해성 혁신 제품은 꾸준한 성능 개선을 통해 T_1 시점에서 마침내 대중 시장의 고객 선호 추세선과 교차한다. 이는 와해성 혁신 제품이 뛰어난 '가성비'를 바탕으로 대중 시장을 장악했음을 의미한다.

이 과정에서 지속성 혁신 기업은 더 높은 마진을 제공하는 상층부 고객에게 자원을 계속 할당하려는 동기를 가지는 반면, 저가의 로우엔드 시장에는 자원을 배분할 동기를 갖지 못하게 된다. 와해성 혁신 기업은 로우엔드 시장에서 시작하여 점차 성능을 개선하며 시장을 지켜나가려는 강한 동기를 가진다. 이처럼 새로운 시장 또는 로우엔드 시장에 대해 기존 기업과 신규 기업 간에 나타나는 대조적인 동기 부여 현상을 '비대칭적 동기화(asymmetric motivation)'라고 부른다. 즉, 혁신에 많은 힘을 쏟는 기존 기업은 구조적으로 로우엔드 신시장에 자원을 과소 투자하거나 시장 성장 가능성을 무시하게 되는데, 이를 '혁신 선도기업의 딜렘마'라고 한다.

T_1 시점에서 지속성 혁신 제품은 소수의 하이엔드 고객만이 선호하는 제품이 되고, 대중 시장은 가성비 좋은 와해성 혁신 제품이 장악하게 된다. 이러한 시장 진화 패턴의 대표적인 사례로는 일관고로 제철 기술에 대비한 전

기로 제철 기술, 백화점에 대비한 할인점, 기존 미국 자동차 업체에 대비한 연비 좋은 일본 자동차 업체 등을 들 수 있다. 최근의 사례로는 클라우드 컴퓨팅과 핀테크를 들 수 있다. 아마존 웹 서비스(AWS)는 초기에 스타트업이나 개발자들을 대상으로 저렴하고 간단한 서버 공간을 제공하며 시장에 진입했다. 당시 IBM이나 HP 같은 기존 IT 강자들은 수익성이 낮은 이 시장을 외면했지만, AWS는 이 시장을 기반으로 빠르게 성장하여 결국 대기업 시장까지 장악하며 전체 IT 인프라 산업을 와해시켰다. 마찬가지로, 토스나 카카오페이 같은 핀테크 기업들은 수수료가 없거나 매우 낮은 '간편 송금'이라는, 기존 은행들이 수익성이 낮아 크게 신경 쓰지 않던 서비스로 시장을 파고들었고, 이후 다양한 금융 서비스로 확장하며 기존 금융 질서를 위협하고 있다.

2003년 출간된 『혁신가의 해답』에서 크리스텐센은 두 번째 유형인 '신시장 와해(New Market Disruption, NMD)' 모형을 제시하였다. 신시장 와해에서 와해성 혁신은 기존의 성능 차원에서 열등할 필요 없이, 새로운 경쟁의 축에서 새로운 성능을 제시하는 혁신을 의미한다.

그림 10-2 3차원 와해성 혁신 모형

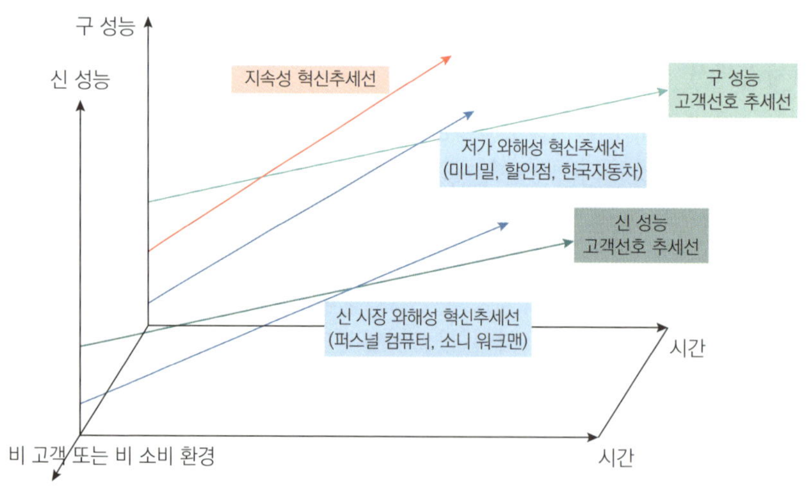

[그림 10-2]에서 보듯이, 신시장 와해성 혁신 모형의 대표적인 예는 소니의 '워크맨'이다. 기존 트랜지스터 라디오 시장이 '음질'이라는 구(舊) 성능 축에서 경쟁할 때, 소니는 '휴대성'이라는 신(新) 성능 축에서 와해성 혁신을 추구했다. 그 결과, 휴대성에 열광하는 10대와 같은 새로운 고객층을 확보할 수 있었다. 저가 와해성 혁신이 기존의 '소비'와 경쟁한다면, 신시장 와해성 혁신은 '비소비(non-consumption)'와 경쟁한다. 최근의 사례로는 온라인 디자인 플랫폼인 캔바(Canva)를 들 수 있다. 전문적인 디자인 소프트웨어가 고가의 비용과 높은 학습 장벽으로 인해 전문가들의 전유물이었을 때, 캔바는 쉬운 조작법과 저렴한 구독 모델을 통해 디자인 역량이 없던 일반인들을 시장으로 끌어들였다. 에어비앤비(Airbnb) 역시 호텔과 같은 전통적인 숙박 서비스를 이용하기 어려웠던 여행객이나 현지인과 교류하고 싶어 하는 새로운 수요층을 공략하며 새로운 시장을 창출했다.

대부분의 와해성 혁신은 순수한 저가 와해나 신시장 와해라기보다 두 형태가 결합된 혼합형의 성격을 띤다. 기존의 고가 서비스에 불만을 느끼던 기존 고객과 아예 서비스를 이용하지 못하던 비고객을 동시에 공략하는 최근의 대표적인 사례로는 로빈후드(Robinhood)을 들 수 있다.

핀테크 기업인 로빈후드는 기존 증권사들이 요구하던 높은 거래 수수료에 부담을 느끼던 소액 투자자들을 저가 와해 방식으로 흡수하는 동시에, 주식 투자 경험이 전혀 없던 밀레니얼 세대와 사회초년생들을 대거 시장으로 끌어들였다. 이는 기존의 복잡한 투자 도구 대신 직관적인 인터페이스와 소수점 거래 서비스를 제공함으로써 새로운 시장을 창출한 신시장 와해의 특성도 함께 보유한다. 이처럼 혼합형 와해성 혁신은 기존 시장의 틈새와 완전히 새로운 시장 기회를 동시에 포착하며 강력한 성장 동력을 확보한다.

10-4 기존 지속적 혁신 주도기업 입장에서의 생존 전략

그렇다면 와해성 혁신의 위협에 직면한 기존 기업은 어떻게 생존할 수 있는가? 이에 대해 크리스텐슨(Christensen, 1997)은 네 가지 전략적 대응 방안을 제시한다.

첫째, 신규 제품 또는 기술의 성격이 지속적인지 와해적인지 정확히 판단해야 한다. 새로운 신규사업 프로젝트를 두고 마케팅이나 재무 담당자는 반대하는데 기술 엔지니어들은 적극 추구해야할 미래 시장이라고 주장한다면, 이는 와해성 기술의 등장 신호로 간주해야 한다.

둘째, 와해성 기술의 전략적 중요성을 재평가해야 한다. 주류 고객들에게 설문조사를 하는 것은 적합한 방법이 아니다. 그들은 지속성 혁신에 대해서는 잘 알지만, 와해성 신기술의 잠재력을 평가하는 데에는 부정확할 가능성이 높다. 또한, 기존 기술 궤적을 따라 얼마나 열심히 혁신하는가는 와해성 혁신의 위험과 무관하다. 중요한 것은 와해성 기술이 얼마나 빠르게 발전하여 대중 시장이 기대하는 성능 수준에 도달하는가이다.

그림 10-3 와해성 혁신의 위협 잠재력평가

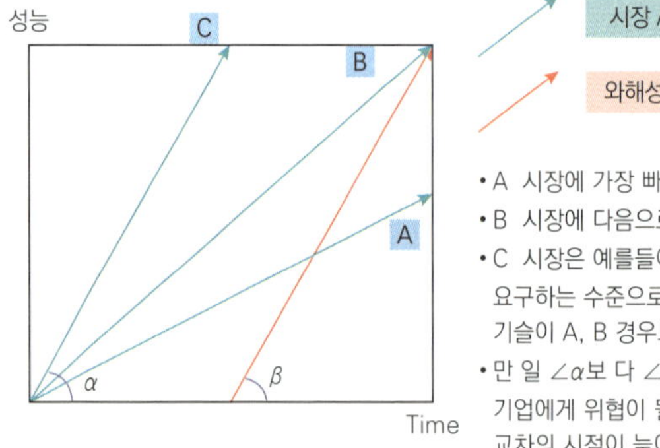

[그림 10-3]에서 와해성 혁신이 부상하고 있을 때, 개별 시장 A, B, C 중 가장 위협받는 시장은 A이다. 고객 선호의 진화 추세가 어떤 유형의 혁신

기업이 시장에서 최종적으로 생존하고 성장할 것인지를 결정할 것이다.

셋째, 와해적 기술을 위한 초기 시장을 찾아야 한다. 와해적 기술의 시장 수요 예측은 매우 어렵기 때문에 시장을 대상으로 한 실험이 필요하다. 시장 조사는 전통적인 방식이 아니라 개인적인 네트워크를 활용하는 등 다른 방법을 사용해야 한다. 그 이유는 기존 고객이 아닌 현재의 비고객에 초점을 두어 시장 규모를 파악해야 하기 때문이다.

넷째, 와해적 혁신 기술을 활용하는 사업 개발은 기존의 지속적 혁신과는 독립된 조직에 맡겨야 한다. 와해성 혁신은 일반적으로 주류 사업보다 이윤이 낮고 새로운 고객층을 상대한다. 그러므로 와해성 혁신 사업부를 보호하기 위해서는 독립적인 조직에 맡겨 시장성을 갖추기 전까지 보호하고 육성해야 한다.

10-5 혁신을 저해하는 재무 툴

왜 많은 기업의 똑똑하고 부지런한 경영자들이 성공적으로 혁신하지 못하는가? 크리스텐센 등(Christensen et al., 2008)은 그 원인 중 하나로 기업에서 널리 사용되는 세 가지 재무 분석 툴의 오용을 지적한다. 이 툴들은 그 자체로는 문제가 없지만, 혁신 투자를 평가하는 과정에서 체계적으로 혁신에 불리한 편향을 만들어낸다.

할인현금흐름(DCF)과 순현재가치(NPV)의 함정

첫 번째 혁신 저해 요소는 투자안 평가에 널리 쓰이는 할인현금흐름(Discounted Cash Flow, DCF)과 순현재가치(Net Present Value, NPV) 분석이다. 이 방법론의 수학적 논리는 타당하지만, 실제 분석 과정에서 분석가들은 종종 두 가지 치명적인 오류를 범하며 기업의 미래 성장을 저해하곤 한다.

첫 번째 오류는 혁신에 투자하지 않았을 경우, 즉 '아무것도 하지 않는(do-nothing)' 시나리오의 미래를 현재 상태가 무한히 지속될 것이라고 가정하는 것이다. 그러나 현실에서 기업이 혁신을 멈추면 경쟁자들의 지속적인 투자와 와해적 혁신으로 인해 가격 압박, 시장점유율 하락, 기술 노후화 등 성과 하락을 피할 수 없다. 따라서 혁신 투자의 가치는 '현재 상태 유지'가 아닌 '성과가 하락하는 미래'와 비교하여 평가해야 한다.

그림 10-4 할인현금흐름(DCF) 분석의 함정

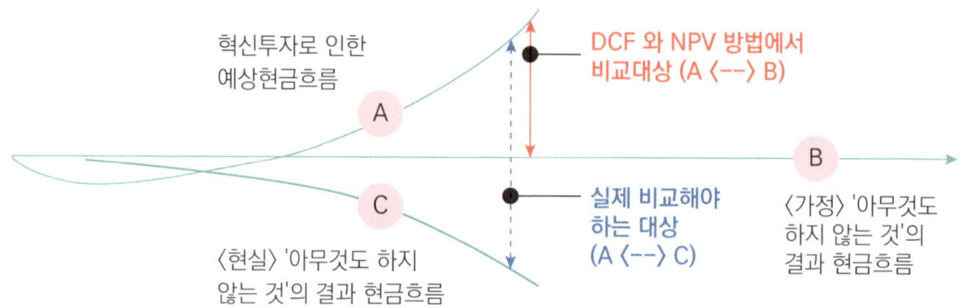

출처: Christensen, Kaufman, & Shih (2008, p. 101)

[그림10-4]에서 보듯이, 일반적인 DCF 분석(A와 B의 비교)은 혁신의 가치를 과소평가하게 만든다. 올바른 비교는 혁신 투자를 했을 때의 미래(A)와 아무것도 하지 않았을 때의 하락하는 미래(C)를 비교하는 것이다. 이는 루이스 캐럴의 소설 거울 나라의 앨리스에서 붉은 여왕이 제자리에 있기 위해서는 끊임없이 뛰어야 한다고 말한 것과 같은 맥락에서 레드 퀸 가설(red queen hypothesis)로 설명되기도 한다(Christensen, Kaufman, & Shih, 2008).

두 번째 오류는 추정의 불확실성 문제다. 특히 와해성 혁신처럼 불확실성이 큰 투자는 미래 현금흐름 예측이 매우 어렵다. 분석가들은 보통 3~5년의 현금흐름을 추정하고 그 이후는 '영구 가치(terminal value)'라는 단일 값으로 처리하는데, 이 영구 가치가 전체 NPV의 절반 이상을 차지하는 경우가 많다. 이는 초기 추정의 작은 오류를 증폭시킬 뿐만 아니라, 경쟁으로 인한 성과 하락이 본격화되는 장기적인 미래 변화를 제대로 반영하지 못하는 한계를 낳는다.

고정비용과 매몰비용의 오용

두 번째 혁신 저해 요소는 고정비용과 매몰비용을 고려하는 방식이다. 재무 원칙에 따르면 미래 투자를 평가할 때는 미래에 발생할 한계비용(marginal cost)만을 고려해야 한다. 이 원칙은 기존의 역량이 미래에도 유효할 때는 타당하다. 그러나 새로운 역량이 필요한 혁신 상황에서는 이 원칙이 오히려 낡은 기술과 자산에 의존하게 만드는 편향을 낳는다.

철강 산업의 사례가 이를 잘 보여준다. 1980년대 후반, 뉴코(Nucor)와 같은 미니밀 업체가 저비용 신기술로 박판 시장에 진입했을 때, 기존의 거대 통합제철소인 US스틸(USX)은 심각한 위협을 인지했다. 뉴코는 신규 제철소 건설에 드는 총비용을 기준으로 투자 수익률을 계산했고, 수익성이 높다고 판단하여 과감히 투자했다.

반면 US스틸은 이미 감가상각이 끝난 기존 설비의 초과 가동 능력을 보유하고 있었다. 그들은 신규 제철소 건설의 '총비용'과 기존 설비 활용의 '한계비용'을 비교했다. 이미 가동 중인 기존 설비가 있었으므로 고정비는 고려할 필요없이 변동비만 고려하여 한계비용이 훨씬 낮았으므로, 그들은 기존 설비를 활용하는 것이 더 수익성이 높다고 판단했다. 그 결과, US스틸은 장기적인 평균 비용을 최소화하는 대신 단기적인 한계 이익을 극대화하는 선택을 했고, 결국 실패하는 기존 기술에 더욱 매몰되는 악순환에 빠졌다.

그림 10-5 한계비용과 평균비용에 따른 의사결정 차이

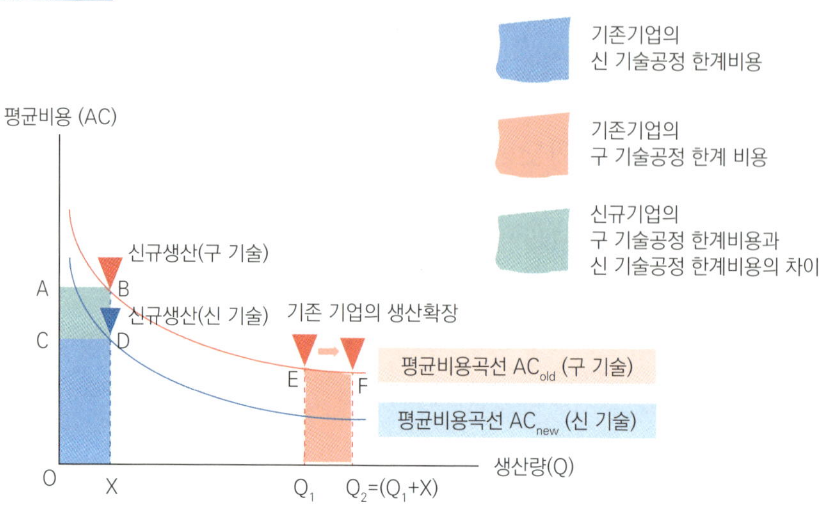

[그림 10-5]에서 기존기업 입장에서 새로운 혁신을 받아들이지 않는 것이 합리적인 이유는, 기존 기업이 Q_1을 생산하고 있는 상태에서 X만큼 증산할 때 추가소요 비용은 기존 생산기술의 연장선상에서 생산할 때, □EQ_1Q_2F 면적만큼 비용이 들고, 신 기술을 도입하여 생산할 때는 □AOBX 면적만큼 비용이 소요된다. 두개의 사각형면적을 비교하면 눈으로 볼 때도, □COXD > □EQ_1Q_2F 즉, 신 기술 도입 및 생산 비용이 훨씬 높으므로 두 가지 방법으로 생산한 제품의 질이 동일하다고 하면 비용만 비교하면 되므로 기존기업입장에서는 당연히 기존 기술 설비에서 생산하는 것이 합리적이다. 반대로 신규로 사업을 시작하는 기업은 신기술을 도입할지, 구기술을 도입할지를 X만큼 생산하는 데 소요되는 비용을 비교해 보면 □AOXB > □COXD 이므로 신기술을 도입해서 생산하는 것이 □ABCD 만큼 절감된다. 그러므로 신규기업은 신기술을 기존기업은 구기술을 그대로 유지한다. 기존기업의 기술공정에 대한 관성은 과거의 산업적 성공과 경제적인 합리성의 산물이다.

이 사례는 새로운 역량이 필요할 때, 진정한 한계비용은 '새로운 것을 창

조하는 데 드는 총비용'임을 보여준다. 기존 기업은 종종 고정비용과 매몰비용 원칙에 얽매여 과거의 자산과 역량에 의존함으로써, 신생 기업이 수익성 있다고 판단하는 투자를 실행하지 못하는 딜레마에 빠진다. 그렇다면 기존 기업은 어떻게 총비용적 접근을 택해야 하는가? 신규기업 입장에서 사고할 수 있는 독립적 조직을 만드는 것도 하나의 방법이다. 신규기업의 입장에서는 장기적으로 총비용의 관점에서 당연히 생산성 높은 기술을 채택할 것이다. 기존기업은 이미 규모의 경제나, 학습곡선의 유리함을 갖고 있으므로 신규기업의 진입에 대해 위협으로 느끼지 않고 안도할 수 있다. 신규기업은 신기술을 채택하더라도 당장은 위협이 되지 않을 수 있으나 시간이 흐름에 따라 압도적인 차이로, 급속히 위협적인 수준에 도달하게 된다.

주당순이익(EPS)에 대한 근시안적 집착

세 번째 혁신 저해 요소는 주당순이익(EPS)을 주가와 주주가치 창출의 가장 중요한 지표로 여기는 관행이다. 단기적인 주가 상승에 대한 압박은 경영진이 즉각적인 성과를 내지 못하는 장기 혁신 투자를 꺼리게 만든다. 이는 주주(principal)와 경영자(agent)의 이해관계가 일치하지 않는다는 주인-대리인 이론에 근거한 주가 연동 보상 체계가 오히려 단기 실적주의를 강화하는 역설적인 결과를 낳았기 때문이다.

경영자들은 단기 EPS를 높이기 위해 자사주를 매입하는 등 기업의 근본적인 가치 향상과 무관한 활동에 자원을 사용하기도 한다. 아이러니하게도 오늘날 대부분의 주주(뮤추얼 펀드, 연기금 등) 역시 단기 수익률로 평가받는 대리인이며, 이들은 투자 대상 기업의 장기적 건전성보다는 단기적 주가 상승에 더 큰 관심을 가진다. 결국 이러한 '대리인-대리인' 문제 속에서 장기적인 혁신 투자는 희생되고, 그 피해는 장기적인 고용 안정을 위협받는 실제 주인인 일반 투자자(국민)에게 돌아간다.

이러한 재무 툴의 오용을 극복하기 위해서는 개별 프로젝트가 아닌 '전략'

자체의 가치를 평가해야 한다. 경쟁자가 새로운 방식으로 공격해 올 때, 기존 기업의 경영진 역시 공격자의 관점에서 투자를 분석해야만 미래에 투자하지 않았을 때의 결과를 제대로 예측하고 올바른 의사결정을 내릴 수 있다.

학술 연구 개요 10-2

돈이 될 곳으로 스케이트를 타라:
가치사슬 내 수익성 이동 (Christensen et al., 2001)

✿ 연구 배경

1980년대 초 IBM은 PC 사업의 핵심 부품인 운영체제와 프로세서를 아웃소싱하는 결정을 내렸습니다. 이는 당시 '핵심 역량에 집중하라'는 경영 이론에 부합하는 합리적인 선택처럼 보였습니다. 하지만 결과적으로 이는 IBM의 쇠락과 마이크로소프트, 인텔의 부상이라는 극적인 결과를 낳았습니다. 이 연구는 IBM의 사례처럼, "왜 기업들은 미래 수익성의 원천이 될 사업을 아웃소싱하고, 수익성이 악화될 사업에 집착하는 전략적 실수를 반복하는가?"라는 질문에 답하고자 합니다.

✿ 핵심 연구 질문

산업의 가치사슬 내에서 미래의 수익성은 어디에서 창출되는가? 그리고 기업은 이러한 수익성 이동을 어떻게 예측하고 대응해야 하는가?

✿ 자료 및 사례

컴퓨터, 자동차, 경영 교육 등 다양한 산업의 가치사슬 진화 과정을 분석하여 이론을 도출합니다.

✿ 주요 연구 결과

이 연구는 와해성 혁신 이론을 확장하여, 산업 내 수익성 이동의 법칙을 설명합니다. 기술이 발전하여 제품 성능이 고객의 요구를 넘어서는 '과잉 제공(Overshooting)' 상태가 되면, 경쟁의 축은 성능에서 속도, 편의성, 맞춤화로 이동합니다. 이를 위해 기업들은 표준화된 부품을 조립하는 '모듈형 아키텍처(Modular Architecture)'를 채택하게 되고, 산업은 수평적으로 분화됩니다. 산업이 분화되면, 완제품 조립 단계에서는 차별화가 어려워져 수익성이 악화됩니다. 이때 수익성은 가치사슬의 상류, 즉 아직 성능이 고객(완제품 조립업체)의 요구를 충족시키지 못하는 '핵심 부품 및 소재' 단계로 이

동합니다. 이 단계의 기업들은 차별화된 기술력으로 높은 수익을 올리게 됩니다. IBM이 PC 조립에서 낮은 수익을 거두는 동안, 프로세서를 공급한 인텔과 운영체제를 공급한 마이크로소프트가 막대한 이익을 얻은 것이 대표적인 사례입니다.

전략적 함의

이 연구는 하키 선수 웨인 그레츠키의 명언 "퍽이 있는 곳이 아니라, 퍽이 갈 곳으로 움직여라"처럼, 기업이 현재의 수익성에 안주하지 말고 미래에 수익성이 창출될 가치사슬의 지점으로 이동해야 한다고 주장합니다. 많은 기업들이 단기적인 재무 성과(예 자산수익률) 개선 압박 때문에 수익성이 악화될 완제품 조립 사업은 남겨두고, 미래 수익의 원천이 될 부품/소재 사업을 분사하거나 아웃소싱하는 치명적인 실수를 저지릅니다. 진정한 전략은 이러한 흐름을 예측하고, 가치사슬 내에서 수익성이 높은 지점을 선점하거나, IBM의 최근 변신처럼 컨설팅과 같이 통합이 중요한 새로운 영역으로 비즈니스의 중심을 이동시키는 것입니다.

출처: Christensen, C. M., Raynor, M., & Verlinden, M. (2001). Skate to where the money will be. Harvard Business Review, 79(10), 72-81.

요/약

산업 내에는 기존 기술을 점진적으로 발전시키는 지속성 혁신과, 기존 기술의 궤적을 무너뜨리며 새로운 성과 차원에서 우수한 제품을 제공하는 와해성 혁신이 공존한다. 와해성 혁신의 대표적인 유형인 저가 와해(low-end disruption)는 기존 기업이 주류 고객의 요구에 부응하는 과정에서 성능을 필요 이상으로 제공하는 성능 과잉 제공(overshooting) 상태에 빠질 때 발생한다. 이때 기존 기업이 고마진 시장에 집중하며 대중 시장을 소홀히 하는 틈을 타, 신규 진입 기업이 저가 시장에서 시작하여 점차 대중 시장으로 영향력을 확대하며 주도권을 장악한다.

이 과정에서 기존 기업과 신규 기업 사이에는 비대칭적 동기화(asymmetric motivation) 현상이 나타난다. 기존 기업은 수익성이 낮은 저가 시장을 방어하기보다 수익성이 높은 고가 시장으로 이동하려는 동기를 갖는 반면, 신규 기업은 저가 시장을 발판 삼아 상향 이동하려는 강력한 동기를 갖는다. 이러한 동기의 차이는 결국 혁신 선도 기업이 자신의 강점 때문에 오히려 실패하게 되는 혁신가의 딜레마로 이어진다. 또 다른 유형인 신시장 와해(new market disruption)는 기존에 없던 새로운 성능 축을 제시하며, 제품이 비싸거나 복잡해서 이용하지 못하던 비소비(non-consumption) 고객을 공략함으로써 완전히 새로운 시장을 창출한다.

이러한 와해의 위협 속에서 기존 기업이 생존하기 위해서는 정교한 대응 전략이 필요하다. 먼저 신기술의 성격이 지속성인지 와해성인지 정확히 판단해야 하며, 주류 고객이 아닌 비고객 조사를 통해 초기 시장의 기회를 탐색해야 한다. 특히 낮은 이윤 구조와 생소한 고객층을 상대해야 하는 와해성 사업은 기존 조직의 간섭을 받지 않는 독립된 조직에서 보호하고 육성하는 것이 필수적이다. 그러나 현실에서 많은 기업은 할인현금흐름(DCF), 한계비용 분석, 주당순이익(EPS) 중심의 재무 도구들을 기계적으로 오용한다. 이러한 도구들은 혁신 투자의 가치를 실제보다 낮게 평가하게 만들고 기업을 기존 기술에 매몰시키며, 결과적으로 와해성 혁신에 대응할 시기를 놓치게 만드는 원인이 된다.

생각해 볼 문제

1 기존 기업(incumbent firms)이 와해성 혁신에 효과적으로 대응하기 어려운 근본적인 이유는 무엇이며, 이 과정에서 '비대칭적 동기화(asymmetric motivation)' 현상이 어떻게 작용하는지 논하십시오.

2 와해성 혁신에는 '저가 와해(low-end disruption)'와 '신시장 와해(new market disruption)'의 두 가지 유형이 있다. 이 두 유형의 와해성 혁신이 시장을 파괴하고 새로운 가치를 창출하는 방식에서 어떤 차이점을 가지며, 각각의 유형에 해당하는 구체적인 기업 또는 제품 사례를 들어 설명하시오.

3 현재 시장에서 주류 기술을 선도하는 기존 기업이 와해성 혁신의 위협에 직면했을 때, 생존을 위해 취할 수 있는 전략적 대응 방안들은 무엇이 있는지 설명하고, 특히 독립된 조직에 와해적 혁신 기술 개발을 맡기는 것의 중요성에 대해 논하시오.

4 와해성 혁신 이론은 "고객에 대한 지나친 존중"이 기존 기업의 몰락을 초래할 수 있다고 주장한다. 이러한 관점이 전통적인 마케팅 이론에서 강조하는 '고객 중심 경영' 원칙과 어떻게 충돌하거나 보완될 수 있는지에 대해 자신의 견해를 밝히시오.

참고문헌

Christensen, C. M. (1997). *The innovator's dilemma: when new technologies cause great firms to fail.* Harvard Business Review Press.

Christensen, C., & Raynor, M. (2003). *The innovator's solution: Creating and sustaining successful growth.* Harvard Business Review Press.

Christensen, C. M., Anthony, S. D., & Roth, E. A. (2004). *Seeing what's next: Using the theories of innovation to predict industry change.* Harvard Business Press.

Christensen, C. M., & Bower, J. L. (1996). Customer power, strategic investment, and the failure of leading firms. *Strategic Management Journal, 17*(3), 197-218.

Christensen, C. M., Kaufman, S. P., & Shih, W. C. (2008). Innovation killers: How financial tools destroy your capacity to do new things. *Harvard Business Review, 86*(1), 98-105.

Christensen, C. M., Raynor, M., & Verlinden, M. (2001). Skate to where the money will be. *Harvard Business Review, 79*(10), 72-81.

CHAPTER 11

블루오션 전략이란?: 개념, 오해와 진실

Chapter 11

블루오션 전략이란?: 개념, 오해와 진실

와해성 혁신이 기존 시장의 강자를 무너뜨리는 '파괴'의 전략이라면, 경쟁의 규칙 자체를 무의미하게 만드는 '창조'의 전략은 없을까? 피 튀기는 경쟁의 레드오션을 벗어나, 아무도 없는 푸른 바다, 즉 블루오션을 어떻게 찾을 수 있을까?

가치 혁신 또는 블루오션이라고도 불리는 현상에 대한 재조명과 경영자 또는 기업이 어떻게 하면 구조적으로 이러한 블루오션을 반복적으로 재창출할 수 있을 것인가에 대한 관심은 90년대 후반에서 2000년대 초반 드디어 블루오션 전략 이론체계를 탄생시켰으며, 그동안 경쟁과 모방에 초점을 맞추어 왔던 마이클 포터의 전략이론에 대한 이론적 혁신으로 여겨졌다.

11-1 블루오션 전략 이론의 탄생과 배경

블루오션 전략 이론은 초기에 가치 혁신(value innovation) 이론으로 불렸으나 2005년 『블루오션 전략』 도서의 출간과 함께 블루오션 전략 이론으로 이름 붙여졌다. 블루오션과 가치 혁신은 동일한 개념으로 생각해도 되며, 이후 블루오션 전략은 그 이름부터 시각적으로 강렬한 이미지를 가지며 전세계 비즈니스 스쿨과 업계에 널리 알려졌다. 더욱 실천적 버전의 블루오션 전략 이론 및 실무 서적인 『블루오션 시프트(Blue Ocean Shift)』가 2017년 발간되면서 블루오션 전략 이론은 전략 실행 매뉴얼과 같은 스타일로 이론의 실천적 특성을 강화하였다.

유럽의 최고 경영대학원인 인시아드(INSEAD)에서 탄생한 블루오션 전략 이론은 하버드 비즈니스 스쿨과의 제휴를 통해 지리적 약점을 극복했으며, 관련 도서가 전 세계적으로 400만 부 이상 판매되는 등 상업적 성공을 거두며 각종 전략경영 교과서에 실리는 영향력을 보였다.

학술 연구 개요 11-1

가치 혁신: 고성장의 전략적 논리 (Kim & Mauborgne, 1997)

✿ 연구 배경

이 연구는 "왜 어떤 기업은 지속적인 고성장을 달성하는 반면, 다른 기업들은 그렇지 못한가?"라는 근본적인 질문에서 출발합니다. 5년간의 연구를 통해 저자들은 그 차이가 분석 도구나 계획 모델이 아닌, 전략에 대한 근본적인 가정과 사고방식에 있음을 발견했습니다. 성공하지 못한 기업들은 경쟁자를 이기는 데 집착하는 '전통적 논리'에 갇혀 있었지만, 고성장 기업들은 경쟁을 무의미하게 만드는 '가치 혁신(value innovation)'이라는 새로운 전략적 논리를 따르고 있었습니다.

✿ 핵심 연구 질문

- 고성장 기업과 저성장 기업을 구분하는 전략적 논리의 근본적인 차이는 무엇인가?
- 경쟁을 무의미하게 만드는 '가치 혁신'의 핵심 원리는 무엇이며, 이는 어떻게 기업의 압도적인 성과로 이어지는가?

✿ 자료 및 사례

전 세계 30여 개 산업에서 30개 이상의 기업을 대상으로 한 5년간의 연구를 기반으로 합니다. 벨기에의 영화관 Kinepolis, CNN, 프랑스 호텔 체인 Accor 등 가치 혁신에 성공한 기업들의 사례를 심층적으로 분석했습니다. 또한 약 100개 기업의 비즈니스 론칭 사례를 계량 분석하여 가치 혁신의 성과를 측정했습니다.

✿ 주요 연구 결과

고성장 기업은 경쟁자를 기준으로 삼지 않고, 구매자를 위한 가치의 비약적 도약(quantum leap in value)을 추구하는 '가치 혁신'의 논리를 따릅니다. 이는 차별화와 저비용을 동시에 추구하는 것을 의미합니다. 이 연구는 기업이 가치 혁신을 달성하기 위해 사용하는 네 가지 질문, 즉 ① 제거(eliminate), ② 감소(reduce), ③ 증가(raise), ④ 창출(create)이라는 'ERRC 프레임워크'를 제시했습니다. 또한, 100여 개의 비즈니스 론칭 사례 분석 결과, 가치 혁신에 해당하는 14%의 시도가 전체 이익의 61%를 창출한 반면, 86%에 달하는 점진적 개선(line extensions)은 이익의 39%만을 창출했음을 보여주며 가치 혁신의 압도적인 성과를 실증적으로 증명했습니다.

전략적 함의

이 연구는 기업의 전략적 목표가 '경쟁에서 이기는 것'이 아니라 '경쟁을 무의미하게 만드는 것'이 되어야 함을 역설합니다. 이를 위해 경영자는 산업의 기존 가정에 의문을 제기하고, 경쟁자 벤치마킹에서 벗어나 구매자 가치를 근본적으로 재구성 할 것을 제안합니다. 'ERRC 프레임워크'는 기업이 체계적으로 경쟁의 틀을 깨고 새로운 시장 공간을 창출하도록 돕는 실질적인 도구를 제공합니다. 즉, 차별화와 저비용은 상충 관계가 아니며, 두 가지를 동시에 추구할 때 비로소 지속 가능한 고성장이 가능하다는 새로운 전략적 패러다임을 제시합니다.

출처: Kim, W. C., & Mauborgne, R. (1997). Value innovation: the strategic logic of high growth. Harvard Business Review, 75(1), 102-112.

11-2 블루오션과 레드오션

블루오션과 레드오션은 상반된 개념으로 산업의 상태를 기술한다. 산업은 치열한 경쟁과 상호 모방에 의하여 원가 상승과 가격 경쟁이라는 레드오션 상태에 빠지곤 한다. 이러한 레드오션 상태의 산업은 새로운 블루오션적 혁신의 도입에 의하여 높은 수익성을 보이는 산업으로 접어들곤 한다. 흔히 블루오션을 모든 기업이 좋은 수익성을 얻는 평화의 상태로 생각하기 쉽다. 그러나 엄밀히 말하면 이는, 블루오션을 창출하는 한 기업을 중심으로 모든 기존의 경쟁이 무의미하게 되는 독점, 즉 혁신에 의한 자연독점(natural monopoly) 상태에 가까운 상황을 의미한다(Kim & Mauborgne, 2005). 그러나 이러한 블루오션은 '초경쟁(hyper-competition)'의 압력에 의하여 경쟁과 모방으로 언젠가는 레드오션으로 변화한다. 이러한 레드오션은 또 다른 기업의 혁신에 의해 블루오션으로 변화할 수 있다. 즉, 레드오션과 블루오션은 서로 반복 교체하면서 산업을 성장시키기도 하고 축소시키기도 하며 진화해 나가는 것이다. 간혹 대중잡지에서 언급되는 블루와 레드를 혼합한 퍼플오션은 블루오션 전략 이론에서는 언급된 적이 없다.

11-3 블루오션적 사고의 특성

블루오션 전략 이론적 사고의 특성으로 다음의 세 가지를 들 수 있다.

첫째, 수요 측면의 전략이론이라는 점이다. 기존의 전략이론은 공급 측면에 가까웠다. 어떻게 하면 공급자가 원가를 줄이거나 제품의 질을 높여 가치를 창조할 것인가에 초점을 맞추고, 근본적으로는 기업의 자원과 능력을 높여 효율적으로 제품과 서비스를 생산하는 데 관심을 집중하였다. 주어진 수요와 공급의 문제를 어떻게 풀 것인가에 초점을 맞추었지, 어떻게 재정의할 것인가에는 관심이 없었다. 이와는 다르게 블루오션전략이론은 시장을 보는 관점을 달리하여 재정의하는 것이 핵심으로, 문제 풀이 접근(problem-solving approach)이 아니라 문제 재정의 접근(problem-redefining approach)이라고 할 수 있다. 블루오션전략 이론은, 시장에 기존 참여자들이 보지 못하는 맹점(blind spot)이 있다고 보는 관점이다. 주류경제학에서 합리적 의사결정자를 가정하는 것과는 달리, 제한된 합리성을 가진 의사결정자들의 세계에서는 소비자와 공급자가 서로 놓치는 부분이 있다.[2]

둘째, 미래지향적이고 긍정적인 전략이론이다. 블루오션 전략은 현재의 경쟁 구도에 매몰되기보다는 미래의 가능성에 초점을 맞춘다. 이는 단순히 현재 시장에서 점유율을 높이는 것을 넘어, 새로운 시장 공간을 창출함으로써 성장을 도모하는 긍정적이고 적극적인 관점을 제시한다. 최근에는 기존 시장을 파괴하지 않고도 새로운 가치를 만들어내는 '비파괴적 창조

(nondisruptive creation)' 개념으로 발전하며, 기업의 성장이 사회 전체의 파이를 키우는 긍정적인 결과를 낳을 수 있음을 강조한다. 최근 K-팝이나 K-드라마가 전 세계적으로 새로운 팬덤과 시장을 창출한 것도 기존의 음악이나 드라마 시장을 파괴하지 않으면서 새로운 가치를 만들어낸 비파괴적 창조의 좋은 예시가 될 수 있다.

셋째, 실천적이고 참여 지향적인 전략이론이다. 블루오션 전략은 전략의 실행을 강조하는데, 아무리 좋은 전략을 수립하더라도 실행되거나 실행할 수 없다면 무용지물이므로 전략 수립 단계부터 실행을 고려하여 조직 내부의 다양한 집단을 대표할 수 있는 구성원들로 전략 수립팀을 구성할 것을 조언하고 있다. 또한 전략 캔버스 자체가 조직 내 모든 구성원들이 토론하고 참여할 수 있는 시각적 플랫폼으로, 누구나 전략을 시각적으로 이해하기 쉽게 그림으로 그리고 상호 토론하기 위한 도구이며, 전략 캔버스 작성부터 시작하여 다양한 조직 구성원들이 서로의 언어를 통일해 가며 관점을 교환하고 전략 수립 관련 의사결정에 참여함으로써 조직에 대한 일체감과 소속감을 느낄 수 있다.

11-4 블루오션 전략 이론에 대한 오해와 진실

블루오션 전략 이론은 '블루오션'이란 단어의 보통명사화와 함께 대중적 확산을 가져왔으나, 반면에 '니치 마켓'과 혼동되는 등 수많은 오해를 낳았다. 각각의 오해를 중심으로 블루오션 전략 이론의 본질과 핵심에 대해 설명하고자 한다.

오해 1: "블루오션 전략은 바람직한 방향이긴 하나 위험이 큰 전략이다?"

블루오션 전략 이론은 블루오션이라는 전략적 혁신을 실행함에 따르는 위험을 철저히 인식하고 있으며, 각 유형의 위험에 대해 충분한 대비를 통하여 위험을 최소한으로 축소시키고 있다. <표11-1> 에서 알 수 있듯이 전략의 변화와 혁신에는 6가지 위험이 도사리고 있는데, 이 중 4개는 전략 수립과 관련된 위험이고, 2개는 전략 실행과 관련된 위험이다. 전략 수립과 관련된 위험은 기획 리스크, 규모 리스크 등이 있고, 전략 실행과 관련된 위험은 조직 리스크와 관리 리스크가 있다. 블루오션 전략은 이들 각각의 리스크에 대해 대처 방안을 마련하여 전략 변화와 혁신에 따른 위험을 제거하기 위해 노력하였다. 전략적 혁신은 하되 위험이 없다면 이보다 더 좋을 수는 없을 것이다. 블루오션 전략 프레임워크에서는 변화와 혁신에 따른 전략 수립 및 실행상의 여러 유형의 위험에 대한 대책이 체계적으로 마련되어 있다. 따라서 블루오션 전략은 전략 혁신을 수립 및 실행할 때 맞닥뜨릴 수 있는 다양한 위험 요소를 인지하고 있으며, 이를 극복하고 그 리스크를 최대한 줄이려는 시도라고 볼 수 있다.

표 11-1 전략 혁신에 따르는 위험 유형과 체계적 대응 (출처: 김위찬 & 르네마본, 2017)

전략변화와 혁신에 따르는 리스크 유형	리스크를 줄이는 체계적 대응
탐색 리스크	1. 시장경계선을 재구축하라
기획 리스크	2. 수치가 아닌 큰 그림에 포커스하라
규모 리스크	3. 비 고객을 찾아라
비즈니스 모델 리스크	4. 정확한 전략적 시퀀스를 만들어라
조직 리스크	5. 조직의 주요 장애를 극복하라
관리 리스크	6. 전략실행을 전략화하라

오해 2: "블루오션 전략은 아이디어는 좋은데 실행이 쉽지 않다?"

블루오션 전략 체계는 아이디어는 좋지만 실행이 쉽지 않다는 말을 듣곤 하는데, 블루오션 전략은 실행을 위한 전략 프레임워크이다. 대표적인 툴인 전략 캔버스는 그 자체가 조직 구성원들의 참여를 의도한 툴로, 이를 통해 조직 구성원들은 전략 수립에 참여하며 토론하는 과정을 통해 전략 실행 과정에 참여한다. 『블루오션 시프트』는 전략 실행을 위주로 블루오션 전략 이론을 실행을 위한 매뉴얼화한 것으로, 어떤 기업이나 사업부에서 블루오션 전략 수립 및 실행 과정을 시작할지, 그리고 구체적인 태스크포스팀은 어떻게 꾸릴지에 대해서까지 조언하고 있다. 예를 들면 10~15명 규모로 구성하고, 반대파도 1~2명 포함하며, 능력 있고 존경받는 다양한 기능과 부서의 대표적인 인재들로 구성하라는 등의 구체적인 조언을 준다.

오해3: "블루오션 전략은 경쟁이 없는 영원히 안전한 시장을 추구한다?"

대개 일반인들은 블루오션이라고 하면 평화로운 바다를, 레드오션은 피가 낭자한 위험한 바다를 연상하곤 한다. 그래서 블루오션을 창출하면 영원한 평화가 올 것으로 생각하지만, 현실은 블루오션이 창출된 후 시차가 있긴 하나 언젠가는 레드오션이 찾아오곤 한다. 즉, 블루오션은 영원하지 않다. 그 동인은 모방과 경쟁이다. 어떤 기업이 블루오션을 창출하면 그 전략 혁신은 시장에 자연독점과 유사한 상태를 가져온다. 그러나 시장 독점은 영원하지 않으며, 그 지위를 모방하려는 경쟁 세력이 출현하기 마련이고 초과수익은 모방의 강도에 따라 점점 감소하여 결국 레드오션과 같은 상태로 돌아간다.

이러한 혁신과 모방의 반복적인 상황을 초경쟁(hyper-competition) 상태라고 하는데, 이 상황에서는 어떤 혁신도 독점력을 영원히 유지하지 못하고 모방에 의해 초과수익이 줄어들기 마련이다. 초경쟁 시장에서 지속적 경쟁우위를 유지하려는 기업은 '연속적 혁신(a series of innovations)'을 해야 하며, 혁신의 효력이 다할 때를 대비하여 끊임없는 혁신의 흐름을 준비해야 한다는 것이 초경쟁 이론의 핵심이다. 블루오션 전략 이론은 그 이론적 뿌리가 초경쟁 이론에 있다. 기업의 혁신적 블루오션 흐름이 지속될 때 기업은 장기적인 지속적 경쟁우위를 유지할 수 있다.

오해4: "블루오션 전략은 틈새시장을 찾는 것을 알려준다?"

블루오션 전략에 대한 가장 흔한 오해는 이를 니치 마켓(niche market) 전략으로 오해하는 것이다. 니치 마켓 전략은 유효하지만 숨어 있는 세분 시장을 찾아내는 것을 의미한다. 예를 들어, 과거에는 존재하지 않는 것으로 여겨졌던 소형 SUV 시장을 쌍용자동차의 티볼리가 개척한 것은 숨어 있던 세그먼트를 찾아 활성화한 니치 마켓 전략의 사례이다.

블루오션 전략은 이런 보물찾기가 아니다. 오히려 주어진 시장을 재정의하는 관점 바꾸기 게임이다. 시장의 게임 규칙을 있는 그대로 받아들이지 않고 새롭게 정의하여 문제를 재정의하는 것이 블루오션 전략의 핵심이다. 대표적 사례인 태양의 서커스는 서커스 산업의 니치 마켓을 찾은 것이 아니다. 그들은 전통적인 서커스 산업의 경쟁 요소를 그대로 따르지 않고, 아이들뿐만 아니라 성인까지 대상으로 하는 종합 예술 공연으로서 서커스 산업을 새롭게 정의했다. 예술성, 스토리 요소를 추가하고 동물 쇼나 고난도 곡예 대신 예술적 음악, 무용 등을 도입함으로써 영화, 뮤지컬, 오페라와 같은 대안재의 경쟁 차원을 도입했고, 비고객이었던 예술성을 추구하는 성인들까지 끌어들이는 효과를 가져왔다.

오해 5: "블루오션은 와해성 혁신과 같은 개념이다?"

이에 대한 답은 “Yes” 또는 “No” 둘 다 가능하다. 와해성 혁신 전략에는 저가 시장 와해성 혁신과 신시장 와해성 혁신 두 가지 유형이 있다. 크리스텐센이 주장한 독창적 개념은 저가 시장 와해성 혁신이며, 이는 이후 신시장 와해성 혁신 개념으로 발전했다.

신시장 와해성 혁신은 블루오션과 매우 개념적으로 유사하며 거의 동일하다고 해도 무방하다. 새로운 경쟁 차원의 추가에 의한 시장 공간 창출이 핵심이기 때문이다. 그러므로 블루오션은 ‘신시장 와해성 혁신’과 동일한 개념으로 볼 수 있다. 그러나 '저가 시장 와해성 혁신'과 같은 개념이라고 보기는 어렵다. 블루오션은 반드시 기존 성능 차원에서 열등한 제품/서비스에서 시작하는 것은 아니기 때문이다. 물론 블루오션은 가치 곡선에서 '초점(focus)'을 갖기 때문에 비고객을 포함한 더 넓은 고객 입장에서 쓸모없다고 보는 경쟁 차원은 과감히 포기한다. 하지만 이것이 처음에는 열등하다가 시간의 흐름에 따라 진보하여 대중 시장을 차지하는 '꼴찌의 반란' 스토리와 반드시 일치하는 것은 아니다.

오해 6: "블루오션 전략은 제대로 된 툴 또는 프레임워크가 없다?"

이것은 잘못된 오해이다. 블루오션 전략은 전략 캔버스(strategy canvas)와 구매자 효용 지도(buyer utility map)라는 두 가지 강력한 분석 도구를 핵심으로 제시한다. 본 장의 11-5, 11-6 절에서 상세히 설명된다.

오해 7: "블루오션 전략을 잘 수립하기만 하면 저절로 실행된다?"

블루오션 전략 프레임워크는 전략 혁신을 추구할 때 조직이 마주할 수 있는 6가지 위험 중 2가지가 전략 실행과 관련되어 있다고 본다. 바로 조직 리스크와 관리 리스크이다. 아무리 최고의 전략이 수립되어도 조직 내부의 저항에 부딪히곤 한다.

전략 혁신 실행 시 발생하는 조직 리스크(organizational risk)의 주요 장애 요인은 인지적 장애, 자원적 장애, 동기적 장애, 정치적 장애의 4가지 유형으로 나뉜다.

- 인지적 장애: 조직 구성원들이 기존 방식에 안주하여 변화의 필요성을 인식하지 못하는 경우로, 고객의 목소리를 직접 듣게 하는 방법으로 해결할 수 있다.
- 자원적 장애: 한정된 자원을 기존 사업부들이 독점하여 혁신 프로젝트에

대한 자원 배분이 어려운 경우로, 자원 활용도가 높은 '핫스팟(hot spot)'과 낮은 '콜드스팟(cold spot)'을 구별하여 자원을 재배분하는 것이 중요하다.

- 동기적 장애: 구성원들이 변화에 대한 저항이나 불확실한 보상 때문에 새로운 전략 실행에 동기가 부족한 경우로, 조직 내 영향력이 큰 '킹핀(kingpin)'을 움직이고, '어항 경영(fishbowl management)'을 통해 투명한 성과 관리를 하는 것이 중요하다.
- 정치적 장애: 전략 변화로 인해 손해를 보는 집단의 반발이 예상되는 경우로, 변화에 긍정적인 '수호천사' 그룹과 연합을 구축하고 최고 경영진 내에 후원자를 두어 장애를 극복해야 한다.

한편, 이러한 조직 내 장애 요인들이 없더라도 마지막 관리 리스크(management risk)가 남아있다. 블루오션 전략 실행이 일회성 이벤트로 끝나고 조직에 내재화되지 못하는 위험이다. 이를 해결하기 위해서는 '공정한 절차(fair process)'의 준수가 핵심이다. 공정한 절차의 3가지 핵심 요소는 '참여(engagement)', '설명(explanation)', 그리고 '기대 명확화(expectation clarity)'이다. 이 과정이 지켜진다면 구성원들은 새로운 전략 실행에 자발적으로 참여하고 책임감을 가질 것이다. [그림 11-1]에서 알 수 있듯이 조직 구성원들은 공정한 절차를 통해 자신이 인격적으로 존중받는다고 느끼고 리더를 신뢰하며 적극적으로 협조하는 행동을 보인다.

그림 11-1 전략실행시 공정한 절차의 유무가 낳는 대조적 결과

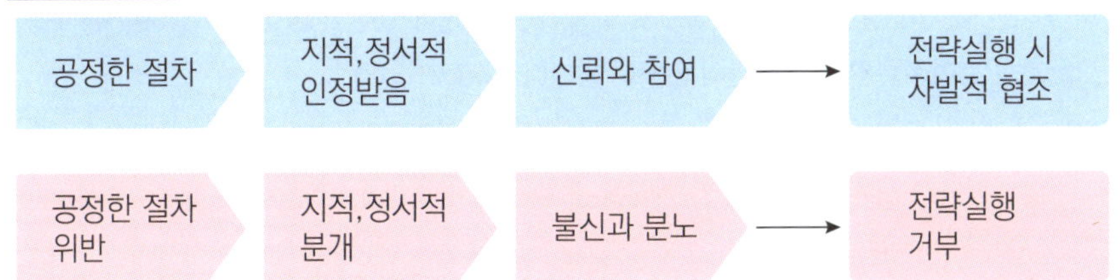

출처: Kim & Mauborgne (2005, p. 249, 그림 8-2)

학술 연구 개요 11-2

공정한 절차와 관리자의 역할 행동 (Kim & Mauborgne, 1996)

연구 배경

김위찬 교수와 르네 마보안 교수는 다국적 기업의 본사와 현지 자회사 경영진의 관계를 분석하여 '공정한 절차'의 중요성을 실증적으로 연구했습니다.

핵심 연구 질문

본사와 자회사 간의 의사결정 과정에서 절차적 공정성이 자회사 경영진의 행동에 어떤 영향을 미치는가?

자료 및 사례

다국적 기업의 본사와 여러 국가에 위치한 자회사 경영진을 대상으로 설문 및 인터뷰를 진행했습니다.

주요 연구 결과

이 연구에서는 본사가 자회사 경영진에 대해 공정한 절차를 준수하는 정도가 높을수록, 자회사 경영진이 공식적으로 규정된 역할 이상의 긍정적이고 자발적인 행동, 즉 '자발적 역할 행동(extra-role behavior)'을 더 많이 보인다는 결과를 발표했습니다.

전략적 함의

이 연구는 조직 내에서 혁신과 시너지를 창출하기 위해서는 구성원들이 단순히 주어진 임무(in-role behavior)만 수행하는 것을 넘어, 자발적으로 협력하고 헌신하는 행동이 필수적임을 보여줍니다. 그리고 이러한 자발적 행동을 이끌어내는 핵심 동력이 바로 '공정한 절차'라는 점을 강조합니다. 의사결정 과정에 참여하고, 그 이유를 명확히 설명받으며, 자신의 역할과 기대치가 명확해질 때, 구성원들은 조직의 전략을 자신의 것으로 받아들이고 공식적인 역할 이상의 노력을 기울이게 됩니다. 이는 블루오션 전략과 같은 혁신적인 변화를 성공적으로 실행하는 데 있어 과정의 공정성이 얼마나 중요한지를 보여주는 핵심적인 관리 원칙이 됩니다.

출처: Kim, W. C., & Mauborgne, R. A. (1996). Procedural justice and managers' in-role and extra-role behavior: The case of the multinational. Management Science, 42(4), 499-515.

11-5 혁신플랫폼으로서의 전략캔버스

전략캔버스의 원리 및 작성 방법

블루오션 전략의 대표적인 분석 도구인 전략 캔버스는 단순히 현재의 경쟁 상황을 진단하는 'As-Is' 분석에 그치지 않는다. 그 본질은 조직 전체가 미래를 그리고 새로운 가치 곡선을 탐색하는 '혁신 플랫폼'으로서의 역할에 있다. 전략 캔버스는 복잡한 전략적 상황을 한눈에 파악할 수 있도록 시각화하여, 서로 다른 부서와 직급의 구성원들이 공통의 언어로 토론할 수 있는 기반을 마련한다.

전략 캔버스를 작성하는 과정은 체계적인 단계를 따른다. 먼저 가로축에는 해당 산업이 현재 경쟁하고 있는 주요 요소들을 나열하고, 세로축에는 각 요소에 대해 기업이 제공하는 수준(높음/낮음)을 표시한다. 그 다음, 자사와 주요 경쟁사들이 각 경쟁 요소에 대해 어느 수준을 제공하고 있는지 점을 찍고, 이 점들을 선으로 연결하여 현재의 전략 프로파일, 즉 '가치 곡선(value curve)'을 그린다.

이 과정에서 몇 가지 주의할 점이 있다. 첫째, 산업의 경계를 경쟁재뿐만 아니라 대체재와 대안재까지 포함하여 가능한 넓게 설정해야 한다. 둘째, 경쟁 요인은 5개에서 12개 사이로 유지하여 복잡성을 피하고 큰 그림에 집중하는 것이 좋다. 셋째, 모든 분석은 공급자 중심의 기술 용어가 아닌 '사용 편의성', '속도'와 같이 구매자 관점의 언어를 사용해야 하며, 가격은 항상 중요한 경쟁 요소로 포함되어야 한다. 특히 가격은 가성비 개념이 아니라 절대적인 가격 수준에 근거한 것으로, 가격 수준이 높을수록 전략 캔버스 상에서 높은 위치에 표시된다.

'As-Is 전략 캔버스'는 현재 시장의 모습을 진단하는 역할을 한다. 블루오션 전략의 궁극적인 목표는 이 진단을 바탕으로 ERRC(제거-감소-증가-창출) 프레임워크를 적용하여 기존의 가치 곡선과 차별화되는 '새로운 가치 곡선

(new value curve)'을 그리는 것이다. 이렇게 도출된 미래의 전략 방향을 시각화한 것이 바로 'To-Be 전략 캔버스'이다.

전략캔버스의 예시: 이동수단 시장의 재정의

시장을 어떻게 정의하느냐에 따라 전략 캔버스는 판이하게 달라질 수 있다. 전통적인 '자동차 산업'의 관점과 '모빌리티 서비스'라는 새로운 관점에서 시장을 바라볼 때, 경쟁의 차원과 가치 곡선은 완전히 다른 모습을 보인다.

그림 11-2 전통적 자동차 산업의 전략 캔버스 예시

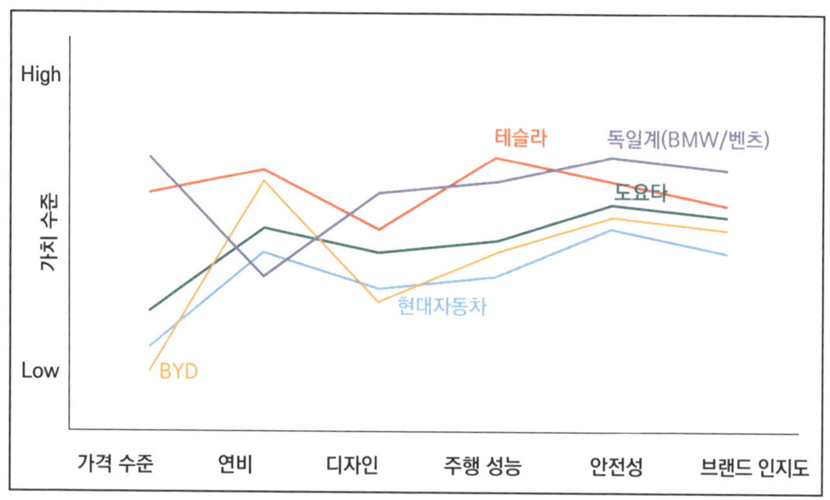

[그림 11-2]에서와 같이 전통적인 자동차 산업의 전략 캔버스는 '가격', '연비', '디자인', '엔진 성능', '안전성' 등 하드웨어 중심의 경쟁 요소들로 구성된다. 이 시장에서 현대자동차와 도요타 같은 경쟁자들은 유사한 가치 곡선을 그리며 치열한 레드오션 경쟁을 벌인다.

그림 11-3 모빌리티 서비스 시장의 전략 캔버스 예시

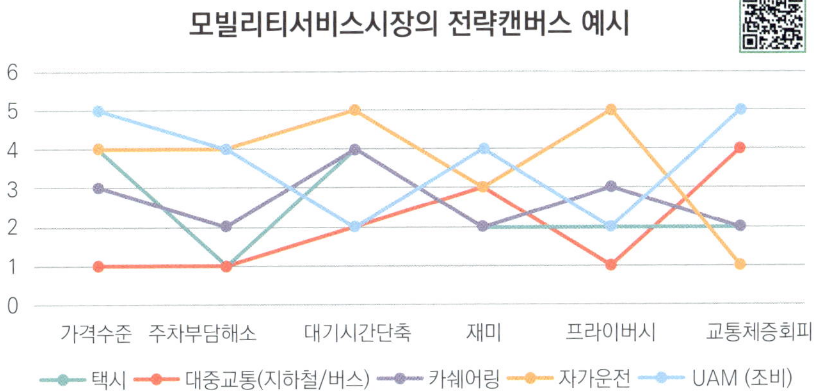

그러나 시장을 '이동'이라는 근본적인 고객의 목적을 해결하는 '모빌리티 서비스'로 재정의하면 경쟁의 차원이 바뀐다. 이 시장의 경쟁자는 자동차뿐만 아니라 택시, 카셰어링, 대중교통까지 포함된다. [그림 11-3] 의 모빌리티 서비스 시장에서의 시장공간은 '주차 부담', '대기 시간', '환승 편의성', '프라이버시' 등 새로운 경쟁 요소들로 구성된다. 여기에 '교통체증 회피'라는 요소를 추가하면, 미국의 조비(Joby Aviation)와 같은 도심항공교통(UAM) 기업들이 창출할 수 있는 독보적인 가치 영역이 드러난다. 이들은 기존 지상 교통수단이 해결할 수 없는 문제를 해결하며 완전히 새로운 블루오션을 개척할 잠재력을 가진다.

11-6 시장진단기로서의 구매자효용지도

구매자 효용 지도의 작성방법 및 주의할 점

전략 캔버스가 '어디에' 투자하고 '무엇을' 바꿀지 보여준다면, 구매자 효용 지도(Buyer Utility Map, BUM)는 '왜' 고객들이 불편을 느끼고 있으며, 그

불편함을 어떻게 새로운 가치로 전환할 수 있는지 알려주는 '시장 진단기' 역할을 한다.

구매자 효용 지도는 두 개의 축으로 구성된다. 가로축은 고객이 제품이나 서비스를 경험하는 전 과정을 나타내는 '구매자 경험 주기(buyer experience cycle)' 6단계(구매, 배달, 사용, 보완재, 유지보수, 폐기)로 이루어진다. 세로축은 고객이 얻고자 하는 효용을 나타내는 '6가지 효용 수단(utility levers)'(고객 생산성, 단순성, 편리성, 리스크, 재미와 이미지, 환경친화성)으로 구성된다. 이 두 축이 교차하며 만들어지는 36개의 셀 각각에 대해, 현재 산업이 고객에게 효용 장애물, 즉 '통점(pain point)'을 제공하고 있는지 분석한다.

이 도구를 활용할 때 가장 중요한 점은 분석팀이 사무실에 앉아서 추측하는 것이 아니라, 직접 현장으로 나가 고객과 비고객을 관찰하고 인터뷰하며 실제적인 통점을 발견하는 것이다. 또한, 산업의 특성에 맞게 구매자 경험 주기를 유연하게 조정할 수 있다. 예를 들어 PC 산업의 경우 '설치' 단계를 추가할 수 있다.

구매자 효용 지도의 예시: CJ제일제당 햇반

CJ제일제당의 '햇반'은 구매자 효용 지도를 통해 기존 '밥 시장'의 근본적인 문제점을 해결하고 새로운 시장을 창출한 대표적인 사례이다. 햇반 출시 이전, 소비자들은 집에서 직접 밥을 짓는 과정에서 여러 단계에 걸쳐 다양한 불편함(통점)을 겪고 있었다.

표 11-2 햇반 출시 이전 '밥 시장'의 구매자 효용 지도

	구입	준비(밥짓기)	먹기	설거지	저장	폐기
고객생산성		X 시간 소요		X 시간 소요	X 전기사용	
단순성	X 무겁다	X 반찬 만들기 힘듦				

간편함	X 부엌에서만 가능			X 운반이 불편
위험 감소	X 1-2인분 소량 힘듦	X 모자라거나 남거나		
펀/이미지		O 주부의 정성		X 맛없음
친환경			X 물 소비	

O: 현 산업이 초점을 두는 요소

X: 현 산업이 고객효용을 가로막고 있는 요소

위 표에서 보듯이, 기존 밥 시장은 '주부의 정성'이라는 단 하나의 효용 공간에만 집중했을 뿐, 밥을 짓고(준비), 먹고, 치우는(설거지, 저장) 전 과정에서 수많은 효용 장애물을 가지고 있었다. 특히 1인 가구나 맞벌이 부부에게 밥을 짓는 것은 시간과 노력이 많이 드는 비효율적인 활동이었다.

CJ제일제당은 바로 이 '통점'들을 해결하는 데 집중했다. 햇반은 밥을 짓고 설거지하는 불편함을 완전히 제거하고(고객 생산성, 단순성), 언제 어디서나 간편하게(편의성), 필요한 만큼만(위험 감소) 갓 지은 밥맛을 즐길 수 있게 했다. 이는 기존 밥 시장의 경쟁 규칙을 완전히 바꾸고 '상품밥'이라는 거대한 블루오션을 창출하는 계기가 되었다.

요 / 약

블루오션 전략은 가치 혁신 이론에서 발전하여, 2005년 도서로 대중화되었고, 2017년에는 실행 매뉴얼로 구체화되었다. 레드오션은 치열한 경쟁을 의미하며, 블루오션은 혁신을 통한 자연독점 상태를 의미한다. 그러나 블루오션은 영원하지 않으며, 초경쟁 상황에서는 끊임없는 "연속적 혁신"이 필수적이다. 블루오션적 사고는 수요 측면의 전략이론으로, 시장을 재정의하고 맹점(blind spot)을 찾아 새로운 문제 해결에 중점을 둔다. 또한 미래지향적, 긍정적, 실천적, 참여지향적이다. 흔한 오해와 달리, 블루오션 전략은 6가지 유형의 위험을 최소화하는 프레임워크를 제공하고, 전략 캔버스와 구매자 효용 지도(BUM) 같은 실용적 툴을 제시하며, 대중 시장의 개척을 목표로 시장을 재정의하는 '관점 바꾸기' 게임이다. 성공적인 실행을 위해서는 조직 내 인지적, 자원적, 동기적, 정치적 장애와 관리 리스크 극복을 위한 공정한 절차(참여, 설명, 기대 명확화)가 필수적이다.

지금까지 우리는 경쟁의 규칙을 바꾸는 블루오션 전략의 개념과 그 이면의 철학에 대해 알아보았다. 하지만 어떻게 하면 감이 아닌 데이터를 기반으로 체계적인 블루오션을 창출할 수 있을까? 다음 12장에서는 중요도-성과 분석(IPA)과 3요인 이론과 같은 구체적인 서베이 기반 방법론을 통해 새로운 가치 곡선을 그리는 실질적인 방법을 심도 있게 탐구한다.

[사례] "취옥백채(翠玉白菜)": 편익(Benefit)은 올리고 원가(Cost)는 낮춘 예술적 블루오션 사례

시장 경쟁이 치열한 상황에서 차별화 전략은 자칫 실패로 이어질 수 있다. 경쟁사와의 유사성 증대, 과도한 비용 발생 등은 대표적 함정이다. 이러한 한계를 극복하고 지속 가능한 경쟁우위를 확보하기 위해서는 블루오션 전략의 핵심 원리인 『Benefit 증가(B↑)와 Cost 감소(C↓)』의 동시 달성이 중요하다. 대만 고궁박물관에 소장된 예술품 "취옥백채(翠玉白菜)"는 B↑와 C↓의 원리를 예술의 영역에서 실현한 대표 사례다.

이 작품은 일반적으로 고가의 예술품 제작에 사용되는 최고급 옥이 아닌, 품질이 낮고 잡티가 있는 보통 옥을 재료로 사용하였다. 보통이라면 외면받을 수 있는 이 재료는 예술가의 상상력에 의해 오히려 강점으로 전환되었다. 옥의 얼룩과 색 번짐은 배추의 자연스러운 잎맥, 줄기, 그리고 곤충이 기어가는 생동감을 표현하는 데 적합했고, 이를 통해 독창성과 사실감을 동시에 획득하였다. 그 결과, 작품은 낮은 원가(C↓)로 제작되었음에도 불구하고 예술적 가치와 상징성, 대중적 인지도 측면에서 높은 편익(B↑)을 창출하며 문화적 블루오션을 형성하였다.

이처럼 『취옥백채』는 제한된 자원과 환경에서도 예술가의 상상력과 창의적 사고를 통해 고객 또는 관람자에게 새로운 가치를 제공하고, 동시에 원가 절감까지 실현할 수 있음을 보여준다. 이는 블루오션 전략의 정수를 압축적으로 시각화한 사례라 할 수 있다. 블루오션 전략은 단순히 새로운 시장을 찾는 것이 아니라, 기존 한계를 기회로 전환하는 사고 방식이며, B를 높이고 C를 낮추는 구조적 혁신의 설계이기도 하다.

생각해 볼 문제

1 블루오션 전략은 기존의 경쟁 중심 전략(예 마이클 포터의 5가지 세력 프레임워크)과 기업의 경쟁우위 및 시장 공간 창출에 대한 접근 방식에서 어떤 근본적인 차이점을 가지는지 설명하시오. 특히, 블루오션 전략이 '경쟁 자체에서 벗어나는' 것을 강조하는 이유를 중심으로 논하시오.

2 "블루오션은 경쟁이 없는 영원히 안전한 시장이다"라는 인식은 블루오션 전략 이론의 가장 흔한 오해 중 하나이다. 왜 이러한 인식이 오해인지 설명하고, '초경쟁(hyper-competition)'과 '모방'이 블루오션을 레드오션으로 변화시키는 과정에 대해 논하시오. 또한, 기업이 이러한 변화 속에서 지속적인 경쟁우위를 유지하기 위해 어떤 노력을 기울여야 하는지 '연속적 혁신(a series of innovations)'의 관점에서 제시하시오.

3 블루오션 전략은 '신시장 와해(new market disruption)'와 개념적으로 유사하지만, '저가 와해(low-end disruption)'와는 다른 개념으로 설명된다. 이 세 가지 혁신 유형(블루오션 전략, 신시장 와해, 저가 와해)이 시장을 창출하거나 변화시키는 방식에서 어떤 핵심적인 차이점을 가지는지 구체적인 예를 들어 비교하여 설명하시오.

4 아무리 훌륭하게 수립된 블루오션 전략이라 할지라도, 실행 단계에서 실패할 수 있는 주된 이유는 무엇인가? 특히, '조직 리스크(organizational risk)'와 '관리 리스크(management risk)'를 중심으로 논하고, 블루오션 전략에서 제시하는 '공정한 절차(fair process)'의 세 가지 핵심 요소(참여, 설명, 기대의 명확성)가 이러한 실행상의 위험을 극복하는 데 어떻게 기여하는지 설명하시오.

5 블루오션 전략은 '수요 측면의 전략이론'으로서 시장에 존재하는 '맹점(blind spot)'을 발견하여 새로운 문제를 재정의하는 데 초점을 맞춘다. 이것이 기존의 '공급 측면 전략 이론'과 어떻게 차별화되는지 설명하고, 기업이 '기존의 문제를 재정의하는' 과정이 실제 혁신으로 이어지는 사례를 들어 논하시오.

보충설명

1 조직 리스크의 한 원인인 동기적 장애와 관리 리스크가 유사하다고 생각할 수 있는데, 동기적 장애는 조직 구성원들의 개별적인 동기 부족으로 소극적 의미에서의 동기 결핍으로 볼 수 있다. 관리 리스크는 리더십의 적극적인 실행 동기 부여 행동 및 시스템화 결핍으로 볼 수 있다. 즉, 조직 차원의 전략 과정 전반의 공정한 실행 문제(관리 리스크)와 개별 구성원의 참여 의지 문제(동기적 장애)로 구별할 수 있을 것이다.

2 에어비앤비, 우버 같은 서비스는 완전히 새로운 기술에 기반한 것이 아니다. 이들은 기존 시장에 존재하던 비어있는 공간, 즉 고객의 충족되지 않은 니즈를 포착하여 새로운 가치를 창출했다. 이러한 접근은 오스트리아 학파 경제학자 이스라엘 커즈너(Israel Kirzner)의 기업가 이론과 맥을 같이 한다. 커즈너는 기업가의 핵심 역할을 새로운 것을 발명하는 것이 아니라, 시장의 불균형 상태에서 다른 사람들이 발견하지 못한 이윤 기회를 먼저 발견하고 행동하는 '기민함(alertness)'에 있다고 보았다(Kirzner, 1973). 카닥(차량 수리 견적 앱)이나 쿠팡(이커머스)과 같은 서비스 역시, 기존 시장의 비효율성과 고객의 불편함이라는 '빈 공간'을 발견하고 이를 해결함으로써 새로운 시장을 창출한 사례로 볼 수 있다.

Kim, W. C., & Mauborgne, R. A. (1993). Procedural justice, attitudes, and subsidiary top management compliance with multinationals' corporate strategic decisions. *Academy of Management Journal, 36*(3), 502-526.

Kim, W. C., & Mauborgne, R. A. (1996). Procedural justice and managers' in-role and extra-role behavior: The case of the multinational. *Management Science, 42*(4), 499-515.

Kim, W. C., & Mauborgne, R. (1997). Value innovation: the strategic logic of high growth. *Harvard Business Review, 75*(1), 102-112.

Kim, W. C., & Mauborgne, R. (2005). *Blue Ocean Strategy: How to create uncontested market space and make the competition irrelevant.* Harvard Business Review Press.

Kim, W. C., & Mauborgne, R. (2017). *Blue Ocean Shift: Beyond competing.* Hachette Books.

Kirzner, I. M. (1973). *Competition and Entrepreneurship.* University of Chicago Press.

CHAPTER 12

블루오션 전략 수립 방법론: IPA와 3요인 분석

블루오션 전략 수립 방법론: IPA와 3요인 분석

블루오션 전략의 개념은 매력적이지만, 막상 새로운 가치 곡선을 그리려고 하면 막막해지기 쉽다. 어떤 요소를 제거하고, 어떤 요소를 창출해야 할까? 고객조차 인식하지 못하는 잠재된 니즈는 어떻게 발견할 수 있을까? 감이나 직관이 아닌, 데이터를 기반으로 체계적으로 블루오션을 창출하는 방법은 없을까?

이번 장에서는 블루오션 전략 수립을 위한 구체적이고 실천적인 서베이 기반 방법론을 소개한다. 중요도-성과 분석(IPA)과 3요인 이론(카노 모델)이라는 두 가지 강력한 분석 도구를 활용하여, 고객의 목소리 뒤에 숨겨진 진정한 가치를 발견하고 경쟁을 무의미하게 만드는 새로운 전략 캔버스를 그리는 방법을 학습한다.

12-1 블루오션전략 수립의 전 과정

앞선 11장에서 블루오션 전략의 개념과 그 본질에 대해 살펴보았다면, 이번 장에서는 실제로 어떻게 블루오션을 창출할 수 있는지에 대한 구체적이고 체계적인 방법론을 다루고자 한다. 블루오션 전략을 수립하는 과정은 단순히 번뜩이는 아이디어에 의존하는 것이 아니라, 체계적인 분석과 실행 계획을 통해 이루어진다. 그 전체적인 과정은 크게 4단계로 나눌 수 있으며, 각 단계는 다음과 같은 세부 활동을 포함한다.

1단계: 준비 및 현실 파악(Preparation & As-Is Analysis)

이 단계에서는 프로젝트의 범위를 설정하고 현재 시장의 경쟁 구도를 명확하게 이해하는 데 집중한다.

① 기업선정(Choice of a Firm or a Business Unit): 블루오션 프로젝트를 시작할 사업 단위를 선정한다.
② 구매자 효용 지도 작성 및 3가지 유형의 비고객 파악(Drawing Buyer Utility Map & Finding Three Tiers of Noncustomers): 구매자 효용 지도(BUM)와 비고객 분석을 통해 고객의 숨겨진 니즈와 불편 사항(pain points)을 발견하고, 새로운 시장의 가능성을 탐색한다.
③ 산업 주요 경쟁요소 파악 및 핵심역량 파악(Finding Key Success Factor in the Industry and Core Competence in the Firm): 현재 산업의 경쟁 구도를 명확히 이해하기 위해 '현재 전략캔버스(As-Is Strategy Canvas)'를 작성하는 기반을 다진다.

2단계: 데이터 기반 전략 요소 도출(Data-Driven Strategy Formulation)

이 단계에서는 객관적인 데이터를 통해 전략의 방향성을 구체화한다.

④ 설문서(안) 작성 (Drafting Preliminary Questionnaire): 객관적인 데이터 수집을 위해 설문지를 설계한다.
⑤ 산업전문가, 기업, 및 구매자와의 인터뷰(Interviewing Experts and Buyers): 설문 설계의 타당성을 높이고 깊이 있는 통찰을 얻기 위해 심층 인터뷰를 진행한다.
⑥ 전략적 요소 확정 및 설문서 수정(Fixing Strategic Elements and Revising Questionnaires): 인터뷰 결과를 바탕으로 최종 전략 요소를 확정하고 설문지를 수정한다. 의문이 생길 경우 전 단계로 돌아가 정보를 추가 수집한다.
⑦ 표본집단 결정 및 설문조사 실시(Surveying): 분석에 필요한 표본을 설정하고 설문조사를 시행한다.
⑧ 설문결과의 자료화 및 분석(Data Analysis): 수집된 데이터를 통계 분석이 가능한 형태로 변환하고 분석한다.

3단계: 블루오션 전략 수립 및 시각화(Formulating & Visualizing Blue Ocean Strategy)

분석된 데이터를 바탕으로 새로운 전략을 수립하고 시각적으로 표현한다.

⑨ 전략캔버스 작성(Drawing Strategy Canvas): 분석 결과를 바탕으로 현재의 시장 상황을 시각적으로 표현한다.
⑩ 블루오션 전략 도출 - ERRC 프레임워 적용(Formulating Blue Ocean Strategy using ERRC Framework): ERRC 구성표를 활용하여 구체적인 대안 전략들을 도출하고, 이를 바탕으로 '미래 전략캔버스(to-be strategy canvas)'를 완성한다.
⑪ 신 가치곡선 실현을 위한 실행전략 도출(Devising Implementation Strategies): 도출된 전략을 시장에 출시하기 위한 구체적인 실행 계획을 수립한다.
⑫ 도출한 신 가치곡선이 블루오션인가를 검증(Blue Ocean Test): 수립된 전략이 블루오션의 세 가지 요건(초점, 차별성, 강력한 슬로건)을 충족하는지 검증하고, 그렇지 않다면 ⑩ 단계로 돌아가 다시 검토한다.

4단계: 최종 마무리 및 실행(Finalization & Implementation)

⑬ 발표 및 피드백의 반영(Presentation and Feedback): 조직 내외부 이해관계자에게 전략을 발표하고 피드백을 반영하여 최종안을 만든다.
⑭ 최종 보고서 작성(Writing the Final Report): 전체 과정을 정리하여 최종 전략 보고서를 완성한다.

이 과정에서 ERRC 구성표를 작성하여 새로운 가치 곡선을 도출하는 것이 핵심이며, 이를 위해 IPA나 3요인 접근법과 같은 분석 도구들이 유용하게 활용될 수 있다.

12-2 중요도-성과 분석(IPA)을 활용한 ERRC 구성표 도출

블루오션 창출을 위해서는 기존 제품 및 서비스의 경쟁요소 중에서 어느 것을 제거, 감소, 증가, 창조해야 할지 결정해야 한다. 이를 위한 효과적인 방법론이 바로 중요도-성과 분석(Importance-Performance Analysis, IPA)이다. IPA는 본래 마케팅 분야에서 한정된 자원을 어디에 우선적으로 배분할 것인지 결정하기 위해 개발되었지만(Martilla & James, 1977), ERRC 구성표를 작성하는 데 매우 유용하게 적용될 수 있다.

그림 12-1 중요도-성과 분석(IPA) 매트릭스

IPA의 핵심은 고객이 특정 경쟁요소를 얼마나 중요하게 생각하는지(Importance)와 현재 기업이 그 요소를 얼마나 잘 수행하고 있는지(Performance)를 2x2 매트릭스에 시각화하는 것이다.

- 1사분면-현상 유지(Keep Up the Good Work): 중요도와 성과가 모두 높은 영역이다. 고객이 중요하게 생각하고 만족도도 높으므로, 현재 수준을 계속 유지해야 하는 핵심 강점 요소이다.
- 2사분면: 집중 개선(Concentrate Here): 중요도는 높지만 성과는 낮은 영역이다. 고객이 매우 중요하게 생각하지만 만족하지 못하는 부분이므로, 자원을 최우선으로 투입하여 개선해야 한다. ERRC에서는 증가(raise)시키거나 새롭게 창조(create)해야 할 요소들이 이 영역에 해당한다.
- 3사분면-낮은 우선순위(Low Priority): 중요도와 성과가 모두 낮은 영역이다. 고객이 크게 신경 쓰지 않고, 기업도 잘하고 있지 못한 부분이므로, 자원을 낭비할 필요가 없는 영역이다.
- 4사분면-과잉 노력 지양(Possible Overkill): 중요도는 낮지만 성과는 높은 영역이다. 고객은 별로 중요하게 생각하지 않는데, 기업이 과도한 노력을 쏟고 있는 부분이다. ERRC에서는 제거(eliminate)하거나 감소(reduce)시켜 비용을 절감하고, 그 자원을 2사분면(집중 개선) 영역으로 재배치해야 한다.

예를 들어, 한 호텔이 IPA 분석을 실시했다고 가정해 보자. 분석 결과, '객실 청결도'는 1사분면(현상 유지), '조식 메뉴 다양성'은 2사분면(집중 개선), '호텔 내 비즈니스 센터'는 3사분면(낮은 우선순위), '객실 내 최고급 오디오 시스템'은 4사분면(과잉 노력 지양)에 위치했다. 이 호텔은 ERRC 구성표를 작성할 때, '최고급 오디오 시스템'을 제거 하거나 사양을 낮추고(reduce), 절감된 비용으로 '조식 메뉴 다양성'을 증가(raise)시키는 데 집중해야 한다는 명확한 전략 방향을 도출할 수 있다.

학술 연구 개요 12-1

중요도-성과 분석 (Martilla & James, 1977)

✿ 연구 배경: 마케팅 조사의 실용적 한계

기업들은 마케팅 프로그램을 평가하기 위해 소비자 조사를 실시하지만, 그 결과를 실제 행동으로 옮기는 데 어려움을 겪는 경우가 많습니다. 이 연구는 두 가지 주요 문제점에서 출발했습니다. 첫째, 경영진이 복잡한 통계 용어(예 결정계수)의 실질적 의미를 이해하기 어렵다는 점입니다. 둘째, 기존 조사가 속성의 '중요도'나 '성과' 중 한쪽 측면만 분석하여 종합적인 통찰을 제공하지 못한다는 점입니다. 소비자 만족은 두 가지 모두의 함수임에도 불구하고 말입니다. 이러한 배경에서 저자들은 누구나 쉽게 이해하고 적용할 수 있는 실용적인 분석 기법으로 중요도-성과 분석(IPA)을 제안했습니다.

✿ 핵심 연구 질문

- 기업이 마케팅 자원을 어디에 집중해야 할지를 어떻게 명확하고 시각적으로 파악할 수 있는가?
- 제품이나 서비스의 여러 속성들 중 전략적 우선순위를 어떻게 결정할 것인가?

✿ 연구 방법: 자동차 딜러 서비스 사례와 2x2 매트릭스

저자들은 한 자동차 딜러의 서비스 고객 유지율이 낮은 문제를 해결하기 위해 IPA를 적용한 실제 사례를 제시합니다. 14개의 서비스 속성에 대해 고객들에게 "얼마나 중요한가?"와 "딜러가 얼마나 잘 수행했는가?"를 질문하고, 각 속성의 평균 중요도와 평균 성과 점수를 계산했습니다.

이 연구의 핵심은 이 결과를 2x2 매트릭스에 시각화한 것입니다. 가로축은 중요도, 세로축은 성과를 나타내며, 평균값을 기준으로 네 개의 사분면을 만듭니다.

- A. 집중 영역(Concentrate Here): 중요도는 높지만 성과는 낮은 속성들.(예 저렴한 서비스 가격)
- B. 현상 유지(Keep Up The Good Work): 중요도와 성과 모두 높은 속성들.(예 친절한 서비스)
- C. 낮은 우선순위(Low Priority): 중요도와 성과 모두 낮은 속성들.(예 셔틀버스 제공)
- D. 과잉 노력 지양(Possible Overkill): 중요도는 낮지만 성과는 높은 속성들.(예 정비 알림 발송)

결론 및 전략적 함의

IPA는 복잡한 데이터를 누구나 쉽게 이해할 수 있는 시각적 형태로 변환하여, 기업이 전략적 우선순위를 명확히 설정하도록 돕는다는 점에서 매우 실용적입니다. 이 분석을 통해 경영진은 자원을 어디에 집중해야 할지(A영역), 어떤 강점을 계속 유지해야 할지(B영역), 어떤 부분에 과도한 노력을 쏟고 있는지(D영역)를 한눈에 파악할 수 있습니다. 이는 단순히 데이터를 분석하는 것을 넘어, 구체적인 마케팅 전략 수립으로 직접 연결되는 강력하고 비용 효율적인 도구입니다. 블루오션 전략 수립 과정에서 ERRC 구성표를 작성할 때, IPA 매트릭스는 전략캔버스 상의 현재 가치곡선의 어떤 요소를 제거(eliminate)하거나 감소(reduce) 시키고, 어떤 요소를 증가(raise)시키고 새로운 전략요소를 창조(create)할지에 대한 객관적인 판단 근거를 제공해 줄 수 있습니다.

출처: Martilla, J. A., & James, J. C. (1977). Importance-performance analysis. Journal of Marketing, 41(1), 77-79.

12-3 블루오션전략 수립을 체계화하는 3요인 접근법

중요도-성과 분석(IPA)은 단순명료하고도 강력한 논리성에도 불구하고 성능과 만족도의 관계가 선형적이라고 가정하는 한계가 있다. 즉, 성능이 좋아질수록 만족도도 정비례하여 증가한다고 보는 것이다. 그러나 현실에서 고객 만족은 그렇게 단순하지 않다. 이러한 비선형적 관계를 설명하는 것이 3요인 접근법(Kano 모델)이다.

3요인 접근법은 제품/서비스의 속성을 세 가지 유형으로 분류한다.

- 기본(기대) 요인(Basic/Expected Factor): 충족되지 않으면 고객이 크게 불만족하지만, 충족된다고 해서 만족도가 크게 올라가지는 않는 '당연한' 품질 요소이다. 자동차의 브레이크나 호텔 객실의 난방 시설이 여기에 해당한다. 이 요소들은 반드시 갖춰야 하지만, 차별화의 원천이 되기는 어렵다.
- 일차원적(성과) 요인(One-dimensional/Performance Factor): 성능이 좋아질

수록 만족도가 정비례하여 증가하는 요소이다. 자동차의 연비나 스마트폰의 배터리 수명이 대표적인 예이다. 이 요소들은 전통적인 경쟁의 핵심 영역이다.

- 매력적(흥분) 요인(Attractive/Excitement Factor): 충족되지 않아도 고객이 불만을 느끼지 않지만, 충족되면 기대 이상의 큰 만족감을 주는 요소이다. 최초의 스마트폰에 탑재된 앱스토어나 호텔에서 제공하는 예상치 못한 무료 룸 업그레이드 등이 여기에 해당한다. 이 요소들은 새로운 시장을 창출하는 블루오션의 핵심 동력이 될 수 있다.

3요인 접근법은 기업이 '과잉 제공(Overshooting)'의 함정에 빠지는 것을 막아준다. 예를 들어, 노트북 시장에서 CPU 성능은 한때 중요한 일차원적 요인이었지만, 기술이 발전하면서 대부분의 사용자가 일상적인 작업을 하기에 충분한 수준에 도달했다. 즉, 이제 CPU 성능은 '기본 요인'이 된 것이다. 그럼에도 기업이 계속해서 CPU 성능 개선에만 막대한 R&D 비용을 투자한다면, 이는 고객이 더 이상 큰 가치를 느끼지 못하는 부분에 과잉 투자하는 셈이 된다.

그림 12-2 카노의 3요인별 성능과 만족도의 관계 (노트북 시장 예시)

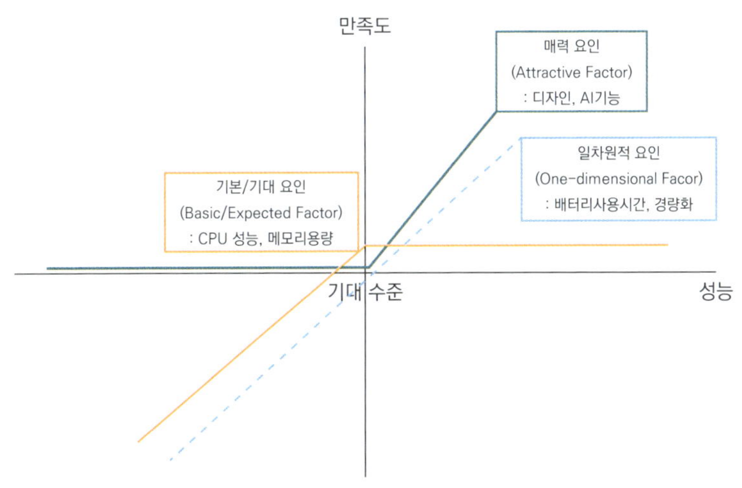

출처: Kano et al. (1984) 연구 등을 참조하여 재구성

3요인 접근법을 통해 기업은 어떤 경쟁요소가 이미 '기본 요인'이 되었는지 파악하고, 해당 요소에 대한 투자를 감소(reduce)시키거나 제거(eliminate)할 수 있다. 그리고 절감된 자원을 새로운 '매력적 요인'(예 AI 기능, 혁신적인 디자인)을 창조(create)하거나, 여전히 고객 만족도에 큰 영향을 미치는 '일차원적 요인'(예 배터리 사용시간, 경량화)을 증가(raise)시키는 데 재배치함으로써 효과적인 가치 혁신을 이룰 수 있다.

학술 연구 개요 12-2

매력적 품질과 당연적 품질 (Kano et al., 1984)

연구 배경

이 연구는 고객 만족에 대한 전통적인 관점에 도전합니다. 과거에는 품질을 단순히 '좋다'와 '나쁘다'의 일차원적인 개념으로 이해하여, 모든 품질 요소를 개선하면 고객 만족도도 비례하여 증가할 것이라고 가정했습니다. 그러나 카노 교수는 이러한 선형적 관계가 현실을 제대로 설명하지 못한다고 보고, 품질 요소의 물리적 충족도와 고객의 심리적 만족도 사이의 관계가 비선형적이며 다차원적이라는 새로운 모델을 제시했습니다.

핵심 연구 질문

제품이나 서비스의 특정 품질 요소가 충족되거나 충족되지 않았을 때, 고객의 만족도는 어떻게 변화하는가? 모든 품질 요소는 고객 만족에 동일한 방식으로 영향을 미치는가?

자료 및 사례

이 연구는 개념적 모델을 제시하고 이를 설명하기 위해 TV나 자동차와 같은 제품의 속성을 예시로 활용합니다. 독특한 질문지법(기능적 질문과 역기능적 질문의 조합)을 통해 품질 속성을 분류하는 방법을 제안했습니다.

주요 연구 결과

카노 모델은 품질 속성을 다섯 가지 유형으로 분류했습니다. 매력적 품질(attractive quality)은 제공되면 큰 만족을 주지만, 없어도 불만은 없는 요소입니다. 일차원적 품질(one-dimensional quality)은 충족될수록 만족도가 증가하고, 부족할수록 불만족이 커지는 '많을수록 좋은' 요소입니다. 당연적 품질(must-be quality)은 당연히 있어야 하는 것으로, 충족되어도 만족도를 높이지 못하지만 부족하면 큰 불만을 야기합니다. 이 외에 고객이 무관심한 무관심 품질(indifferent quality)과 오히려 고객을 불만족시키는 역품질(reverse quality)도 존재합니다. 분석에 따르면 기술이 성숙될수록 과거의 매력적 품질은 점차 일원적 품질을 거쳐 당연적 품질로 진화하는 경향을 보입니다. 이는 기업이 동일한 차별화 요소에만 머물러 있을 경우 시간이 흐름에 따라 그 경쟁적 가치가 자연스럽게 소멸될 수 있음을 시사합니다.

결론 및 전략적 함의

카노 모델은 기업이 한정된 자원을 어디에 집중해야 하는지에 대한 명확한 지침을 제공합니다. 기업은 먼저 고객의 불만을 막기 위해 당연적 품질을 반드시 충족시켜야 합니다. 그 다음, 경쟁사와의 차별화를 위해 일차원적 품질에서 경쟁 우위를 확보해야 합니다. 그리고 진정한 고객 감동과 시장 선도를 위해서는 아무도 예상치 못한 매력적 품질을 발굴하고 창조하는 데 투자해야 합니다. 이 모델은 기업이 고객의 기대를 뛰어넘는 혁신을 체계적으로 모색하도록 돕는 강력한 분석 도구입니다.

출처: Kano, N., Seraku, N., Takahashi, F., & Tsuji, S. (1984). Attractive quality and must-be quality. Journal of the Japanese Society for Quality Control, 14(2), 39-48.

블루오션전략과 3요인 접근법으로 해석한 와해성 혁신

와해성 혁신전략이론의 틀에서 시장 와해가 일어나는 근본적인 원인은 기존 기업이 지속성 혁신에만 매달리는 동안, 와해성 혁신 기술이 시장에 진입하여 끊임없는 학습을 통해 성장하기 때문이다. 이러한 현상을 블루오션 전략과 3요인 접근법으로 해석하면, 경영자들이 시장의 중요한 변화를 놓쳤기 때문, 즉 경영자들이 '맹점(blind spot)'을 가졌기 때문이라고 설명할 수 있다(Levitt, 1960).

시장은 끊임없이 진화하고 고객의 선호도 역시 변화한다. 과거에는 고객 만족도를 크게 좌우하며 그 성능 향상에 기꺼이 추가 비용을 지불하게 만들었던 속성들이 있었다. 이러한 속성들은 3요인 접근법에서 일차원적 요인에 해당하며, 기업들은 이 요소를 개선하기 위해 막대한 R&D 투자를 하는 것이 합리적인 전략이었다.

하지만 기술이 발전하고 시장이 성숙함에 따라, 과거의 일차원적 요인은 더 이상 고객에게 큰 만족감을 주지 못하는 기본(기대) 요인으로 변하게 된다. 대부분의 제품이 고객이 기대하는 최소한의 성능 수준을 충족시키게 되면서, 그 이상의 성능 향상에 대해 고객은 추가 비용을 지불할 의사가 줄어드는 것이다. 그럼에도 불구하고 기존 기업이 과거의 성공 방정식에만 매몰되어 여전히 기본 요인이 되어버린 속성 향상에만 막대한 자원을 투자한다면, 이는 고객 가치와 무관한 '과잉 제공(overshooting)'으로 이어져 기업의 수익성을 악화시키는 결과를 낳게 된다. 이것이 바로 3요인 접근법으로 해석한 기존 선도기업 와해의 메커니즘이다.

과거에는 중요했지만 현재는 기본 요인으로 포화 상태가 된 기술 및 서비스 속성의 예는 다양하다. 초기 디지털 카메라 시장에서 화소 수는 사진 품질을 결정하는 핵심적인 '일차원적 요인'이었다. 하지만 기술이 상향 평준화되면서 일정 수준 이상의 화소는 대부분의 사용자에게 큰 의미가 없어졌고, 오히려 휴대성, 동영상 기능, 스마트폰 연동과 같은 새로운 '매력적 요인'이 중요해졌다. TV 시장 역시 비슷한 경로를 밟았다. 과거 브라운관 TV에서 LCD, LED로 넘어오면서 더 얇은 두께와 선명한 화질은 고객의 선택을 이끄는 강력한 '일차원적 요인'이었다. 기업들은 Full HD에서 4K, 8K로 이어지는 해상도 경쟁에 막대한 투자를 했다. 하지만 대부분의 시청 환경과 콘텐츠가 4K에 최적화된 상황에서 8K 해상도는 아직 많은 소비자에게 큰 가치를 제공하지 못하는 '과잉 제공' 상태일 수 있다. 오히려 최근에는 TV를 보지 않을 때 액자처럼 활용하거나(삼성 '더 프레임'), 스마트폰과의 연동성을 극대화하고(삼성 '스마트싱스'), 바퀴를 달아 이동성을 강조하는(LG '스탠바이미') 등 새로운 '매력적 요인'을 창조하는 기업들이 시장의 주목을 받고 있다. 이는 전통적인 화질 경쟁이 '기본 요인'으로 전환되었음을 보여주는 사례이다. 또한, 과거에는 빠른 무료 Wi-Fi가 호텔을 차별화하는 '매력적 요인' 또는 '일차원적 요인'이었지만, 지금은 대부분의 고객이 당연하게 기대하는 '기본 요인'이 되었다. 이제 Wi-Fi가 없으면 큰 불만을 사게 된다. 이처럼 기업은 3요인 접근법을 통해 고객 선호도의 동태적 변화를 파악하고, 자사의 R&D 및 마케팅 자원을 '기본 요인'에서 '일차원적 요인'과 '매력적 요인'으로 끊임없이 재배치해야만 와해의 위협에서 벗어나 지속적인 성장을 이룰 수 있다.

블루오션전략 프레임웍에서 회귀분석을 통한 3요인 도출

3요인 접근법을 블루오션 전략 수립에 객관적으로 적용하기 위해서는 각 전략 요소가 어떤 유형(기본, 일차원, 매력)에 속하는지를 데이터에 기반하여 판단해야 한다. 이를 위해 설문조사 데이터를 활용한 회귀분석이 효과적인 도구가 될 수 있다.

분석을 위해서는 먼저 전략요소 또는 경쟁차원별 성능 수준과 전반적인 고객 만족도에 대한 설문 데이터를 수집한다. 그 다음, 각 전략 요소의 성능 수준을 특정 기준점(예 리커트 척도의 중간값)을 중심으로 '저성능 구간'과 '고성능 구간'으로 나눈다. 그리고 각 구간이 전반적인 고객 만족도에 미치는 영향을 회귀분석을 통해 통계적으로 추정한다.

회귀분석 결과, 각 구간의 계수값(영향력의 크기)과 통계적 유의성을 바탕으로 전략 요소를 다음과 같이 분류할 수 있다.[1]

- 매력 요인: 고성능 구간의 계수만 통계적으로 유의미하고 긍정적인(+) 값을 가질 때 해당된다. 이는 성능이 기대 이상일 때만 고객 만족도가 크게 증가함을 의미한다.
- 일차원 요인: 저성능 구간의 계수는 유의미한 음수(-) 값을, 고성능 구간의 계수는 유의미한 양수(+) 값을 가질 때 해당된다. 이는 성능 수준에 따라 만족도가 정비례하여 변화함을 보여준다.
- 기대 요인: 저성능 구간의 계수만 통계적으로 유의미하고 부정적인(-) 값을 가질 때 해당된다. 이는 성능이 기대 이하일 때만 고객 만족도가 크게 하락함을 의미한다.

- 무의미 요인: 두 구간의 계수가 모두 통계적으로 유의하지 않을 경우, 해당 요소는 고객 만족도에 거의 영향을 미치지 않는다고 판단할 수 있다.

이러한 회귀분석 기반의 3요인 분류는 경영자의 주관적인 판단을 배제하고, 어떤 요소에 대한 투자가 과잉(기본 요인)인지, 어떤 요소가 새로운 가치 창출의 기회(매력 요인)인지를 객관적인 데이터로 보여준다. 이를 통해 도출된 ERRC 구성표는 더욱 강력한 설득력을 갖게 되며, 성공적인 블루오션 전략 수립의 가능성을 높여준다.

학술 연구 개요 12-3

B2B에서 B2C로 전환하는 시장에서 블루오션 찾기

연구 배경

이 연구는 기존의 블루오션 전략 수립 방법론이 주로 질적 분석(인터뷰, 관찰)에 의존하여 객관성이 부족할 수 있다는 문제의식에서 출발합니다. 특히, 알레르기 검사 시장처럼 전통적인 B2B(의사 중심) 시장이 점차 B2C(환자/일반인 중심) 시장으로 전환되는 복잡한 환경에서는 더욱 정교하고 객관적인 분석 방법이 필요합니다. 따라서 본 연구는 설문조사에 기반한 계량적 분석을 통해 블루오션 전략을 도출하는 통합적 프레임워크를 제시하고자 했습니다.

핵심 연구 질문

- B2B에서 B2C로 전환되는 시장에서 기존 고객(전문의)과 새로운 비고객(일반인)의 니즈를 어떻게 동시에 파악하고 분석할 수 있는가?
- IPA와 3요인 분석(Kano 모델)을 통합적으로 활용하여 어떻게 객관적인 ERRC 구성표를 도출하고 새로운 가치 곡선을 제시할 수 있는가?
- 이러한 분석이 와해성 혁신 이론과 블루오션 전략 이론을 어떻게 연결하여 실질적인 혁신 방향을 제시할 수 있는가?

✿ 연구 방법

본 연구는 알레르기 검사 시장을 사례로 다음과 같은 체계적인 절차를 따랐습니다.

- 시장 재정의 및 구매자 효용 분석: 시장을 넓게 재정의하고, 전문의(B2B 고객)와 일반인(B2C 비고객)을 대상으로 한 구매자 효용 지도(BUM)를 작성하여 각 그룹의 숨겨진 니즈와 불편 사항(pain points)을 파악했습니다.
- 설문 기반 데이터 수집: 파악된 전략 요소들을 바탕으로 전문의 31명과 일반인 120명을 대상으로 설문조사를 실시하여, 각 검사 방식에 대한 만족도 데이터를 수집했습니다.
- 계량 분석 및 ERRC 도출: 수집된 데이터를 바탕으로 회귀분석을 실시하여 IPA 분석과 3요인 분석을 수행했습니다. 이를 통해 각 전략 요소의 중요도, 성과 수준, 그리고 고객 만족에 미치는 비선형적 효과를 종합적으로 분석하여 객관적인 ERRC 구성표를 도출했습니다.
- 신가치 곡선 제시: 최종적으로 두 고객 집단의 분석 결과를 통합하여, B2C 시장으로의 전환에 최적화된 새로운 가치 곡선과 비즈니스 모델(예 비대면 온라인 사업 모델, AI 기반 검사 추천)을 제시했습니다.

결론 및 전략적 함의

이 연구는 설문 기반의 계량 분석을 통해 블루오션 전략 수립 과정의 객관성과 정교함을 높였다는 점에서 중요한 학문적 기여를 합니다. 특히, IPA와 3요인 분석을 결합하여 과잉 제공(overshooting)되고 있는 요소와 과소평가된 혁신 기회를 체계적으로 식별할 수 있음을 보여주었습니다. 이는 와해성 혁신 이론의 통찰(과잉 제공의 위험)과 블루오션 전략의 실행 도구(ERRC)를 실증적으로 연결한 것입니다. 실무적으로는 B2B에서 B2C로 변화하는 복잡한 시장 환경에 처한 기업들에게, 고객과 비고객 모두를 아우르는 데이터 기반의 체계적인 혁신 전략 수립 방법론을 제시했다는 점에서 큰 의의가 있습니다.

출처: 박경민, 홍정기, 백유림, 이효주. (2023). B2B에서 B2C로 전환하는 시장에서 블루오션 찾기: 알레르기 검사 시장 가치 혁신 전략 수립사례. 연세경영연구, 60(1), 67-104.

블루오션 전략 수립은 기업/사업 선정 후 시장을 넓게 재정의하고, 구매자 효용지도(BUM)와 비고객층을 파악하는 것에서 시작한다. 이후 현재 상태 전략캔버스(as-is strategy canvas)를 작성하고, ERRC(eliminate-reduce-raise-create) 프레임워크을 적용하여 미래 전략캔버스(to-be strategy canvas)를 도출한다. IPA(importance-performance analysis)는 중요도-성과 분석을 통해 자원 배분 우선순위를 정하고 ERRC 구성표 작성에 활용된다. 중요하나 성능 낮은 요소는 '증가/창조'하고, 중요하지 않으나 성능 높은 요소는 '감소/제거'하는 것이 핵심이다. 3요인 접근법(three-factor approach)은 IPA의 선형 관계 한계를 보완하여 성능과 만족도 관계를 기대, 일차원, 매력 요인으로 분류하며, 이를 통해 과잉 제공(overshooting)을 방지하고 핵심 경쟁 요인을 재정립하여 전략 혁신 방향을 도출한다. 비고객에 대한 설문조사는 블루오션 전략 수립에 필수적이지만 자료 획득 난이도가 높다.

지금까지 우리는 블루오션을 창출하기 위한 구체적인 방법론을 학습했다. 그렇다면 이러한 혁신 전략을 통해 새로운 사업 기회를 포착한 기업은 어떻게 성장해 나갈까? 기업 성장의 핵심 전략 중 하나인 다각화는 과연 언제 기업에 약이 되고 독이 될까? 다음 13장에서는 기업이 새로운 사업 영역으로 진출하는 다각화 전략의 유형과 성공 조건, 그리고 그 이면의 위험에 대해 심도 있게 탐구한다.

생각해 볼 문제

1 블루오션 전략 수립을 위한 중요도-성과 분석(IPA)과 3요인 접근법(Kano 모델)은 각각 어떤 가정에 기반하고 있습니까? 두 방법론이 가치 혁신의 방향을 도출하는 방식에서 보이는 근본적인 차이점을 설명하시오. 특히 비선형적인 고객 만족 관계를 고려할 때, 특정 상황에 따라 어느 방법론을 활용하는 것이 더 적절한지 분석해 보시오.

2 제거-감소-증가-창조 구성표(ERRC Grid)가 새로운 가치 곡선을 형성하고 미래 전략 캔버스(to-be strategy canvas)를 완성하는 데 기여하는 구체적인 방식을 설명하시오. 이 과정에서 제거 및 감소 액션과 증가 및 창조 액션이 기업의 비용 구조와 고객 편익에 각각 어떤 영향을 미치는지 구체적인 사례를 들어 논해 보시오.

3 블루오션 전략 수립 시 비고객(non-customer)에 대한 설문조사가 중요하게 강조되는 이유는 무엇입니까? 또한 비고객 설문조사가 직면하는 방법론적 한계는 무엇이며, 이러한 한계에도 불구하고 최근 빅데이터 및 모바일 기기의 확산이 비고객 정보 수집에 어떠한 긍정적인 변화를 가져올 수 있는지 논하시오.

4 10장에서 제시된 와해성 혁신의 과잉 제공(overshooting) 현상과 12장에서 다루는 3요인 접근법의 기본 요인(basic factor) 개념을 연관 지어 설명해 보시오. 기존 기업이 고객의 진화하는 선호도 변화를 인지하지 못하고 이미 기본 요인이 되어버린 성능 향상에 지속적으로 자원을 투자하는 것이 왜 레드오션으로 이어질 수 있는지 노트북 산업의 CPU 성능 사례를 들어 논하시오.

생각해 볼 문제

1 자료분석 결과에 따라 매력/일차원/기대 요인 외에도 특이 요인이 있을 수 있다 예를 들면 V-자 형태 또는 역 V-자 형태, 그리고 성능이 증가하면 감소하는 역품질 (- 기울기)형태 등의 특이한 요인들도 있을 수 있다. 이 경우도 적절한 해석을 통해 전략수립에 반영해 줄 수 있으면 좋다. 역 V-자 모양의 경쟁차원인 경우는 기대 수준 이상이나 기재수준 이하로 높이거나 낮추면 오히려 고객의 효용이 감소하는 경쟁차원이다. 가전제품의 기능 복잡성의 경우가 적정 수준의 복잡성이 고객만족도 차원에서 유리한 경우가 될 것이다. 이러한 역 V-자 형태의 경쟁차원을 일차원요인으로 오해하면 자원을 계속 투입하는 오류를 범할 수 있다.

CHAPTER 13

기업의 다각화 전략의 이론과 실제

13 - 1 기업의 다각화란 무엇인가?

13 - 2 기업 다각화의 유형과 측정

13 - 3 기업 다각화의 목적과 동기

13 - 4 기업 다각화가 기업 성과에 미치는 영향

13 - 5 다각화 의사결정을 위한 MBC 테스트

13 - 6 기업 자원의 성격과 기업 다각화

13 - 7 다각화기업에서의 자원배분

13 - 8 기업성장 방법으로 인접사업으로의 성공 공식 반복

Chapter 13

기업의 다각화 전략의 이론과 실제

기업은 왜 하나의 우물만 파지 않고 새로운 사업에 뛰어드는 것일까? 아마존은 온라인 서점에서 어떻게 클라우드 컴퓨팅의 거인이 되었으며, LG는 왜 가전 사업을 넘어 전기차 부품 사업에 막대한 투자를 하고 있을까? 성장의 아이콘으로 여겨졌던 GE의 다각화는 왜 결국 '다각화 할인'이라는 멍에를 쓰게 되었을까?

다각화 전략(diversification strategy)은 대표적인 기업수준 전략(corporate level strategy)으로, 사업부 수준의 전략만으로는 성장의 한계에 도달했거나, 기존 전략을 고도화하여 한층 높은 성과를 달성하고자 할 때 실행된다. 다각화는 오랫동안 경영자들에게 기업의 성장과 혁신을 이끄는 핵심 전략으로 선호되어 왔으며, 특히 한국의 많은 기업은 다각화 전략을 통해 성장을 주도해왔다. 이번 장에서는 다각화의 명암을 파헤치고, 성공적인 다각화를 위한 조건은 무엇인지 심도 있게 탐구한다.

13-1 기업의 다각화란 무엇인가?

기업의 다각화(corporate diversification)란 기업이 여러 산업에 참여하여 영업 및 경쟁 활동을 펼치는 것을 의미한다. 넓은 의미에서 기업의 범위는 [그림 13-1]에서와 같이 세 가지 차원으로 확장될 수 있다.

그림 13-1 세가지 차원의 기업범위 확대

첫째는 수평적 범위(horizontal scope)로, 이는 "어느 산업에서 경쟁할 것인가?"라는 질문과 관련된다. 단일 산업에서만 활동하면 다각화 수준이 낮다고 하고, 여러 산업에 걸쳐 활동하면 다각화 수준이 높다고 한다. 일반적으로 '다각화'라고 하면 이러한 수평적 범위의 확장, 즉 제품 다각화(product diversification)나 산업 간 다각화(inter-industry diversification)를 의미한다. 현대자동차그룹은 상용차에서 시작하여 승용차, SUV, 고급 브랜드(제네시스)로 제품 라인업을 확장하며 수평적 다각화를 이루었다. SK그룹은 섬유 사업에서 출발하여 에너지, 통신, 반도체로 사업 영역을 넓혔고, LG그룹은 락희화학공업사(현 LG화학)의 화학 사업에서 시작하여 전자(LG전자), 통신(LG유플러스), 생활건강(LG생활건강) 등 다양한 산업으로 진출하며 수평적으로 성장했다.

둘째는 수직적 범위(verticalscope)로, "가치사슬 상의 활동들을 직접 수행할 것인가?"의 문제이다. 공급자나 구매자 산업에 직접 진출하거나, 산업 내의 여러 활동들을 외주(outsourcing) 없이 내재화할수록 수직적 범위가 넓다고 할 수 있다. 수직통합 전략 역시 넓은 의미의 다각화 전략에 속한다. 현대자동차그룹은 자동차의 핵심 부품(현대모비스)과 철강(현대제철)을 직접 생산하고, 완성차를 운송하는 물류(현대글로비스)까지 내재화하며 강력한 수직 계열화를 구축했다. SK그룹 역시 반도체 산업에서 웨이퍼(SK실트론), 특수가스(SK스페셜티) 등 핵심 소재부터 메모리 반도체 제조(SK하이닉스)까지 수직적으로 통합하여 안정적인 공급망과 기술 시너지를 확보하고 있다. LG그룹 또한 LG디스플레이가 생산한 패널을 LG전자의 TV와 스마트폰에 사용하고, LG화학이 생산한 배터리 소재를 LG에너지솔루션의 전기차 배터리에 공급하는 등 전자 및 화학 사업 내에서 강력한 수직통합을 이루고 있다.

셋째는 지리적 범위(geographical scope)로, "어느 지역에서 경쟁할 것인가?"를 다룬다. 한 국가 내에서만 활동하는 것보다 여러 국가에서 활동할수록 지리적 범위가 넓다. 기업의 국제화 전략이 여기에 해당하며, 이 또한 넓은 의미의 다각화 전략으로 볼 수 있다. 현대자동차그룹, SK그룹, LG그룹 모두 북미, 유럽, 아시아 등 전 세계 주요 시장에 생산 기지와 판매 법인을 운영하며 높은 수준의 지리적 다각화를 달성했다.

13-2 기업 다각화의 유형과 측정

경영사학자 챈들러(Chandler, 1962)에 따르면, 미국 대기업들은 단일 품목 생산으로 시작하여 운송 및 통신 발달에 따라 전국적으로 시장을 확대했다. 이 과정에서 유통, 마케팅 등 외부 의존적이던 활동을 내재화하며 수직적으로 통합했고, 이로 인해 발생한 유휴 자원을 활용하기 위해 다양한 품목으로 사업을 확장하며 제품 다각화를 이루었다.

기업의 다각화는 사업 간 관련성을 기준으로 관련 다각화(related diversification)와 비관련 다각화(unrelated diversification)로 나뉜다. 관련성의 기준은 보통 표준산업분류(SIC) 상 두 자릿수 코드가 같은 산업일 경우 관련성이 있다고 본다. 루멜트(Rumelt, 1974)는 이러한 기준에 따라 기업을 단일 사업, 수직적 통합, 주력사업 중심, 관련 다각화, 비관련 다각화 기업의 다섯 가지 유형으로 분류했다.

미국의 대표적인 비관련 다각화 기업으로는 제너럴 일렉트릭(GE)을 들 수 있다. GE는 항공기 엔진, 발전 설비, 의료기기부터 금융, 미디어(NBC)에 이르기까지 서로 연관성이 거의 없는 다양한 사업을 운영했다. 특히 잭 웰치 회장 시절에는 각 사업에서 1, 2위를 차지하지 못하면 매각하거나 정리하는 강력한 포트폴리오 조정을 통해 비관련 다각화의 효율성을 극대화하고자 했다. 반면, 제약회사 화이자(Pfizer)는 관련 다각화의 대표적인 사례이다. 화이자는 처방의약품이라는 핵심 사업을 중심으로 백신, 동물 의약품, 컨슈머 헬스케어 등 제약 및 바이오 기술과 밀접하게 관련된 분야로 사업을 확장하며 시너지를 추구했다.

한국의 삼성그룹은 비관련 다각화와 관련 다각화가 혼합된 독특한 성장 경로를 보여준다. 초기의 삼성상회(무역업)에서 시작하여 제일제당(식품), 제일모직(섬유)으로 사업을 확장한 것은 비관련 다각화에 가깝다. 그러나 1969년 삼성전자를 설립하며 전자 산업에 진출한 이후에는 반도체, 디스플레이, 배터리(삼성SDI), 전기 부품(삼성전기) 등 전자 산업 내에서 강력한 수직계열화와 관련 다각화를 동시에 추진했다. 이는 그룹 전체적으로는 비관련 다각화의 형태를 띠지만, 핵심 주력 산업인 전자 부문 내에서는 고도의 관련 다각화를 통해 시너지를 창출하는 복합적인 전략을 구사했음을 보여준다.

다각화 수준을 객관적으로 측정하기 위해 단순히 진출 산업의 개수뿐만 아니라 사업별 매출 분포까지 고려한 지표들이 개발되었다. 대표적인 지표로는 엔트로피(entropy) 지수와 컨센트릭(concentric) 지수가 있다. 엔트로피 지수는 정보이론에서 차용한 개념으로, 기업의 매출이 여러 사업 부문에 얼마나 분산되어 있는지를 측정한다. 지수가 높을수록 다각화 수준이 높음을 의미하며, 전체 다각화 수준(total diversification)을 관련 다각화(related diversification)와 비관련 다각화(unrelated diversification)로 분해하여 측정할 수 있는 장점이 있다. 컨센트릭 지수는 주력 사업을 중심으로 관련 사업들이 얼마나 확장되었는지를 측정하는 데 중점을 둔다.

▶ 예시: YJ그룹의 다각화 지수 측정

가상의 YJ그룹이 전자(매출 600억), 자동차(매출 300억), 식품(매출 100억) 세 사업부를 운영하고, 표준산업분류상 전자와 자동차는 A산업군, 식품은 B산업군이라고 가정해보자.

- 총 다각화 지수(Total Entropy, ET): 이 지수는 기업그룹 전체의 다각화 수준을 나타낸다. 각 사업부의 매출 비중(P_i)을 이용해 계산한다. ET = Σ Pi * ln(1/P_i) 전자(P_1)=0.6, 자동차(P_2)=0.3, 식품(P_3)=0.1 ET = 0.6 ×ln(1/0.6) + 0.3×ln(1/0.3) + 0.1×ln(1/0.1) ET = 0.6×0.511 + 0.3× 1.204 + 0.1×2.303 = 0.307 + 0.361 + 0.230 = 0.898
- 관련 다각화 지수(Related Entropy, ER): 이 지수는 관련 산업군 내에서의 다각화 수준을 측정한다. 먼저 각 관련 산업군(A, B)의 매출 비중(Pg)을 구하고, 각 산업군 내 사업부들의 매출 비중을 이용해 계산한다. ER = Σ Pg * (Σ (Pi/Pg) * ln(1/(Pi/Pg))) A산업군(PA)=0.9, B산업군(PB)=0.1 A산업군 내: 전자(P1/PA)=0.67, 자동차(P2/PA)=0.33 B산업군 내: 식품(P3/PB)=1.0 ER = 0.9×[0.67ln(1/0.67)+0.33ln(1/0.33)] + 0.1×[1.0ln(1/1.0)] ER = 0.9×[0.67×0.400+0.33×1.109] + 0 = 0.9× [0.268+0.366] = 0.571
- 비관련 다각화 지수(Unrelated Entropy, EU): 총 다각화 지수에서 관련 다각화 지수를 빼서, 관련 없는 사업으로 얼마나 확장되었는지를 측정한다. EU = ET - ER = 0.898 - 0.571 = 0.327

이러한 지표들은 다각화 전략을 보다 객관적이고 정량적으로 분석하고 기업 간 비교를 가능하게 한다.

13-3 기업 다각화의 목적과 동기

기업이 다각화를 추진하는 데에는 다양한 목적과 동기가 존재한다. 가장 보편적인 동기는 기업의 성장을 추구하는 것이다. 하지만 대리인 이론에서 제시된 것처럼, 때로는 기업의 장기적인 가치나 주주의 이익을 고려하기보다 대리인인 경영진의 지배력과 영향력을 확대하려는 사적인 동기로 자신만의 '제국 건설(empire building)'을 위해 사업 영역을 확장하기도 한다. 예를 들어 GE의 제프리 이멜트 전 CEO가 2015년 프랑스의 에너지 기업 알스톰(Alstom)을 거액에 인수한 결정은, 훗날 GE에 막대한 손실을 안겨주며 CEO의 전략적 판단 착오와 과도한 야망이 낳은 대표적인 실패 사례로 비판받기도 했다(Gryta & Mann, 2020).

위험 분산 역시 다각화의 중요한 목적으로 자주 언급된다. 기업의 사업들이 한 산업에만 치우쳐 있을 경우, 다른 산업으로 진출함으로써 전반적인 현금흐름의 계절적, 경기순환적 변동성을 줄일 수 있다. 다만 일반 주주의 위험 분산을 위해 기업이 다각화한다는 설명은 타당성이 떨어지는데, 주주는 개인의 투자 포트폴리오에 다양한 산업의 주식을 편입함으로써 손쉽게 위험을 분산할 수 있기 때문이다. 공급과잉이 주기적으로 반복되는 메모리 반도체 기업의 주주라면, 해당 기업의 다각화를 기다리기보다 자신의 포트폴리오에 현금흐름이 안정적인 다른 기업의 주식을 추가하는 것이 더 효율적이다. 따라서 이러한 동기는 자신의 시간과 경력을 한 기업에 투자해 온 경영자나, 지분이 집중된 창업자 및 대주주에게 더 강하게 작용한다.

또한 사업 간 범위의 경제(economies of scope)가 존재하여 시너지를 창출하기 위해 다각화를 추구하는 경우도 많다. 이는 기존 사업의 자원이나 역량을 새로운 사업에 활용하여 효율성을 높이는 것을 의미한다. 예를 들어, 현대자동차는 버스나 트럭 등 상용차를 만들던 기술과 생산설비를 바탕으로 승용차, SUV, 미니밴 등으로 사업을 확장하며 생산 측면의 시너지를 얻었다. 신세계 역시 백화점 사업을 통해 확보한 유통 노하우와 고객 데이터를 활용하여 1993년 할인마트(이마트), 2014년 편의점(이마트24) 사업에 진출함으로써 수요 측면의 시너지를 창출했다.

시장 지배력을 강화하려는 목적으로 다각화가 이루어지기도 한다. 이는 현재 사업에서의 지배력을 강화하기 위해 축적된 현금흐름을 활용하여, 경쟁사가 활동하는 인접 사업에 진출함으로써 본 사업에서의 가격 경쟁을 사전에 방지하거나 경쟁사를 압박하는 전략이다. 특히 여러 시장에서 동일한 경쟁자와 마주치는 복수시장경쟁(multi-market competition) 상황에서 이러한 동기는 더욱 강하게 나타난다. 예를 들어 A기업과 B기업이 가전 시장과 스마트폰 시장 모두에서 경쟁한다고 가정해보자. 만약 A기업이 가전 시장에서 공격적인 가격 인하를 단행하면, B기업은 스마트폰 시장에서 보복적인 가격 인하로 맞대응할 수 있다. 이러한 보복의 위협을 서로 인지하고 있기 때문에, 두 기업은 어느 한 시장에서도 극심한 경쟁을 피하고 암묵적으로 협조하는 '상호 자제(mutual forbearance)' 상태에 이르게 될 가능성이 높다 (Bernheim & Whinston, 1990). 즉, 다각화는 기업에게 경쟁의 강도를 조절하고 시장 지배력을 유지하는 전략적 무기가 될 수 있다.

내부 시장을 활용하여 외부 시장의 거래 비용(transaction cost)을 줄이려는 동기도 중요하다. 시장에서의 거래가 복잡하고 상대방의 기회주의적 행동으로 인한 비용이 클 경우, 기업 내부에서 자본, 인력, 부품 등을 조달하는 것이 더 효율적일 수 있다. 현대자동차가 자동차 완성차 제조(1967년 설립)에서 나아가 자동차 부품(현대모비스), 자동차용 강판 생산을 위한 철강(현대제철), 물류운송(현대글로비스), 금융(현대캐피탈) 등으로 수직통합적 다각화를 이룬 것은 이러한 내부 시장 활용의 대표적 사례이다.

마지막으로, 성과 부진이 다각화를 촉발하기도 한다. 주력 사업의 성과가 기대 수준 이하일 때, 기업은 이를 타개하기 위해 새로운 해답을 찾으려 하며, 이 과정에서 위험을 감수하고 새로운 사업으로 다각화를 시도한다. IBM이 1990년대 초 PC 제조 시장에서의 극심한 경쟁으로 경영 위기에 직면했을 때, 소프트웨어와 IT 서비스 컨설팅으로 사업을 다각화하여 성공적으로 위기를 극복한 사례가 이를 잘 보여준다. 아마존 역시 초기 온라인 서점의 수익성 한계를 느끼고 클라우드 컴퓨팅(AWS)과 스마트 기기(Echo) 등으로 사업을 확장했으며, LG전자 또한 주력인 가전 사업의 성장 한계를 극복하기 위해 전기차 부품, 배터리 사업 등으로 다각화를 추진했다.

13-4 기업 다각화가 기업 성과에 미치는 영향

전통적으로 관련 다각화가 비관련 다각화보다 더 높은 성과를 낸다는 시각이 지배적이었다. 사업 간 관련성이 높아야 시너지 효과를 통해 효율적인 운영이 가능하다는 논리였다. 이로 인해 비관련 다각화 기업의 가치가 전문화된 개별 기업 가치의 합보다 낮게 평가되는 '다각화 할인(diversification discount)' 현상이 나타나기도 했다. Lang과 Stulz(1994)의 연구는 이러한 현상에 대한 강력한 실증적 증거를 제시하며 학계에 큰 영향을 미쳤다.

그러나 이러한 통념에 대한 반론도 제기되었다. Khanna & Palepu (1997)는 인도, 한국 등 신흥 시장의 사례를 통해, 외부 자본시장이나 부품 시장이 미성숙한 환경에서는 오히려 비관련 다각화를 통해 기업 집단 내부에 금융, 유통, 인력 개발과 같은 기능을 내재화하는 것이 더 효율적일 수 있다고 주장했다. 이는 거래 비용 이론의 관점에서 설명될 수 있는데, 외부 시장에서의 거래 비용이 기업 내부의 조정 비용보다 높을 경우, 기업의 경계를 확장하는 것이 합리적인 선택이 된다.

또한, '관련성-성과'의 관계가 인과관계가 아닐 수 있다는 주장도 있다. 즉, 뛰어난 자원과 역량을 가진 기업이 자연스럽게 관련 사업으로 다각화하고 동시에 높은 성과를 내기 때문에, 관련 다각화와 성과 사이에 상관관계가 나타나는 것처럼 보일 수 있다는 것이다. 자원기반관점(resource-based view)에 따르면, 기업의 경쟁우위와 성과는 다각화 전략 그 자체가 아니라 기업이 보유한 고유하고 모방하기 어려운 자원과 역량에서 비롯된다. 따라서 관련 다각화와 높은 성과가 함께 관찰되는 것은, 우월한 역량을 가진 기업이 그 역량을 가장 잘 활용할 수 있는 관련 영역으로 사업을 확장하기 때문이며, 이때의 높은 성과 역시 그 근본 원인은 핵심 역량에 있다는 것이다 (Barney, 1991). 즉, 궁극적인 원인은 다각화의 유형이 아니라 기업이 보유한 핵심 역량일 수 있다.

학술 연구 개요 13-1

다각화 유형과 성과 (Rumelt, 1974)

연구 내용

리차드 루멜트의 저서 『전략, 구조, 그리고 경제적 성과』는 기업의 다각화 전략과 성과 간의 관계를 실증적으로 분석한 선구적인 연구입니다. 이 연구는 단순히 다각화 여부가 아닌, 다각화의 '유형'이 기업 성과에 어떤 영향을 미치는지를 체계적으로 분석했다는 점에서 큰 의의가 있습니다. 루멜트는 기업의 매출 구성을 기준으로 기업을 단일사업, 주력사업, 관련 다각화, 비관련 다각화의 네 가지 주요 유형으로 분류하는 틀을 제시했습니다. 1949년부터 1969년까지 포춘 500대 기업의 데이터를 분석한 결과, 관련 다각화를 추진한 기업들이 다른 유형의 기업들보다 일관되게 높은 성과를 보인다는 점을 발견했습니다.

전략적 함의

이 연구는 '무분별한 다각화는 오히려 기업 가치를 해칠 수 있다'는 '다각화 할인' 개념의 이론적 토대를 마련했습니다. 핵심은 기업이 단순히 새로운 사업에 진출하는 것을 넘어, 기존 사업과 시너지를 창출할 수 있는 '관련된' 영역으로 확장해야 한다는 것입니다. 이는 기업의 핵심 역량을 활용하여 범위의 경제를 실현하는 것이 중요함을 시사합니다. 이 연구 이후, '관련성-성과(relatedness-performance) 가설'은 다각화 전략 연구의 핵심적인 주제가 되었으며, 많은 기업이 M&A나 신사업 진출 시 사업 간의 전략적 적합성과 시너지 창출 가능성을 최우선으로 고려하게 되는 계기가 되었습니다.

출처: Rumelt, R. P. (1974). Strategy, Structure, and Economic Performance. Harvard University Press.

학술 연구 개요 13-2

신흥 시장에서 집중 전략이 실패할 수 있는 이유 (Khanna & Palepu, 1997)

⚙ 연구 배경

서구의 주류 전략 이론은 핵심 역량에 집중하고 비관련 다각화를 지양할 것을 권고합니다. 그러나 인도나 한국과 같은 신흥 시장에서는 오히려 광범위한 산업에 걸쳐 활동하는 비관련 다각화 기업 집단들이 시장을 주도하는 현상이 관찰되었습니다. 이러한 이론과 현실의 괴리를 설명하기 위해 본 연구는 신흥 시장의 특수한 제도적 환경에 주목하였습니다.

⚙ 핵심 연구 질문

왜 신흥 시장에서는 서구식 '선택과 집중' 전략이 효과적이지 않을 수 있습니까? 또한, 신흥 시장에서 다각화된 기업 집단이 전문화 기업보다 높은 경쟁력을 갖는 근거는 무엇입니까?

⚙ 자료 및 사례

인도와 한국 등 대표적인 신흥 시장의 기업 집단 사례를 분석하였습니다.

⚙ 주요 연구 결과

신흥 시장에는 자본시장, 노동시장, 제품시장이 성숙하지 못한 '제도적 공백(institutional voids)'이 존재합니다. 이러한 환경에서 다각화된 기업 집단은 조직 내부에서 자금과 인재를 원활하게 조달하고 배분하는 '내부 시장' 역할을 수행함으로써 외부 시장의 높은 거래 비용을 획기적으로 줄여줍니다. 개별 기업은 구하기 힘든 자원을 기업 집단이라는 울타리 안에서 효율적으로 확보할 수 있으며, 그룹의 강력한 브랜드 평판은 소비자와 공급자에게 신뢰를 제공하는 보증서가 됩니다. 결과적으로 신흥 시장의 불완전한 제도를 기업 내부의 인프라로 대체하는 비관련 다각화는 효율적인 전략적 선택이 될 수 있음을 입증하였습니다

전략적 함의

기업의 다각화 전략은 해당 국가의 시장 제도 성숙도에 따라 달라져야 합니다. 제도가 미비한 신흥 시장에서는 무분별한 집중보다는 그룹 차원의 자원과 신용을 공유하는 다각화가 더 큰 경쟁우위를 제공할 수 있음을 경영자는 인식해야 합니다.

출처: Khanna, T., & Palepu, K. (1997). Why focused strategies may be wrong for emerging markets. Harvard Business Review, 75(4), 41-51.

13-5 다각화 의사결정을 위한 MBC 테스트

마이클 포터(Porter, 1987)는 성공적인 다각화를 위해 기업이 반드시 통과해야 할 세 가지 테스트를 제시했다. 가상의 물류기업 '로지스', IT 소프트웨어 기업 '소프트웨어', 그리고 조선기업 '오션중공업'이 미래 유망 시장인 휴머노이드 로봇 시장 진출을 고려하는 상황을 예로 들어 각 테스트를 살펴보자.

- 시장 매력도 테스트(Market Attractiveness Test): 먼저 세 기업은 휴머노이드 로봇 시장이 구조적으로 매력적인지 분석해야 한다. 5-Forces 모델을 활용하여, 기존 경쟁자(예 보스턴 다이내믹스)의 위협, 잠재적 진입자의 위협, 대체재(예 산업용 로봇, 드론)의 위협, 공급자와 구매자의 교섭력 등을 평가한다. 만약 시장 성장률이 높고, 경쟁 강도가 낮으며, 진입장벽이 높아, 전반적으로 형후 휴머노이드 로봇 시장이 안정적인 수익 창출이 가능하다고 판단되면 이 테스트를 통과한 것이다.
- 경쟁우위(개선도) 테스트(Better-off Test): 다음으로, 각 기업이 휴머노이드 로봇 사업에 진출했을 때 기존 사업과 시너지를 창출하여 독립적으로 운영될 때보다 더 나은 경쟁우위를 확보할 수 있는지 검증해야 한다. 물류기업 '로지스'는 자사의 방대한 물류 센터와 배송 네트워크를 로봇의 테스트베드 및 실제 운영 현장으로 활용할 수 있다. 이는 로봇의 학습 데이터를 빠르게 축적하고 운영 효율성을 검증하는 데 큰 장점이 된다. IT 기업 '소프트웨어'는 자사의 AI 및 소프트웨어 개발 역량을 로봇의 두뇌(OS) 개발에 직접 적용하여, 경쟁사보다 뛰어난 지능과 자율성을 갖춘 로봇을 만들 수 있다. 조선기업 '오션중공업'은 선박 건조를 통해 축적한 대형 구조물 설계, 정밀 용접 및 제어 기술을 로봇의 하드웨어 제작에 활용하여 내구성과 안정성이 뛰어난 로봇을 생산할 수 있다. 이처럼 각 기업이 자신의 핵심 역량을 신규 사업에 성공적으로 이전하여 시너지창출을 통해 잠재적 경쟁자들까지도 능가하는 경제적 가치(EV= B-C)를 창출한다고 판단되면 이 테스트를 통과한 것이다.

- 진입 비용 테스트(Cost-of-entry Test): 마지막으로, 시장 진입에 소요되는 비용이 미래에 창출될 이익을 상쇄할 만큼 과도하지 않은지 평가해야 한다. 만약 '로지스'가 로봇 기술을 확보하기 위해 기술 스타트업을 인수(M&A)한다면, 지불하는 인수 프리미엄이 과도하지 않은지 따져봐야 한다. '소프트웨어'가 자체적으로 하드웨어를 개발한다면, 막대한 초기 R&D 투자 비용을 감당할 수 있는지, 그리고 그 비용을 회수하고도 충분한 수익을 낼 수 있는지 검토해야 한다. '오션중공업'이 기존 조선소 설비를 로봇 생산 라인으로 전환하는 비용이 미래 수익 예측을 정당화하지 못한다면, 이는 '승자의 저주'에 빠질 위험이 크므로 다각화를 재고해야 한다.

이 세 가지 테스트는 다각화 의사결정의 필수 검증 절차이며, 어느 하나라도 충족되지 못하면 성공적인 다각화로 이어지기 어렵다.

13-6 기업 자원의 성격과 기업 다각화

기업이 보유한 자원의 성격은 적합한 다각화 전략의 유형을 결정한다. Collis & Montgomery (1998)에 따르면, 기업의 자원은 특정 사업에 고도로 전문화된 '특화 자원(specialized resources)'과 여러 사업에 범용적으로 적용될 수 있는 '일반 자원(general resources)'으로 나눌 수 있다.

TSMC나 구글과 같은 기업은 강력한 특화 자원을 기반으로 성장한 대표적인 사례이다. TSMC의 핵심 역량은 세계 최고 수준의 반도체 미세 공정 기술이라는 매우 특화된 자원이다. 이 자원은 다른 산업으로 이전하기 어렵기 때문에, TSMC는 반도체 파운드리라는 좁은 사업 범위 내에서 공정 기술을 심화시키는 관련 다각화에 집중한다. 이러한 특화 자원을 효율적으로 활용하고 발전시키기 위해서는 사업부 간 긴밀한 기술 공유와 협력이 필수적이므로, 본사(HQ)는 각 사업부의 운영에 깊이 관여하는 크고 강력한 조직구조를 갖게 된다.

구글(알파벳) 역시 '검색 알고리즘'과 '대규모 데이터 처리 기술'이라는 특화 자원을 기반으로 광고 사업을 구축했다. 하지만 동시에 이 기술들은 클라우드 컴퓨팅(GCP), AI(deepmind), 자율주행(waymo) 등 다양한 분야에 적용될 수 있는 일반 자원의 성격도 지닌다. 이처럼 특화 자원이면서도 응용 범위가 넓은 자원을 가진 기업은 핵심 사업과 관련된 영역으로 사업 범위를 확장하는 전략을 구사한다.

반면, KKR 이나 칼라일 그룹 과 같은 사모펀드(PEF)나 버크셔 해서웨이와 같은 지주회사는 일반 자원을 중심으로 다각화를 추진한다. 이들의 핵심 자원은 재무적 자본, M&A 실행 능력, 그리고 피인수 기업의 경영을 개선하는 일반적인 경영 노하우이다. 이러한 자원은 특정 산업에 국한되지 않으므로, 이들은 유망해 보이는 어떠한 산업의 기업이라도 인수하며 넓은 범위의 비관련 다각화를 실행한다. 이 경우, 본사의 역할은 각 사업부의 운영에 개입하기보다, 성과를 재무적으로 통제하고 자본을 효율적으로 재배분하는 것에 집중한다. 따라서 본사의 규모는 작고 슬림한 형태를 유지하게 된다.

13-7 다각화기업에서의 자원배분

다각화 기업 내에서 한정된 자원을 어떻게 배분할 것인가는 중요한 전략적 과제이다. BCG 매트릭스와 같은 전통적인 툴은 기업 포트폴리오를 분석하여 자원 배분에 대한 규범적인 지침을 제공한다. 이 모델은 시장 성장률이 낮지만 시장 점유율이 높은 '현금젖소(cash cow)' 사업부에서 창출된 잉여 현금흐름을, 시장 성장률은 높지만 아직 경쟁우위가 약한 '물음표(question mark)' 사업부에 투자하여 미래의 '스타(star)' 사업으로 육성할 것을 권고한다. 이는 기업 전체의 가치를 극대화하기 위한 합리적이고 경제적인 관점의 접근법이다.

그러나 실제 경영자들의 자원 배분 결정이 항상 이러한 규범적 모델을 따르는 것은 아니다. Xuan(2009)의 연구는 다각화 기업에서 신규 임명된 CEO들의 실제 자본 투자 행동을 분석하며 흥미로운 결과를 제시했다. 이 연구에 따르면, 신임 CEO들은 자신이 과거에 몸담았던 친숙한 사업부('인그룹')보다 오히려 경험이 없는 낯선 사업부('아웃그룹')에 평균적으로 20% 더 많은 자본을 투자하는 경향을 보였다. 이러한 현상은 임명된 CEO가 COO와 같은 전사적 역할을 경험했거나, 낯선 사업부가 기존 사업과 관련성이 높은 경우에는 약화되었다.

이러한 결과는 CEO들이 단순히 경제적 합리성에만 근거하여 자원을 배분하는 것이 아님을 시사한다. 특히 조직 내 권력 기반이 취약한 신임 CEO의 경우, 자신이 잘 모르는 사업부와의 관계를 원만하게 만들고 그들의 협력을 얻기 위해 자본 투자를 '연결 구축(bridge-building)'의 도구로 활용하는 경향이 있다. 이는 자신의 영향력을 강화하기 위해 친숙한 사업부에 자원을 집중하는 전통적인 '제국 건설(empire-building)' 행동과는 대조되는 모습이다. 결국, 다각화 기업의 자원 배분은 경제적 효율성을 추구하는 규범적 모델과 CEO의 경력 배경 및 조직 내 정치적 역학 관계라는 현실적 요인 사이의 복잡한 상호작용 속에서 이루어진다고 볼 수 있다.

13-8 기업성장 방법으로 인접사업으로의 성공 공식 반복

성공적인 다각화는 종종 핵심 사업에서 검증된 성공 공식을 인접한 영역으로 확장하는 방식으로 이루어진다. 크리스 주크(Zook, 2004)는 "핵심을 확장하라(Beyond the Core)"는 저서에서 기업이 지속 가능한 성장을 달성하기 위해서는 무분별한 다각화가 아니라, 강력한 핵심 사업(core business)을 기반으로 '인접 사업(adjacent space)'으로 확장해야 한다고 주장했다. 이 연구의 핵심은 성공적인 기업들이 '반복 가능한 성장 공식(repeatable formula)'을 개발하고 이를 인접 영역에 체계적으로 적용한다는 점을 발견한 것이다. 여기서 인접성이란 기존의 핵심 사업과 고객, 지역, 제품, 유통 채널 등 여러 차원 중 단 하나의 변수만 다른 시장을 의미한다. 즉, 시장공간의 인접성(adjacency)과 성공공식 실행의 반복성(repeatability)이 기업성장 방법론의 핵심이다.

나이키는 육상화라는 핵심 사업에서 시작하여 스타 마케팅이라는 성공 공식을 농구, 축구 등 인접 스포츠로 반복 적용하며 성장한 대표적인 사례이다. 이는 스타트업이 비즈니스 모델의 한 요소만을 변경하며 점진적으로 사업을 전환하는 '피보팅(pivoting)' 전략과도 일맥상통한다. 피보팅에서도 가격 설정, 고객, 제품 특성, 유통 채널 등 비즈니스 모델을 구성하는 여러 요소 중 한 가지씩만 변화시켜야 한다는 제안과 일치한다. 따라서 기업은 가장 먼저 자신만의 강력한 핵심 사업과 반복 가능한 성공 공식을 명확히 정의해야 한다. 그리고 이를 바탕으로 가장 가까운 인접 영역으로 한 번에 한 단계씩 확장해 나가는 것이 불확실성을 최소화하고 성공 확률을 높이는 가장 효과적인 성장 전략이 될 수 있다.

학술 연구 개요 13-3

제국 건설인가, 가교 건설인가? 신임 CEO의 자원 배분 결정 (Xuan, 2009)

✿ 연구 배경

전통적인 대리인 이론은 경영자가 자신의 영향력을 확대하기 위해 친숙한 사업부에 자원을 집중하는 '제국 건설' 경향이 있다고 가정합니다. 하지만 본 연구는 신임 CEO가 부임 초기에 조직 내 정치적 입지를 다지기 위해 규범적 모델과는 다른 자원 배분 행동을 보일 수 있음에 주목하였습니다.

✿ 핵심 연구 질문

신임 CEO는 다각화 기업의 사업부들 사이에 자본을 어떻게 배분합니까? 특히 자신의 과거 경력과 관련이 없는 낯선 사업부에 자원을 배분할 때 어떠한 동기가 작용합니까?

✿ 자료 및 사례

다각화된 기업에서 새롭게 임명된 CEO들의 실제 자본 투자 데이터와 그들의 경력 배경을 심층 분석하였습니다.

✿ 주요 연구 결과

분석 결과, 신임 CEO들은 자신이 과거에 몸담았던 사업부(인그룹)보다 오히려 경험이 없는 낯선 사업부(아웃그룹)에 평균적으로 20% 더 많은 자본을 투자하는 경향을 보였습니다. 이러한 현상은 CEO의 권력 기반이 취약하거나 경영 경험이 특정 분야에 국한되었을 때 더욱 두드러지게 나타났습니다. 이는 신임 CEO가 자신을 잘 모르는 사업부장들의 협력을 이끌어내고 조직 내 지지 기반을 확보하기 위해 자본 배분을 일종의 정치적 협상 도구로 활용하는 '가교 건설(bridge-building)' 행동임을 보여줍니다. 반면 전사적인 역할을 거친 CEO일수록 이러한 편향은 완화되었습니다. 결국 자원 배분은 순수한 경제적 논리뿐만 아니라 CEO의 정치적 생존 전략에 의해 왜곡될 수 있음을 실증하였습니다.

전략적 함의

기업의 자원 배분은 단순히 숫자로 결정되는 것이 아니라 리더의 경력 배경과 조직 내 정치 역학의 영향을 받는 복잡한 과정입니다. 주주와 이사회는 자원 배분의 투명성을 확보하기 위해 CEO의 개인적 동기가 의사결정에 미치는 영향을 면밀히 모니터링해야 합니다.

출처: Xuan, Y. (2009). Empire-building or bridge-building? Evidence from new CEOs' internal capital allocation decisions. The Review of Financial Studies, 22(12), 4919-4948.

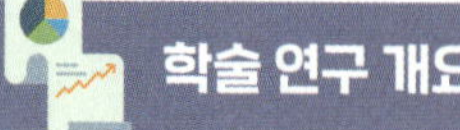

학술 연구 개요 13-4

핵심을 확장하라: 핵심 사업을 포기하지 않고 시장을 확장하는 법 (Zook, 2004)

✿ 연구 배경

많은 기업이 성장을 위해 다각화를 시도하지만, 핵심 사업과 동떨어진 분야로 진출했다가 실패하는 경우가 빈번합니다. 크리스 주크는 기업이 지속 가능한 수익 성장을 이루기 위해 핵심 사업의 역량을 어떻게 활용해야 하는지 규명하고자 하였습니다.

✿ 핵심 연구 질문

산업의 가치사슬 내에서 미래의 수익성은 어디에서 창출됩니까? 기업은 무분별한 확장 대신 어떻게 인접 영역으로의 확장을 통해 성공 가능성을 높일 수 있습니까?

✿ 자료 및 사례

베인앤컴퍼니의 데이터를 바탕으로 수년간 성과를 낸 기업들의 다각화 경로를 분석하였습니다. 나이키가 육상화에서 농구와 축구 시장으로 확장한 사례 등을 주요 분석 대상으로 삼았습니다.

✿ 주요 연구 결과

성공적인 기업들은 자신들만의 반복 가능한 성장 공식을 가지고 있으며, 이를 기존 사업과 밀접하게 연결된 인접 영역에 순차적으로 적용합니다. 인접성이란 제품, 고객, 지역, 유통망 등 여러 차원 중 단 하나만 변화시키는 것을 의미하며, 이러한 단계적 확장은 기업이 가진 핵심 역량의 전이 가능성을 극대화합니다. 분석 결과, 핵심 사업에서 멀어질수록 성공 확률은 급격히 낮아지는 것으로 나타났습니다. 따라서 기업은 핵심 사업을 공고히 한 뒤, 그 영향력을 바탕으로 인접 시장의 경제적 파이를 점진적으로 확보해야 합니다. 이는 다각화의 위험을 관리하면서도 지속적인 성장을 가능하게 하는 가장 안전하고 효율적인 경로임을 입증하였습니다.

전략적 함의

경영자는 우리 회사가 인접 영역으로 가져갈 수 있는 반복 가능한 성공 공식이 무엇인지 정의해야 합니다. 성장은 거대한 도약이 아니라 핵심 역량을 한 단계씩 확장하는 신중한 과정이어야 하며, 인접 시장으로 진출할 때는 기존 핵심 사업과의 정합성을 최우선으로 고려해야 합니다.

출처: Zook, C. (2004). Beyond the core: Expand your market without abandoning your roots. Harvard Business Press.

요 / 약

기업 다각화는 기업이 여러 산업에 참여하는 것을 의미하며, 수평적(제품/산업), 수직적(가치사슬), 지리적(국제화) 범위로 확장될 수 있다. 다각화는 사업 간 관련성에 따라 관련 다각화와 비관련 다각화로 나뉘며, 그 목적은 성장, 위험 분산, 범위의 경제(시너지), 시장 지배력 강화, 거래비용 최소화, 성과 부진 해결 등 다양하다. 과거에는 관련 다각화가 우수한 성과를 보인다는 시각이 지배적이었고 다각화 할인 현상도 있었으나, 최근 연구는 관련성과 성과가 자원/역량에 의한 상관관계일 수 있다는 주장도 제기한다. 특히 신흥 시장에서는 제도적 미비로 인해 비관련 다각화가 효율적일 수 있다. 포터는 다각화 의사결정 전 시장 매력도(M-test), 경쟁우위 검증(B-test), 진입 비용 검증(C-test)의 MBC 테스트를 필수 검증 절차로 제시하여 승자의 저주를 피할 것을 강조한다. 기업은 BCG 매트릭스 등을 통해 자원 배분하고, 핵심 사업의 성공 공식을 인접 시장에 반복 적용하는 것이 효과적인 성장 방법이다.

생각해 볼 문제

1 기업의 '관련 다각화(related diversification)'가 성과에 긍정적인 영향을 미친다는 전통적인 주장과 관련하여, '관련성-성과(relatedness-performance) 관계'에 대한 논쟁을 설명한다. 특히, 이 관계가 '자원 및 역량(resources and capabilities)'의 역할에 의해 어떻게 상관관계로 해석될 수 있는지, 그리고 기업이 궁극적으로 추구해야 할 본질적인 원인 변수는 무엇인지 논한다.

2 마이클 포터가 제시한 다각화 의사결정을 위한 세 가지 검증(MBC 테스트: 시장 매력도 테스트, 경쟁우위 검증, 진입 비용 검증)을 설명한다. 이 세 가지 테스트가 각각 왜 필수적인 '필요조건'이지만, 어느 하나만으로는 '충분조건'이 될 수 없는지를 '승자의 저주' 개념을 포함하여 구체적으로 논한다.

3 다각화 기업의 자원 배분과 관련하여, BCG 매트릭스와 같은 도구가 제시하는 규범적인 권고 사항과 실제 CEO의 자본 투자 행동(예 '영역 구축(empire-building)' 대 '연결 구축(bridge-building)') 사이에 어떤 차이가 있을 수 있는지 논한다. 이러한 차이가 기업의 전략 실행 및 성과에 미치는 함의는 무엇이라고 생각하는가?

4 기업의 다각화 유형(예 수직적 통합, 제품 다각화)은 시장의 '거래 비용(transaction cost)' 및 '조정 비용(coordination cost)'과 밀접하게 연관되어 설명될 수 있다. 신흥시장(emerging markets)에서 비관련 다각화가 오히려 바람직한 전략일 수 있는 이유를 시장의 제도적 미비점과 총비용 최소화의 관점에서 설명한다.

보충설명

1 현대자동차의 경우 "포니(Pony)" 승용차 시작으로 자동차 산업에 뛰어든 것으로 생각하기 쉽지만 버스(1968년), 트럭(1969년), 승용차(1975년) 순으로 뛰어들었고, 처음으로 SUV는 1991년 "갤로퍼"를, 미니밴은 1999년 "트라제"를 출시하기 시작하였다.

2 두 기업이 여러 시장에서 서로 마주 경쟁하게 되는 상황에서는 한쪽 시장에서의 가격전쟁이 다른 시장에서의 가격시장으로 이어질 수 있으므로 경쟁을 자제하고자 한다. 즉, 복수시장경쟁(muliti-market competition)에서는 경쟁적 행동을 "상호 자제(mutual forbearance)" 한다는 사실이 가격경쟁 관련하여 여러 연구에 의해 입증되었다(Bernheim & Whinston, 1990).

3 Coase , Williamson 등에 의해 발전된 거래비용이론(TCE, Transaction Cost Economics)은 제도경제학의 한 이론으로 기업이나 조직의 경계는 넓은 의미에서의 제도의 총비용에 의해 결정되며 어떤 거래가 시장에서 발생할 때 거래상대방을 검색하는 비용, 교섭비용, 갈등조정비용 등을 총칭하여 거래 비용(transaction cost)이라고 한다. 반대로 조직/기업내에서 거래가 이루어질 때 통제구조 수립, 예산설정 및 감사, 성과 평가 등의 비용을 조정 또는 관료적 비용(coordination/bureaucratic cost)이라고 하는데, 제도의 총 비용은 거래비용과 조정비용의 합이다. 시장에서의 거래는 거래비용만 존재하고, 조직내 거래는 조정비용만 발생하며, 전략적 제휴 또는 합작투자의 경우는 거래비용과 조정비용 모두 발생한다. 거래비용이론에서는 기업의 여러 거래들은 총비용을 최소화하는 방식으로 거래의 형태(시장-조직)가 결정된다고 한다.

4 정주영어록, "배를 만드는 것도 어려울 것이 없다. 우리가 하는 건축공사를 육지에서 수상으로 장소를 옮겨서 건축하는 차이일 뿐이다". (1971년 조선소 건설공사를 검토하면서)

5 피보팅(pivoting)은 농구에서 한 발을 축으로 삼아 다른 방향으로 몸을 돌리는 동장에서 유래한 단어다. 스타트업에서 시장반응이나 환경변화에 따라 비즈니스 모델을 변경하는 것으로, 넷플릭스가 초기 DVD 대여에서 온라인 스트리밍으로 서비스를 변경했다든지, 인스타그램이 위치공유에서 사진공유로 서비스를 변경했다든지 하는 사례가 이에 해당된다.

6 GE의 알스톰 인수 실패에 대한 심층적인 분석은 Thomas Gryta와 Ted Mann의 저서 『Lights Out: Pride, Delusion, and the Fall of General Electric』에서 찾아볼 수 있다. 이 책은 알스톰 인수가 GE 역사상 최악의 거래 중 하나로 평가받는 이유를 상세히 다루고 있다.

참고문헌

Barney, J. (1991). Firm resources and sustained competitive advantage. *Journal of Management, 17*(1), 99-120.

Bernheim, B. D., & Whinston, M. D. (1990). Multimarket contact and collusive behavior. *The RAND Journal of Economics, 1*-26.

Chandler, A. D. (1962). *Strategy and Structure: Chapters in the history of the industrial empire.* Cambridge Mass.

Collis, D. J., & Montgomery, C. A. (1998). Creating corporate advantage. *Harvard Business Review, 76*(3), 70-83.

Gryta, T., & Mann, T. (2020). *Lights Out: Pride, Delusion, and the Fall of General Electric.* Houghton Mifflin Harcourt.

Khanna, T., & Palepu, K. (1997). Why focused strategies may be wrong for emerging markets. *Harvard Business Review, 75*(4), 41-51.

Lang, L. H., & Stulz, R. M. (1994). Tobin's Q, corporate diversification, and firm performance. *Journal of Political Economy, 102*(6), 1248-1280.

Porter, M. E. (1987). From Competitive Advantage to Corporate Strategy. *Harvard Business Review, May/June.*

Rumelt, R. P. (1974). *Strategy, structure, and economic performance.* Harvard University Press.

Villalonga, B. (2004). Diversification discount or premium? New evidence from the business information tracking series. *The Journal of Finance, 59*(2), 479-506.

Xuan, Y. (2009). Empire-building or Bridge-building? Evidence from new CEOs' internal capital allocation decisions. *The Review of Financial Studies, 22*(12), 4919-4948.

Zook, C. (2004). *Beyond the Core: Expand your market without abandoning your roots.* Harvard Business Press.

찾아보기

ㄱ

ㅂ

ㅅ

ㅇ

ㅈ

ㅊ

ㅋ

ㅌ

ㅍ

ㅎ

기타

가치기반 전략경영

초판발행 2026년 2월 28일

지은이 박경민
펴낸이 안종만·안상준

편 집 조영은
기획/마케팅 장규식
표지디자인 BEN STORY
제 작 고철민·김원표

펴낸곳 (주) 박영사
서울특별시 금천구 가산디지털2로 53, 210호(가산동, 한라시그마밸리)
등록 1959.3.11. 제300-1959-1호(倫)
전 화 02)733-6771
f a x 02)736-4818
e-mail pys@pybook.co.kr
homepage www.pybook.co.kr
ISBN 979-11-303-2415-9 93320

정 가 27,000원